Giuseppe Condello

LA MITOLOGIA DELLA NAZIONE
E LE DUE GUERRE MONDIALI

Youcanprint *Self-Publishing*

Titolo | La mitologia della nazione e le due guerre mondiali

Autore | Giuseppe Condello

ISBN | 978-88-91193-18-6

Youcanprint Self-Publishing

Via Roma, 73 – 73039 Tricase (LE) – Italy

www.youcanprint.it

info@youcanprint.it

Facebook: facebook.com/youcanprint.it

Twitter: twitter.com/youcanprintit

Premessa

Scrivere di storia e ragionare in termini storici ha una precisa valenza ancora oggi a dispetto di quanti pensano che di storia si parla troppo e che finiamo coll'essere ancorati in maniera eccessiva alle ragioni del passato. Ciò è falso ove non si ragiona su quanto si è fatta dissipazione delle esperienze e dei segni guida di percorso che la storia ci ha tramandato e continua a tramandarci. In effetti, ragionare di storia e di cose storiche significa principalmente e opportunamente ripercorrere le vicende umane collettive per poterne rielaborare meglio i fondamenti e lo svolgimento. Ciò ci permette di capire ad esempio, e per i fini del presente lavoro, come e da dove si svilupparono determinati modelli di pensiero politico e ancor prima sociale e in secondo luogo come è stato possibile che certe idee attecchissero determinando in conseguenza violenza, predicazione e utilizzo della forza e il sacrifico della libertà e della vita umana. Ragionare di storia e di cose storiche ci serve allora per ricostruire dei percorsi di nascita, sviluppo e declino di determinate vicende umane al fine di non esserne schiavi, ma per far sorgere quella consapevolezza dei processi che edifichi sostanze e appartenenze identitarie secondo una precisa appropriazione e/o riappropriazione di valori. La storia non può fare l'etica, ma può contribuire ad una consapevolezza aperta rispetto ai valori in gioco e al fatto che le certezze si costruiscono attingendo alle manifestazioni delle esperienze vissute socialmente e nella loro narrazione pure condivise sul piano sociale. Ecco allora che chiederci, interrogarci sul mito e sulla successiva mitologia della nazione ci porta a cercare di capire perché ad un certo momento i valori della libertà individuale, del rispetto della dignità e della vita umana, la giustizia sociale a favore dei poveri, siano stati sacrificati nel nome di una grandezza anelata ma non raggiunta. Su come ciò sia stato possibile in Italia, a fronte di un processo risorgimentale deficitario, ha comportato diverse riflessioni e interpretazioni che ci inducono oggi a carpire nell'analisi sia la parte storico-politica che quella più specificatamente culturale e di formazione etica della popolazione e delle classi dirigenti del paese. Non si può non rilevare quanto il materiale di indagine, di ricerca e di studio nonché divulgativo, che è a disposizione, si presenta molteplice per tipologia di contenuto e per orientamenti interpretativi e, anche, per documenti consultati; se ciò rende problematica la scelta degli orientamenti di ricerca da perseguire, d'altronde ci offre le condizioni per un lavoro di rielaborazione ad ampio raggio. E in questo passaggio voglio rilevare che si è voluto da un lato perseguire degli orientamenti di ricerca atti e opportuni a descrivere la fase di mutamento valoriale e concettuale del patriottismo in nazionalismo e dall'altro a spiegare quanto l'idealismo della nazione si è poi trasposto in termini etici, culturali e politici nella ideologia della nazione di stampo novecentesco, e in particolare nei modelli di tipo fascista e nazionalsocialista. Il mito della nazione si traspone allora in chiave mitologica di un dover essere totalitario della società e dello Stato. Ma il mito della nazione diventa mitologia per il fatto che esso da credenza di valore, quindi ideale, diventa ideologia e, quindi, narrazione, ricerca e addirittura studio di una nazione del passato, ovvero esaltazione retorica di un patrimonio culturale e storico comune ai fini di educazione del popolo e di mobilitazione politico-militare. Tale iper-esaltazione si collega poi con la mitologia presente della nazione, ovvero la narrazione retorica dell'eroismo e delle virtù del combattimento. Cosicché ne viene fuori una mitologia futura fondata sulla narrazione della gloria, della grandezza e dei dominii che si conquisteranno. Qui, mitologia assume la valenza concettuale di assolutizzazione e sacralizzazione del mito a discapito della visione reale e concreta dei fenomeni della modernità. Con ciò innescando un contenuto dogmatico. Ed è su questo versante che soprattutto si mosse la intellettualità e la maggior parte della politica italiana sin dall'ottocento e ciò per ovviare al deficit di unità del paese. Senza per adesso entrare nel merito si può comunque affermare che non la lezione di De Sanctis venne osservata e perseguita, ma semmai quella di Carducci e poi di D'Annunzio. Sarà proprio la retorica della narrazione delle glorie del passato e la esaltazione della grandezza e gloria del popolo in virtù del lavacro di sangue a portare allo scontro con la realtà dei fatti e con la crudezza che tali fatti dimostrarono, e così fu per le guerre coloniali e per le due guerre mondiali. Non la necessità di una nazionalizzazione imperniata su un'inclusione sociale dei ceti meno abbienti fu dominante nella temperie culturale e nella politica di allora, a fronte di un meridionalismo che pure pose la drammatica questione sociale e contadina. Non sarà un caso che i fermenti, ribellistici, rivoltosi e rivoluzionari, che porteranno in seguito al fascismo si svolsero sul terreno di una questione contadina irrisolta. Insita in una certa Italia vi fu l'incapacità delle classi dirigenti, in quei determinati momenti storici, di cogliere gli insegnamenti dell'esperienza e di volgerli al fine del bene comune, soprattutto di quella giustizia sociale che era invocata dalla grande maggioranza del popolo, appartenente alle classi socialmente ed economicamente disagiate. Lungi dal costruire la nazione democratica e socialmente ispirata ad un senso di giustizia si preferì percorrere la strada dell'idealismo infantile, della retorica accattivante, giocando più sul momento contingente che non su una reale presa di coscienza delle condizioni complessive nel quale versava il paese. Ciò ad esempio è dimostrato da come vennero prese le decisioni in merito all'entrata in guerra dell'Italia durante i due conflitti mondiali. Idealismo infantile, retorica accesa e fatta di invettiva più che di argomentazioni, l'esasperata ricerca dell'essenza della nazione là dove vi era il sangue e il martirio di derivazione ottocentesca, il vittimismo nazionalista portarono l'Italia e gli italiani a pagare un prezzo elevato con ripercussioni sulla maturazione democratica e il perseguimento del bene comune, di cui ancora oggi vi sono i segni. Ma la rinascita comunque avvenne dopo il disastro. L'essenza della ritrovata dimensione di nazione nel corollario costituzionale-democratico e nella partecipazione al disegno relazionale, fin nell'attuazione spinta, della Comunità Economica Europea prima e nell'Unione Europea dopo hanno segnato sicuramente il momento più positivo e direi più alto della nostra storia consegnandoci pertanto la via maestra per cui sì, è possibile far parte di una nazione in un consesso di nazioni libere. E quelle tragedie, quei lutti, quelle disperazioni provocate dalla mitologia della nazione oggi ci debbono servire da monito sia nel difendere il nostro patrimonio democratico-costitutivo, che dispiega il concetto di nazione democratica, che nell'affermare la inderogabile necessità contemporanea del diritto alla libertà delle nazioni e alla loro integrazione in un quadro internazionale di rapporti pacifici. E ciò è in linea con l'articolo 11 della nostra Costituzione Repubblicana. Si rileva del resto che senza l'8 settembre del 1943 non avremmo avuto la sconfitta inesorabile della mitologia della nazione, e dalle macerie di tale sconfitta si ebbe poi un nuovo risorgimento italiano.

Capitolo I L'Italia tra idealismo e realismo

La ricerca dell'anima della nazione: il precedente del moralismo nazionalista italiano

La nazione, intesa nella accezione di identità collettiva eticamente fissata in determinati valori e culturalmente definita nei suoi aspetti storici, linguistici, talvolta religiosi e financo nei costumi e nella mentalità, è stata per molto tempo uno dei punti più incerti nel dibattito sulla questione nazionale italiana. Se il sentimento nazionale è sentimento patriottico che porterà alla rivendicazione del diritto all'autodeterminazione dei popoli per buona parte dell'ottocento e, anche, nel primo ventennio del novecento è, altresì, da considerare che per l'Italia tale percorso non è stato pacifico. In sostanza, se è vero che la rivoluzione del 1848 testimoniava delle rivendicazioni nazionali in itinere o in origine in Europa e, che, il principio di nazionalità si presentava sofferto nella sua affermazione per vari popoli sottomessi, come ad esempio quelli afferenti all'Europa centrale e balcanica, è da considerare, con riguardo all'esperienza italiana, che vi era un altro elemento di sofferenza, ed era l'incertezza sui presupposti culturali, morali e diciamo storici della nazione. Cristopher Duggan nel suo libro "La forza del destino-Storia d'Italia dal 1796 a oggi" ha intitolato un capitolo "La ricerca dell'anima della nazione"(1). Ed era appunto l'anima della nazione che molti illustri italiani cercarono a fondamento della rivendicazione del principio di nazionalità. Lo stesso Duggan cita il romanzo dell'esule della rivoluzione napoletana del 1799, Vincenzo Cuoco. Il romanzo dal titolo "Platone in Italia" tratta del viaggio del filosofo greco e di tal Cleobulo in Italia e i due scoprono che un tempo era esistito uno Stato degli etruschi. Ecco cosa riporta Duggan:

Quando questo sia stato io non saprei dirlo. (…..). Questo solamente posso dirti io: che allora tutti gli italiani formavano un popolo solo ed il loro imperio chiamavasi "etrusco". Oggi rimane appena una picciolissima parte dell'Italia che ritenga tal nome. So che l'industria e il commercio generaron la ricchezza, e la ricchezza generò la voluttà ed un viver molle, che prima corruppe il vigore degli uomini, poscia distrusse anche il vigore dell'imperio. Lo Stato si sciolse, le arti si trascurarono, si obbliarono, i vizi produssero l'oppressione e la miseria, queste la spopolazione e l'ignoranza, e l'Italia divenne di nuovo un deserto, nel quale gli uomini tornarono a menar vita ferina(2).

L'intento dell'esule napoletano era quello di rinvenire appunto l'anima della nazione, ovvero le sue ascendenze storiche, culturali e morali. Ciò tra l'altro serviva a diffondere un'idea di moralizzazione degli italiani, di educazione a un sentimento di attaccamento nazionale. La nazione, quindi, andava ricercata nelle sue radici e ciò poteva avere un valore di rivendicazione politica e di pedagogia degli italiani. Ciò che affermava Cuoco sulla necessità di educazione morale al sentimento nazionale sarebbe stato sicuramente il retroterra dei successivi fini che altri studiosi e uomini di cultura italiana si prefigurarono di perseguire. E Vincenzo Gioberti nella sua fortunata opera "Del primato morale e civile degli italiani" faceva riferimento a un primato storico della nazione italiana in quanto risalente ad un periodo pre-romano. D'altronde, ciò anche in Gioberti aveva il valore di educare gli italiani al sentimento morale della nazione e, quindi, mediante il passato grandioso si trattava di anelare alla grandezza presente della propria patria(3). La rievocazione dei miti del passato e della grandezza nazionale remota costituirà il terreno di impegno intellettuale dei poeti, dei filosofi, degli artisti e di quanti ritenevano che soltanto dal passato poteva derivare l'esempio per costruire una forte nazione e prima di tutto unirla politicamente. Basti ricordare in tal senso l'impegno di Ugo Foscolo, soprattutto coi Sepolcri. Infatti, i Sepolcri vennero composti contro l'editto francese che vietava di seppellire i morti nelle chiese per motivi igienico-sanitari. Per Foscolo ciò significava distruggere i legami tra i vivi e i morti, soprattutto tra i morti gloriosi e le presenti e future generazioni. Questo pesava, secondo Foscolo, sulla trasmissione dell'identità storica della nazione che si poggiava sulla grandezza degli uomini passati. Egli rifletté a lungo sull'impressione e il sentimento che gli furono suscitati dalla visita alle tombe di personaggi italiani illustri in quel di Santa Croce e in ciò affermava l'importanza degli eroi nel forgiare l'identità morale e patriottica, in altre parole il sentimento nazionale(4). Si trattava di una ricerca dell'anima della nazione del periodo pre-unitario che dopo il Risorgimento si fece invece costruzione della nazione tout court nei suoi aspetti morali e culturali e ciò per favorire il sentimento di adesione e di ubbidienza al regime sabaudo. Dalla ricerca delle radici per conseguire la lotta morale atta ad unire politicamente l'Italia si passò dopo l'unità politica appunto alla finalità di educare gli italiani all'autorità e al senso dello Stato. Ma rimaneva un altro lascito della ricerca dell'anima della nazione che andrà ad incidere sulla nascita di un fervente nazionalismo tra la fine dell'ottocento e l'inizio del novecento. Ed era l'aspirazione ideale prima e la finalità politica, effettivamente perseguita poi, della grandezza della nazione. E non fu un caso che dopo l'unità nazionale la celebrazione delle glorie patrie, al fine di educare al sentimento nazionale gli italiani, risentirono sia del trionfo del grande passato che di un approccio pedagogico letterario fondato sull'uso massiccio di toni retorici. Fuori dalle esaltazioni celebrative e dalle finalità pedagogiche rimanevano le reali questioni che attentamente analizzate indicavano altro rispetto alla anelata o vantata grandezza e, anche, rispetto all'assurdo autoritarismo dispiegato in termini politici e sostenuto da una cultura miope. Il moralismo nazionale si preoccupava di educare alla nazione trovando i suoi antecedenti nella ricerca dell'anima di una nazione pre-unitaria, ma esso, una volta conquistata la sacrosanta unità politica, si fece assurdo perseguimento di una cieca idea. Non era tanto la finalità di nazionalizzazione delle masse popolari che era sbagliata quanto la modalità con cui la costruzione culturale ed etico-politica dello Stato-nazione veniva perseguita.

La questione nazionale italiana tra realismo e idealismo

La ricerca dell'anima della nazione nel periodo post-unitario, per come detto nel precedente paragrafo, divenne la ricerca, più letteraria a volte che non realistica, di esempi italiani del passato da portare all'attenzione degli italiani del presente. Se era stata in effetti compiuta l'unità politica adesso il vero problema diventava quello di costruire l'identità etico-politica e culturale dell'Italia. Se un patrimonio comune di cultura letteraria già esisteva ciò che per altri aspetti risultava lacunoso era l'identificazione coll'autorità statuale e la mancanza di valori comuni e condivisi. Per questo possiamo oggi affermare che in Italia all'indomani dell'unità politica il problema della nazionalizzazione era importante sotto almeno tre profili: 1) quello delle strutture statuali ed economiche; 2) quello etico-politico; 3) e infine in riferimento ad una cultura che meglio definisse i caratteri della nazione italiana, in altre parole degli italiani. In un mio precedente libro dal titolo "Storia di un'Italia Incompiuta" ho documentato e trattato la questione della nazionalizzazione sia con riferimento alla costruzione dello Stato-nazione nella sua forma apparato che alla costruzione di una comunità etico-politica. Gli studi di Rosario Romeo, che si contrapposero alla visione del filone storico gramsciano che avvalorava l'idea di una "rivoluzione agraria mancata"(5), fecero luce nel 1959 sulla costruzione della nazione economica, smentendo con ciò sia l'aspetto della rivoluzione agraria mancata che le critiche piovute addosso alla Destra Storica di avere di fatto impoverito il capitale agrario e, soprattutto, il Mezzogiorno. Se tale impoverimento ci fu ciò in realtà permise di creare le condizioni per il successivo decollo industriale dell'Italia, specie a partire dal 1887(6). La nazione economica per questa via si realizzava nel segno di un dualismo Nord-Sud, visto come segno intrinseco necessario alla costruzione di un'economia nazionale. Romeo prende come riferimento due punti centrali nella sua analisi: 1) l'accumulazione di capitale; 2) le condizioni di partenza per favorire uno spostamento della ricchezza e, quindi, del capitale dall'agricoltura all'industria. Si tratta di due punti fondamentali che permettono di affrontare il tema, del resto molto importante, della creazione di una struttura economica capitalistica nazionale e conseguentemente del ruolo che lo Stato vi ebbe. Ma l'analisi è soprattutto centrata sui fattori economici e non sembra –per come rilevato da Roberto Vivarelli– che il Romeo e in seguito gli altri studi storici che hanno avvalorato le sue tesi abbiano tenuto in considerazione i fattori sociali e politici. Di fatto un'analisi storica che affronta la questione dell'unità economica della nazione e la formazione delle sue strutture economiche non può non anche considerare le problematiche sociali e politiche che interessano un dato contesto nazionale in un determinato periodo storico. E certamente nell'Italia post-unitaria emerse un rilevante problema contadino, specie nel Mezzogiorno, con tutto il corollario che ciò comportò con riguardo al brigantaggio e alla sua repressione nonché con i pregiudizi riferiti alle stesse popolazioni meridionali. Esisteva nel seno dell'Italia Unita una questione meridionale e nella stessa Italia esisteva l'esigenza di completare e, allo stesso tempo, di mantenere l'edificio unitario. Ecco cosa scriveva Nino Bixio in una lettera inviata alla moglie da San Severo- Puglia nel 1863:

Abbiamo visitato alcuni paesi della provincia di Molise(....) Che paesi! Si potrebbe chiamare dei veri porcili!(....) Prima che questi paesi giungano allo stato di civiltà in cui siamo noi (....) abbisognano anni e lunghi anni. Non strade –non alberghi-non ospedali nulla insomma di quanto si vede oggi nella parte meno avanzata dell'Europa-poveri paesi! Quale governo Dio ha permesso s'avessero! Manca loro il senso del giusto e dell'onesto-bugiardi sempre-timidi come fanciulli(....) poi inimicizie terribili-ed in questo paese i nemici o gli avversari si uccidono, ma non basta uccidere il nemico bisogna straziarlo(....) Questo insomma è un paese che bisognerebbe distruggere o almeno spopolare e mandarli in Affrica a farsi civili!(7).

E queste opinioni di Bixio erano quelle che ebbero molti contemporanei impegnati sul versante politico e intellettuale. Esisteva una questione sociale e, quindi, una questione meridionale, esisteva soprattutto una questione reale che evidentemente le autorità del neonato Regno d'Italia erano impreparate a fronteggiare. La mitizzazione storica con un passato delle glorie patrie pre-romane, romane, medioevali e rinascimentali da fornire come legittimazione culturale ed etico-politica delle origini di una civiltà italiana e l'esaltazione della retorica letteraria avevano avuto il merito di fornire le motivazioni ideali per il Risorgimento unitario, ma per l'altro aspetto avevano fondato una cognizione della patria non agganciata con la realtà, non ancorata alle reali questioni che l'Italia doveva di fatto affrontare. La grandezza della nazione come obiettivo da perseguire a discapito delle reali condizioni interne si rivelerà un vulnus mortificante per il neonato Regno sabaudo. Le successive sconfitte di Custoza e Lissa, il massacro di Dogali e la sconfitta di Adua, ad opera in questo caso delle truppe etiopi(8), dimostrarono l'assoluta impreparazione interna dell'Italia ad affrontare lo scontro internazionale e a potersi accreditare come potenza coloniale. Ecco quanto invece riferiva il futuro Primo Ministro Francesco Crispi:

Che ha fatto il governo nazionale per portarvi la civiltà e farci amiche le popolazioni? Nulla. Si è fatto un lavoro a controsenso(….) Non ti dico le grida, le maledizioni, le lagrime. Ti dico soltanto che il governo italiano è maledetto e odiato. E se ripiglia il brigantaggio avrebbe motivo di dolersene? E se mettono a soqquadro l'unità, oseremmo punirli? C'è da perdere la testa, e noi che due volte abbiam fatto la rivoluzione, dobbiamo riconoscere che così tristi sono le opere del governo nato dalla rivoluzione(9).

Le preoccupazioni di Crispi mostrano quanto in effetti, presso quei garibaldini e democratici che avevano lottato per l'unità nazionale, fossero rilevanti le paure relative al fatto che senza risoluzione della questione sociale e, quindi, meridionale difficilmente si sarebbe potuto evitare l'attacco alla unità appena conquistata. Tale preoccupazione sarà nei decenni successivi degli esponenti meridionalisti più sensibili alle questioni del dualismo. Gente come Villari e Fortunato saranno in prima linea nel denunciare il dualismo come un processo distorsivo e rischioso per l'unità nazionale. Nelle stesse parole di Crispi si intuisce la necessità che il governo nazionale si occupi di farsi amiche le popolazioni meridionali e, soprattutto, diventa pressante la nazionalizzazione delle masse popolari tramite una maggiore presenza dello Stato. Uno Stato italiano estraneo alle plebi e per ciò stesso non identificabile come uno Stato al quale poter appartenere come cittadini. Altro che grandezza della nazione e altro che educazione tramite l'autoritarismo e l'attaccamento morale alla nazione! Un sentimento morale verso la nazione non poteva basarsi semplicemente su un'adesione emotiva suscitata dalla letteratura e dalla retorica dei doveri, ma poteva, e doveva anzi, basarsi su una inclusione audace dei contadini e braccianti e delle plebi urbane poverissime nel tessuto della vita nazionale mediante un'azione di giustizia sociale. Leopoldo Franchetti nell'autunno del 1873 compì un viaggio in Abbruzzo e Molise ed ecco cosa ne scrisse:

Contadini che non sanno né leggere né scrivere, che ignorano del tutto che cosa siano diritti civili e politici, non possono trarre grande utilità dalla libertà di stampa o di associazione, né fare uso a loro vantaggio del diritto di eleggere un deputato quando pure sono elettori; la libertà religiosa non ha significato per una popolazione superstiziosa senza eccezioni; e leggi che garantiscono la libertà personale proteggeranno i cafoni tutt'al più dai capricci e dalle indiscretezze di qualche ufficiale subalterno di polizia(….) Tutte queste garanzie sono difese contro mali che non arrivano alla classe inferiore, protezione di diritti che non usa, soddisfazione di bisogni che non sente. Di più sono d'indole tale che, ad esser adoprati, hanno bisogno di una certa intelligenza e coltura, cioè nelle nostre presenti condizioni, di una classe agiata; sicché dato pure che la classe inferiore ne provasse il bisogno, non potrebbe usarne che per mezzo della classe superiore, in quanto questa avesse interessi identici ai suoi e ne pigliasse le difese. Ma questa classe agiata è precisamente quella contro la quale la classe inferiore ha bisogno di esser difesa; è la sua nemica e la sua tirannia(10).

Franchetti segnalava la distanza tra il cosiddetto paese reale e il paese ideale e tra una astrusa legalità formale e la realtà di fatto di determinate classi sociali che altro richiedevano e, soprattutto, riforme sociali. Franchetti al pari di quanto scritto da Crispi rivendica un ruolo più attivo dello Stato italiano sul piano del miglioramento delle condizioni di vita dei contadini e della loro protezione sociale. Una legge che abbia un ruolo promozionale e, allo stesso tempo, protettivo. Uno Stato lontano dalla questione sociale in queste condizioni non può avere il consenso dei ceti popolari. Ma per come già detto era uno scontro tra realismo sociale e idealismo patriottico, e quest'ultimo presto degenererà nel cieco idealismo nazionalista. Come riportato da Vivarelli due personaggi ne sono espressione nel periodo post-unitario: Francesco De Sanctis e Giosuè Carducci. Ecco cosa Vivarelli riporta del primo:

Credere che l'ideale solo perché si sia affacciato allo spirito, sia già reale, -così scriveva- è l'errore de' popoli sentimentali e immaginosi, poco usi alla dura pratica della vita. (….) Da questo stato morboso, e pieno di presentimento e d'inquietudine, è uscito il realismo, il regno dell'esperienza e della scienza. Un ideale astratto, impaziente, violento, ignorante,(….) ha il suo crogiuolo e la sua correzione nel realismo, che gl'insegna le leggi regolatrici della vita naturale e sociale, incontro a cui poco vale l'entusiasmo eroico.(…) Il realismo è il grande educatore dell'ideale(11).

E prosegue:

Non solo una educazione positiva fondata sulle condizioni reali della nostra natura e delle nostre facoltà ci purifica dallo spirito malsano di avventure, e ci tiene stretti agl'ideali più vicini e più conformi al nostro stato, ma ancora ci addestra al fare.(….) Oggi non si presenta più alla mente un ideale, se non accompagnato da questo punto interrogativo: c'è la forza?- Un gran progresso questo, e si dee al realismo. Produrre e disciplinare la forza, apparecchiare gl'istrumenti della mente, disporre all'opera più che al fantasticare, questo è lavoro lento, modesto, ma solo atto a rendere un popolo grande e rispettato(12).

Il realismo è inteso come guida per l'ideale e che ammaestri soprattutto le classi dirigenti nel difficile compito di portare avanti la nazionalizzazione delle masse popolari, nel costruire l'entità etico-politica dello Stato –nazione e la dimensione cultural-valoriale. Il realismo, però, richiede la razionalità, l'attenzione all'esperienza che insegna. Per quell'epoca ciò significava compiutamente l'esigenza che le classi dirigenti fossero munite di una disciplina di pensiero e comportamento fondata su una consapevolezza riguardo alle condizioni reali dell'Italia. De Sanctis si proponeva anche il problema della grandezza nazionale, ma soprattutto nella sua dimensione civile. Egli era conscio di commisurare lo sforzo alle reali condizioni del paese. Il vero problema quindi è capire se si ha la forza per andare avanti nelle proprie pretese. La forza però va acquisita mediante un serio e attento processo di formazione delle menti e una attenta operosità lenta, modesta, ma efficace. Diverso era il discorso per Carducci che invece proponeva ciò:

Spettacolo che altri potrà dir vergognoso e che a me apparisce pieno di sacra pietà, cotesto di un popolo di filosofi di poeti di artisti, che in mezzo ai soldati stranieri d'ogni parte irrompenti seguita accorato e sicuro l'opera sua di civiltà. Crosciano sotto le artiglierie di tutte le genti le mura che pur videro tante fughe di barbari: guizza la fiamma intorno ai monumenti dell'antichità, e son messe a ruba le case paterne: la solitudine delle guaste campagne piena di cadaveri: e pur le tele e le pareti non risero mai di più allegri colori, non mai lo scalpello disascose dal marmo più terribili fantasie e forme più pure, non mai più allegri selve di colonne sorsero a proteggere ozii e sollazzi e pensamenti che oramai venivano meno: e il canto de' poeti supera il triste squillo delle trombe straniere, e i tocchi di Venezia di Firenze di Roma stridono all'opera d'illuminare il mondo.(….) Sempre grande il sacrifizio; ma, quando sia una nazione che si sacrifichi è cosa divina: e l'Italia sacrificò sé all'avvenire degli altri popoli. Cara e santa patria! Ella ricreò il mondo tumultuante e selvaggio del medio evo, ella aprì alle menti un mondo superiore di libertà e di ragione; e di tutto fe' dono all'Europa: poi avvolta nel suo manto sopportò con la decenza d'Ifigenia i colpi dell'Europa. Così finiva l'Italia(13).

Un rifugiarsi nelle glorie dell'Italia, un canto delle divine e artistiche glorie per rivendicare un primato storico dell'Italia. Un atteggiamento culturale e psicologico che accomuna Carducci alla nostra già ricordata tradizione letteraria pre-unitaria. Ma adesso nella raggiunta unità politica dell'Italia diventava ancor più inattuale certa retorica rispetto ai problemi urgenti del paese, tra l'altro ben documentati per come già visto. Tra il realismo di De Sanctis e la retorica letteraria di Carducci vinceva la seconda. In ciò si scorge che mentre per il primo la grandezza della nazione richiedeva la consapevolezza della dimensione civile del progresso nazionale, invece per Carducci ciò che importava affermare era la gloria nazionale tout court. L'idealismo della grande nazione è bello e servito. Se Romeo ragionò a suo tempo sulle componenti economiche della nazione post-risorgimentale altri hanno invece rilevato successivamente il problema reale: e cioè che non si può costruire una precisa identità nazionale senza affrontare la questione delle condizioni di vita dei ceti popolari. In altri termini, il consenso allo Stato non poteva che derivare dalla risoluzione della questione contadina. Ma, altresì, è da affermare che altrove stava avvenendo il processo di industrializzazione in modo molto sostenuto e ciò determinava delle condizioni di trasformazione sociale del tutto sconosciute al ceto intellettuale italiano. Seppure sul finire degli ultimi anni dell'ottocento ci fu la svolta industrialista da parte dei governi italiani, essa fu intesa più agli scopi protezionistici e di concentrazione limitata di apparati manifatturieri nel triangolo Piemonte-Lombardia-Liguria, quando non anche per scopi militari, mentre rimaneva fortemente irrisolta la questione meridionale(14). E cosa più evidente: il mondo cattolico e quello socialista rimanevano fuori, per molti aspetti, dall'adesione allo Stato sabaudo. Il che ci porta a considerare sia la questione sociale, ma anche, una questione politico-ideologica.

Quadro internazionale, nazionalismo italiano e sconfitte coloniali

C'è un evento che molti storici considerano uno spartiacque nella storia europea e che ne avrebbe determinato in seguito le inclinazioni e i destini politici e militari. La vittoria della Prussia bismarkiana sulla Francia di Napoleone III rappresentò indubbiamente il superamento della concezione di risoluzione delle controversie internazionali che aveva contribuito alla edificazione di rapporti comunque transattivi. Si pensi che in piena rivoluzione industriale, con lo sviluppo delle macchine e la circolazione del lavoro e delle merci, nonché con la crescita costante delle città e l'affermazione sempre più netta dello Stato-nazione come forma suprema di organizzazione politica, il principio della negoziazione, tipico del commercio, era entrato anche nel linguaggio delle diplomazie e delle conferenze. Ma, altresì, era evidente che il concetto di nazione, secondo l'eredità della cultura romantica, era accettato pacificamente, seppure tenendo conto di certe convenienze a mantenere zone d'influenza da parte degli Stati più forti. In effetti, più che il concetto di nazionalismo si affermava il concetto sentimentale di patria dal quale poi scaturiva la rivendicazione politica del principio di autodeterminazione. Ma col 1870 appunto le cose cambiarono e si stagliarono all'orizzonte due conseguenze di notevole ampiezza per gli anni futuri. Da un lato, l' idea che la forza di una nazione si basa sia sugli aspetti di carattere militare che su quelli politico-autoritari. Il concetto liberaldemocratico dello Stato-nazione lasciava posto al concetto di Stato-nazione autoritario. Dall'altro lato, emergeva la trasposizione in chiave di competizione politico-militare tra Stati delle teorie evoluzioniste. Le scienze biologiche grazie a Darwin stavano facendo passi da gigante nella spiegazione dell'origine e dell'evoluzione dei caratteri delle specie. Ciò comportava pressanti interrogativi riguardo alle origini del genere umano ai suoi sviluppi e per quanto ne concerneva i destini. Una impostazione questa che avrebbe avuto ripercussioni fin nelle scienze sociologiche e nelle dottrine dello Stato e della politica. Ciò che era una impostazione di teorie rivelatrici dell'origine, sviluppo e adattamento delle specie venne adattata ai rapporti tra popoli e Stati. Così come in natura prevalgono gli organismi più forti e in grado di adattarsi al clima e alla lotta anche nei rapporti tra le nazioni e i popoli prevarranno alla fine le collettività umane più capaci di mostrare adattamento e forza, intesa quest'ultima come potenza e violenza. Una simile concezione si dimostrava agli occhi di molti intellettuali e politici contemporanei nell'evento della guerra. Infatti era nella guerra e non nelle transazioni internazionali che si poteva vedere quale era lo Stato-nazione più forte. E nella guerra soltanto i popoli forti potevano adattarsi alla lotta e sopravvivere. L'evento politico-militare della vittoria prussiana sulla Francia e la mitizzazione e forzata convinzione della validità assoluta delle teorie darwiniste in campo sociale portarono due conseguenze di una certa rilevanza: 1) il sentimento esclusivo dell'appartenenza, per cui non era più solamente sentimento patriottico il senso della nazione, ma era semmai il principio assoluto che la propria nazione contasse di più delle altre nazioni e persino della vita degli individui; 2) che la nazione per poter sopravvivere ed espandersi aveva bisogno della guerra che quindi diventava uno strumento legittimo. Le logiche transazionali, la rivendicazione del valore della pace e della democrazia, nonché delle libertà e delle uguaglianze vennero considerate superflue e addirittura non coerenti, non congrue con uno Stato-nazione che voleva, e doveva, essere forte e autoritario. Una visione del genere rappresentava di fatto "una degenerazione del patriottismo"(15). In effetti il sentimento patriottico degenerava nel nazionalismo, ovvero l'assolutizzazione del valore dell'appartenenza nazionale. Ma un'idea di fondo vi era già sul finire dell'ottocento e, che, aveva permeato le società politiche occidentali, ed era quella della inesauribilità del progresso. Per cui lo Stato-nazione non solo si specializzava sempre più nei suoi compiti istituzionali ma, addirittura, arrivava a perorare la sua stessa idea di grandezza politica, economica e militare mediante l'applicazione su larga scala del progresso tecnico: esempio ne sono in questo periodo soprattutto gli sviluppi nel campo dei trasporti e delle ferrovie. D'altronde lo Stato-nazione si afferma in questo periodo in cui il positivismo, ovvero la concezione di confutazione scientifica e diretta della realtà, diventa vero e proprio principio assoluto. Ecco così spiegato il punto di congiunzione che secondo Vivarelli c'è tra il tardo positivismo e l'avvento del nazionalismo(16). E Bracher afferma:

Il passaggio dal XIX al XX secolo avviene sotto il segno delle conseguenze politiche, che scaturiscono, sul piano mondiale dal definitivo trionfo dello Stato nazionale anche in Italia (1861) e in Germania (1871), dalla contemporanea fine della monarchia in Francia seguita dalla fondazione della Terza Repubblica, dalla ripresa dell'espansione degli USA dopo la guerra civile (1865), e infine dalla spinta riformistica che caratterizza la politica interna di tutti gli Stati e dall'imperialismo coloniale. A partire dagli anni ottanta è tutto un fiorire di innovazioni materiali e di rapidi progressi scientifici in tutti i campi, che modificano profondamente l'Europa e l'America, e quindi il mondo intero: l'elettricità(1878), l'automobile (1885, Daimler e Benz), il film (i fratelli Lumière 1894), la telegrafia(Marconi, 1895), la radio (1904), e infine l'aeroplano(nel 1895 Lilienthal, , nel 1903 i fratelli Wright). L'apertura dei passaggi ai poli e il completamento del movimento della "frontiera" americana verso l'Ovest segnarono il punto più alto e di svolta del cammino della civiltà moderna: nel 1893 lo storico americano F.J. Turner(1861-1932), tracciando un bilancio di questo movimento, concepiva questo progresso come l'allargamento dei confini e la penetrazione della democrazia in terre barbariche. Ma con ciò egli introduceva anche il problema e il dubbio circa il futuro del progresso in condizioni più limitate, una volta che "l'Occidente" fosse stato tutto espugnato(17).

Un progresso tecnico e scientifico che in effetti aumentava le condizioni di interdipendenza del mondo occidentale, ma d'altro canto, il mito del progresso venne a caratterizzare pure il merito dello Stato-nazione e ciò sia per la nazionalità di chi quelle scoperte compiva, che per il primato che lo stesso Stato-nazione acquisiva sul piano tecnologico. In realtà nel tardo positivismo, esaltato ancora dalle scoperte scientifiche e tecniche, il progresso si collega ancor di più alla grandezza competitiva dello Stato-nazione e alla conseguente richiesta di un primato tecnologico-militare dell'apparato statuale. Perciò se c'era chi vedeva nel progresso scientifico e tecnico l'affermazione della libertà e del soddisfacimento dei bisogni di milioni di individui e, quindi, anche una vittoria della civiltà, altri invece ritenevano il progresso come dimostrazione del primato dell'ingegno nazionale e della forza della nazione. Quindi, per molti il progresso era una forza che rompeva gli schemi sul piano dei rapporti internazionali e dava origine alla competizione. Questo nesso, progresso-forza nazionale, sarà espresso nell'applicazione militare delle scoperte scientifiche e tecnologiche con un potenziamento dell'industria pesante. Ma per come già detto il dato più cospicuo era l'applicazione delle teorie evoluzioniste al campo dei rapporti tra le nazioni e sovente nelle scienze politologiche e sociologiche si parlava di Stati-nazione come organismi e come tali in concorrenza per affermarsi. Questi sviluppi, uniti alla modificazione del quadro internazionale a partire dal 1870, portarono all'affermazione dell'ideologia nazionalista, che seppe pure essere sentimento di vari strati delle società occidentali. In Italia la questione meridionale e il corollario dei problemi interni si contrapponevano a chi invece osava predicare la grandezza della nazione. La centralità che però via via assunse la politica estera fece sì che la classe politica italiana e molti intellettuali si concentrassero più sulle opzioni militari e sul momento propizio per una guerra europea che non sulle reali condizioni di sostenibilità di un impegno militare da parte del paese. Del resto, pesavano sul movimento patriottico italiano le cocenti delusioni e sconfitte in politica estera. Le sconfitte di Custoza e Lissa bruciavano, eccome! La conferenza di Berlino del 1878 vide la partecipazione dell'Austria-Ungheria, della Russia e della Gran Bretagna, mentre Francia, Italia e Turchia furono semplici comprimarie. La conferenza doveva risolvere il conflitto tra Russia e Turchia. Infatti nel marzo del 1878 Russia e Turchia avevano firmato il famoso trattato di Santo Stefano che consentiva la formazione di una grande nazione bulgara con conseguente annessione della Macedonia. Gli equilibri politici e militari nella regione dei Dardanelli e nel Bosforo erano messi a rischio. Alla fine con la conferenza si decise che la Macedonia tornasse sotto il dominio dell'Impero Ottomano, ridimensionando così la Bulgaria. La Bosnia Erzegovina, pure se formalmente sotto dominio turco, venne sottoposta all'autorità dell'Impero Austro-Ungarico. Infine Cipro passò sotto il controllo della Gran Bretagna e si diede riconoscimento alla sovranità di Serbia, Montenegro e Romania. Nell'area balcanica il problema delle nazionalità era molto sentito e sarà uno dei motivi di esplosione della prima guerra mondiale. Come riporta lo storico Cafiero: "Il Primo Ministro russo affondando il coltello nella ferita aperta a Lissa e a Custoza, aveva chiesto quale battaglia avesse ancora perso l'Italia per rivendicare acquisti territoriali"(18). In realtà la Francia aveva avuto via libera per l'occupazione della Tunisia. Proprio in Tunisia vi erano interessi italiani e quando il via libera alla Francia si manifestò concretamente ancora di più divenne chiaro quanto l'Italia fosse debole sul piano internazionale per rivendicare i propri interessi. La ferita divenne acuta quando nel 1882 l'Inghilterra invitò l'Italia a partecipare alla impresa egiziana ma il governo desistette. Per il fronte patriottico ciò dimostrava l'inconsistenza della politica estera italiana. E visto che la Francia era ormai una concorrente dell'Italia nell'area mediterranea si preferì allacciare i rapporti con gli Imperi Centrali, ossia si aderì alla Triplice Alleanza con Austria-Ungheria e Germania. Cosicché, l'Italia compiva una scelta di campo che significava sposare un modello di politica estera e di Stato-nazione, e cioè il modello bismarkiano. La Germania ormai rappresentava per le classi dirigenti italiane, di orientamento non più patriottico, ma nazionalista, un vero punto di riferimento e la cultura germanica dello Stato-nazione forte e autoritario influenzerà molto la cultura politica italiana. Ma un altro avvenimento avrebbe segnato ancor di più le frustrazioni dei nazionalisti italiani, ed era quello che succedette a Dogali. Il 26 gennaio del 1887 500 soldati italiani vennero sorpresi da 5.000 etiopi e finirono con l'essere decimati. In realtà l'evento si era verificato nell'entroterra di Massaua, sulla zona costiera del Mar Rosso. La notizia arrivò a Roma dopo una settimana circa. Come riporta Duggan: "…il Segretario Generale del ministero degli Esteri non riuscì a ricavare dal telegramma il nome del luogo della battaglia. Suggerì che era qualcosa come "Dogali", e sebbene non riuscisse a trovare sulla carta nessun posto con questo nome, "Dogali" attecchì(19). E per come riporta lo stesso Duggan: "Dogali fu un disastro; ma fu trasformato in un disastro glorioso"(20). Far passare il messaggio che i soldati italiani erano morti coraggiosamente sul campo di battaglia e dimostrando una fiera resistenza divenne compito della retorica nazionalista. Venne addirittura eretto un monumento di fronte alla stazione centrale, ma venne rimosso nel 1924 ad opera del regime fascista. Come se non bastasse addirittura venne commissionato un dipinto a Michele Cammarano. Tale dipinto doveva esaltare la coraggiosa tempra dei soldati italiani a Dogali. L'opera venne conclusa nel 1896 pochi mesi dopo la sconfitta di Adua. Nel 1887 Francesco Crispi succedette a De Pretis, che era deceduto, nella carica di Primo Ministro. Ex garibaldino e ispirato da sentimenti democratici, Crispi pensava che soltanto con le riforme si potesse far sorgere un'adesione delle masse popolari allo Stato italiano e così togliere munizioni alle rivolte sociali. La questione sociale per Crispi era fondamentale, visti anche i suoi trascorsi mazziniani e garibaldini. In effetti Crispi, pur caldeggiando un certo riformismo, si rese conto che determinate condizioni sovversive o rivoltose richiedevano il dispiegamento della forza. Anche lui di fede mazziniana e garibaldina poneva al centro della sua azione politica la nazione, ovvero il bene supremo della nazione, in altre parole: la ragion di Stato. Del resto, il suo periodo di governo non fu avaro di riforme in quanto si procedette ad una riforma delle elezioni delle amministrazioni locali, allargando la base elettorale a circa 4 milioni di individui, così come alla elezione dei sindaci nei centri di maggiori dimensioni e all'introduzione di un codice penale col quale si aboliva la pena di morte e si sanciva il diritto di sciopero. Tra gli altri punti riformatori: la costituzione di un tribunale indipendente per difendere i cittadini riguardo agli abusi di potere commessi dai funzionari pubblici e il controllo da parte delle amministrazioni locali delle opere pie: enti di beneficienza che operavano a favore dei poveri. Come si vede Crispi si muoveva sul fronte interno con intenti riformatori, ma non esitò a domare con la forza e l'autoritarismo statuale il movimento dei "Fasci siciliani" e ciò nel superiore interesse della nazione. Ecco però cosa Crispi si trovò a dire a proposito della guerra etiopica prima dei fatti di Adua:

Conviene intanto registrare la grande vittoria su noi stessi. E sia benedetta anche la guerra, se essa è valsa a farcene avvertiti! Ricordando quel che l'Italia appariva ieri e quel che si mostra oggi, non possiamo a meno di ripetere una volta, e sia pur l'unica volta, l'inno che alla guerra il Maresciallo Moltke levava un giorno al Reichstag, come l'evocazione sacerdotale del culto d'Odino in fondo alle foreste della Germania. –"La guerra- diceva il maresciallo-è una istituzione di Dio, un principio d'ordine nel mondo; in essa e per essa le più nobili virtù dell'uomo si svolgono, il coraggio, l'abnegazione, la fedeltà al dovere, l'amore del sacrifizio. Senza la guerra, il mondo cadrebbe in putrefazione e si perderebbe nel materialismo."- E guardate infatti da che la guerra d'Africa è cominciata, di quanti cubiti si è sollevato il popolo italiano(….) Ah no: questo popolo non è più l'eunuco affamato, costretto o condannato, come alcuni avrebbero voluto, a guardare eternamente gli harem della politica francese(….) è un popolo invece maturo nella sua attività politica, conscio dei suoi diritti e dei suoi doveri(….) Oh, buon sangue, buon sangue che non mente, il sangue latino! Ma è così che contro mille ostacoli e mille insidie, attraverso molti errori e molte negligenze(….) l'elemento primo ed essenziale della razza in noi ha trionfato(….) è così che l'Italia nuova si è venuta formando(….) Quando il buon momento viene, quando viene la prova del fuoco(….) ci ritroviamo(….)un popolo serio, un popolo maturo, un popolo veramente superiore(….) Agli eroi d'Africa sorrida presto la vittoria(….) Ma intanto constatiamo che, per virtù loro, l'antico augurio troppo spesso messo in canzonatura dal 60 in poi, si può dire ormai compiuto. Non solo l'Italia-ma oramai si può dire con orgoglio che son fatti gli italiani"(21).

In realtà Crispi, come tanti altri dell'establishment italiano, pensava che solo una vittoriosa guerra potesse far superare le divisioni interne e allontanare lo spettro delle conflittualità determinate dalla questione sociale. Del resto, una grande vittoria sul campo avrebbe di fatto aumentato il prestigio dell'ideale nazionale sia all'interno del paese che all'estero. L'Italia arrivava così ad allinearsi alle altre nazioni europee nella politica coloniale e con ritardo. Allo stesso tempo nelle parole di Crispi echeggiano sia la vicinanza con la Germania guglielmina e guerresca e sia il primato dato alla guerra come mezzo di risoluzione delle controversie internazionali. La guerra, nelle parole crispiane, è ciò che fortifica il sentimento morale della nazione. La guerra eroica, il bagno di sangue, la guerra redentrice dalle umiliazioni, la guerra educatrice di un popolo diventa così la priorità politica per affermare la gloria imperialista della nazione. L'imperialismo si impone in questi anni, sia con pretesti ideologici e razzistici che di diffusione civilizzatrice del progresso. E l'imperialismo è una delle versioni mitiche del nazionalismo. In realtà l'imperialismo non è solo un atteggiamento politico di dominio e di espansione che porta al colonialismo e alla guerra, ma è anche il fine dell'ideologia del nazionalismo. Possiamo a questo punto ben dire che il nazionalismo è l'ideologia della nazione. Ma i desideri imperialistici di Crispi si infransero ad Adua. Infatti Baratieri, perché insistito da Roma ad avanzare con le sue truppe, mosse contro l'esercito dell'imperatore etiopico Menelik. I 17.700 soldati italiani si trovarono a dover fronteggiare un esercito di 100.000 soldati etiopi. Si pensava che l'esercito etiopico fosse distante, ma in realtà le informazioni al riguardo furono sbagliate. Ma tutta la condotta della battaglia fu una tragedia e gli ordini si rivelarono fallimentari nonché la stessa mappa dei luoghi era inattendibile.L'1 marzo 1896 si risolse nella uccisione di 5.000 italiani e 2.000 ausiliari indigeni. Le perdite degli etiopi furono tra le 12.0000 e le 14.000 vite umane. Molti morti e feriti italiani vennero anche castrati. Ma fu sconfitta la retorica nazionalista in quanto emersero gravissime inadeguatezze nel comando militare e con riguardo alla preparazione delle truppe nonché con riferimento alla valutazione reale della sostenibilità sul campo dello sforzo bellico. E per fare ciò sarebbero occorse informazioni più attendibili. Era evidente l'inadeguatezza militare italiana rispetto alle pretese guerresche e di forza vantate verbalmente nei rapporti internazionali. Ne usciva sconfitto Crispi, che non voleva Baratieri al comando delle truppe in Etiopia, e che dovette subire alla fine le pressioni del Re Umberto. Ma si trattava di una sconfitta di tutto il paese e invece di trarne lezione si pensò di infiammare ancor di più la retorica. Crispi aveva fatto sua la guerra con l'Etiopia ed era giusto che poi si dimettesse a sconfitta avvenuta, ma era emersa l'inadeguatezza dell'Italia, delle sue strutture decisionali, specie in campo militare e dell'azione di governo. Prendere la guerra esterna come un diversivo rispetto alle vicende interne finiva con l'incancrenire la situazione sociale del paese. Ciò lasciava spazio a una divisione ideologica interna profonda e ad una estrema conflittualità. Cosicché, lungi dal promuoversi la nazionalizzazione delle masse popolari si raggiungeva l'esito opposto, ossia fomentare le conflittualità. Rimanevano irrisolte la questione sociale e la questione cattolica. Era palese la necessità di uno Stato che dialogasse coi cattolici e le forze della sinistra. Ciò avverrà soltanto nella età giolittiana ma con risultati, che seppure significativi, furono vanificati da altri fattori. Si pensava di poter avere facilmente ragione degli etiopi ma non fu così. E nel 1898 le cannonate sconquassarono Milano. Nella città lombarda si verificarono disordini per il caro vita. L'aumento dei prezzi per via della crisi agricola colpiva soprattutto i ceti operai urbani. Nella circostanza fu impiegato l'esercito coi cannoni e furono uccise 80 persone e i feriti furono 450. In realtà si presume, che rispetto a questi dati ufficiali, le vittime furono molte di più. Il Generale Bava Beccaris, che aveva ordinato la repressione dei moti milanesi, venne in seguito insignito della onorificenza di Grand'Ufficiale dell'Ordine Militare di Savoia. Questo fatto assieme alla dura repressione dei Fasci Siciliani fu alla base dell'atto compiuto da Gaetano Bresci che il 29 luglio 1900 sparò all'indirizzo di Re Umberto. Il Re veniva considerato responsabile morale e politico per avere dato l'onorificenza al Generale Bava Beccaris che si era macchiato della strage milanese. Gaetano Bresci era un anarchico toscano emigrato negli Stati Uniti da dove rientrò col proposito di vendicare quelle che lui stesso considerava vittime innocenti dello Stato monarchico. Ecco che la questione sociale irrompeva nel tessuto precario dell'unità nazionale alimentando uno scontro difficile da ricomporre col semplice richiamo al sentimento patrio.

Il cattolicesimo, il socialismo e le tendenze politiche giolittiane

Con la breccia di Porta Pia si apriva, o forse è meglio affermare che si acuiva, la tensione tra lo Stato italiano e il Vaticano. Lo Stato italiano non poteva che avere come sua capitale la città di Roma, anche in considerazione della grande storia della città, eppure del prestigio internazionale che essa godeva. Nonostante tutto si trattava della città italiana che aveva più storia e per molti intellettuali e politici la civiltà italiana era iniziata con la civiltà romana. Per molti era nell'ordine delle cose che Roma divenisse la capitale del neonato Regno d'Italia, ma questo significava sia sfidare le sensibilità cattoliche, molto presenti in Europa, e non solo in Italia, come ad esempio in Francia e aprire una stagione di controverse questioni col papato. La questione romana si pose come centrale rispetto al più ampio rapporto tra i cattolici e lo Stato italiano. Ciò che apparve subito una questione politica e, che, portava il conflitto tra potere temporale e potere religioso fin nel tempo della modernità, in realtà aveva una forte connotazione ideale ed etica e col non expedit fu chiaro che un impegno di fedeltà e di azione dei cattolici nel Regno sabaudo sarebbe stato quanto meno difficile e non senza travagli. Non mancavano certo le sensibilità cattoliche inclini alla necessità di riconoscere l'autorità dello Stato italiano, ma ciò avvenne sempre in maniera tacita o sobria. Così come pur vi furono altri che erano mossi da una più generale riflessione sulla questione sociale e sul montante socialismo. Ma larghi strati del mondo cattolico si mantennero, se non ostili, non certo apertamente collaborativi per un consenso allo Stato italiano. E sicuramente veniva riconosciuto al papato un prestigio superiore da parte della stragrande maggioranza dei credenti sia per il forte credo religioso che per il sol fatto che gli eredi del trono di Pietro preesistevano allo stesso Stato italiano, per cui era credibile e naturale, secondo il punto di vista di molti cattolici, che l'autorità legittima a cui obbedire per fede e tradizione doveva essere il Papa. Ciò poneva un serio problema per la nazionalizzazione delle masse popolari, e in ispecie se il credo cattolico aveva un campo ampio come quello interclassista; in realtà erano soprattutto i contadini il ceto sociale attraverso cui si faceva più forte lo stesso credo cattolico e l'azione del clero.

Per cui quando si parla di nazionalizzazione delle masse popolari non si può non tenere in considerazione che proprio il mondo contadino presentava non solo una spinosa questione sociale, ma pure una reale identificazione religiosa. Certo è che la chiesa cattolica non poteva coniugarsi né con il credo liberale che spingeva verso l'individualismo e né tanto meno con l'ideologia socialista, in quanto atea e fortemente concorrenziale, perché proprio tra la fine dell'ottocento e gli inizi del novecento l'azione dei socialisti si fece molto imponente nelle campagne italiane, e specialmente in alcune regioni. Del resto ai cattolici non piaceva la predica socialista della lotta di classe e questo apriva un ulteriore fronte di scontro sul piano ideologico e sociale. Ma l'Italia rimaneva un paese con forte tradizione cattolica e di certo le radici non potevano essere misconosciute. Ecco come si manifestavano le diversità ideologiche tra cattolici e socialisti nelle parole di due personaggi come Leone XIII e Benito Mussolini. Leone XIII affermava:

lo scandalo maggiore è questo: supporre una classe sociale nemica naturalmente dell'altra; quasi che la natura abbia fatto i ricchi e i proletari per battagliare tra loro un duello implacabile, cosa tanto contraria alla ragione e alla verità. In vece è verissimo che, come nel corpo umano le varie membra si accordano insieme e formano quell'armonico temperamento che si chiama simmetria, così la natura volle che nel civile consorzio armonizzassero tra loro quelle due classi, e ne risultasse l'equilibrio. L'una ha bisogno assoluto dell'altra: né il capitale può stare senza il lavoro, né il lavoro senza il capitale(....) Ma la Chiesa, guidata dagli insegnamenti e dall'esempio di Cristo, mira più in alto, cioè a riavvicinare il più possibile le due classi, e a renderle amiche(....) Poiché Iddio non ci ha creati per questi beni fragili e caduchi, ma per quelli celesti ed eterni(....)(22).

Nelle parole di Leone XIII c'era un afflato teso alla unione interclassista che era proprio nell'intenzione di difendere la coesione sociale propria della base cattolica. Una fede religiosa che diventa in effetti un elemento sia di valore sociologico che di contrapposizione dottrinale e politica rispetto alla lotta di classe. Leone XIII rivendica l'armonia sociale e la cooperazione riallacciandosi ad una componente etica e teologica, la parola di

Cristo. Naturalmente una posizione del genere, concepita in termini dogmatici, mal si conciliava sia la con la visione liberale, individualistica del libero mercato e della grande industria senza ancoraggio ad una solidarietà umana, che con l'arrembante verbo socialista della rivoluzione proletaria e il credo violento della stessa rivoluzione. Benito Mussolini scriveva:

Per noi le idee non sono entità astratte, ma forze fisiche. Quando l'idea vuole obbiettivarsi nel mondo lo fa attraverso manifestazioni nervose, muscolari, fisiche. L'idea della cristianità, la liberazione del Santo Sepolcro, si attua colle gigantesche spedizioni militari dei crociati e un lunghissimo periodo di guerre. Così l'idea socialista- cioè la nuova forma di convivenza sociale basata sopra un radicale cambiamento degli attuali rapporti di proprietà – sarà realizzata attraverso manifestazioni violente, rivoluzionarie(23).

È chiaro che il socialismo si proponeva in effetti una modificazione sostanziale dei rapporti di proprietà e, pertanto, non poteva essere compatibile con uno Stato-nazione che perseguiva tutti altri obiettivi. Soltanto una componente riformista e intelaiata nel seno della società italiana avrebbe potuto essere compatibile con uno Stato-nazione borghese e monarchico. Tale Stato avrebbe dovuto essere riformatore in campo sociale. In effetti, Giolitti intese nella sua azione politica coinvolgere i socialisti riformisti per attenuare il conflitto sociale e provocare una inclusione nel tessuto nazionale e di partecipazione alla vita politica di quei ceti popolari che gli stessi socialisti rappresentavano. Una visione idealistica di Giolitti? No, soltanto una visione pragmatica dello statista piemontese. Ma tornando alle parole di Mussolini si può dire che esse indicano la rivoluzione violenta con un parallelismo storico discutibile: le crociate cristiane. Nell'Italia di fine ottocento e inizio del novecento emergeva, di pari passo con le fabbriche, la questione operaia.   E siccome le condizioni economiche nelle campagne rivelavano l'arretratezza dei ceti contadini la predica socialista trovava terreno fertile. Le prime formazioni politiche di ispirazione socialista furono il Partito Socialista Rivoluzionario di Romagna, fondato nel 1881 da Andrea Costa, e il Partito Operaio Italiano nato in Lombardia nel 1885. Nel 1892 i 200 delegati delle 324 entità associative della sinistra si riunirono a Genova e nacque il Partito dei Lavoratori Italiani, che nel 1895 divenne Partito Socialista Italiano. Una cosa che non bisogna dimenticare è che il Partito Socialista era formato soprattutto da intellettuali. E si trattava di quegli intellettuali che per la maggior parte avevano ereditato le speranze democratiche mazziniane e/o le aspirazioni alla Repubblica. Ma, altresì, molti di essi erano rimasti delusi dalle difficoltà di realizzazione pratica delle idee mazziniane e ritenevano incompiuta l'opera del Risorgimento. Tra questi vi erano soprattutto pensatori e militanti di ascendenza garibaldina. Nello stesso tempo la crisi dello Stato liberale, la scarsa credibilità delle sue istituzioni faceva sì che un determinato ceto intellettuale credette di trovare nel socialismo le munizioni ideali, critiche, e di azione politica per portare avanti una rivoluzione di cambiamento della realtà italiana. Il socialismo si svolge, al pari del cattolicesimo, in una critica, e talvolta, in un rifiuto delle istituzioni liberali. Ma agli inizi del novecento il mondo cattolico si presentava con l'Opera dei Congressi e in seguito con l'Azione Cattolica per fronteggiare l'avanzante socialismo e operare nel tessuto nazionale. La visione organizzativa cattolica trovava riscontro anche in quella del Partito Socialista e dei Sindacati di sinistra il che comportava una strada che si sarebbe rafforzata nei decenni successivi, ossia la istituzionalizzazione della funzione educativa e di controllo sociale per i fini politico-ideologici. Ciò dava da un lato rappresentanza a quei ceti che non si riconoscevano idealmente e moralmente nello Stato-nazione e dall'altro, però, faceva sì che più capillare dell'azione statale nel coinvolgimento delle masse popolari erano le organizzazioni cattoliche e della sinistra. Per molto tempo l'universalismo ideologico, cattolico e socialista prima e comunista dopo, avrebbe determinato le evoluzioni della società italiana. L'aspetto ideologico, sia nella sua funzione istituzionale che in quella di militanza, costituirà un aspetto di sovrainvestimento delle vite individuali dei militanti fino a comportare pregiudizi, faziosità e tensioni violente. È certo che soprattutto agli inizi del novecento molti militanti cattolici iniziarono a dare il loro appoggio, manifesto o tacito, ai candidati liberali. Ciò per una ragione anti-socialista. Del resto, soprattutto Giolitti accettava in maniera tacita questi appoggi e, anzi, era convinto che in uno Stato laico e moderno i destini della chiesa e quelli dello Stato stesso dovevano rimanere disgiunti. Giolitti non riusciva a concepire un partito dei cattolici e né che gli stessi fossero in contrasto con lo Stato di appartenenza in virtù di una fede religiosa. Il problema maggiore per Giolitti rimanevano i socialisti e le necessità, per un paese che si avviava all'industrializzazione, di includere nella vita nazionale i ceti operai. Il pragmatismo di Giolitti era orientato verso una nazionalizzazione delle masse popolari con una centralizzazione della rappresentanza politica, quindi anche dei socialisti e dei cattolici. Ecco cosa scrisse Giolitti nelle sue memorie:

L'elevazione del quarto Stato ad un più alto grado di civiltà, era per noi ormai il problema più urgente(….) l'esclusione delle masse dei lavoratori, non solo dalla vita politica, ma anche da quella amministrativa del paese, togliendo loro ogni influenza legale, ha sempre per effetto di esporle alle suggestioni dei partiti rivoluzionari e delle idee sovvertitrici, in quanto gli apostoli di queste idee hanno a loro disposizione un argomento formidabile, quando osservano che, per ragione di codesta esclusione, alle classi popolari non resta altra difesa, contro le possibili ingiustizie, generali e particolari, delle classi dominanti, che l'uso della violenza(24).

È una conferma, se mai ce ne fosse bisogno, che per Giolitti la nazionalizzazione delle masse popolari, la loro inclusione nel quadro della vita legale, amministrativa e politica del paese richiedeva una azione politica di intervento nel segno della maggiore civiltà. Elevazione del quarto Stato era per Giolitti elevazione delle condizioni di vita e di rappresentanza dei ceti popolari, vale a dire degli operai e dei contadini. In sostanza, significava togliere consenso alle organizzazioni rivoluzionarie della sinistra. Del resto, il riformismo turatiano era parzialmente in linea con questa tendenza giolittiana. Turati riconosceva che l'ipotesi rivoluzionaria non era praticabile in Italia e, che, bisognava produrre con l'azione politica quelle riforme atte a migliorare la condizione del ceto proletario e per preparare il paese alla futura rivoluzione. Quindi un riformismo socialista in linea con le tendenze giolittiane, almeno nel medio periodo. Il non intervento del governo nei conflitti di lavoro, le prime leggi in materia sociale e gli interventi a favore del Mezzogiorno rappresentarono i pilastri del riformismo giolittiano così come il suffragio universale per i cittadini maschi alle elezioni parlamentari. Un riformismo però che non servì a recuperare la credibilità dello Stato e del governo. Giolitti veniva considerato poco idealista e un cinico pragmatico, capace di scendere a patti con le varie clientele, e né la corruzione si attenuò. Pertanto per molti socialisti e cattolici rimaneva un Giolitti discutibile sul piano etico. Un'altra delle questioni, a questo punto importante per capire la dinamica del rapporto tra ceti popolari e lo Stato italiano, è quella della credibilità dei governi e delle istituzioni politiche. Ed è proprio su questo piano della scarsa credibilità etica e politica dello Stato e della irrisoluzione della questione sociale che si manifesta la crisi dello Stato liberale, oltre che la reale crisi della nazionalizzazione italiana.

Note bibliografiche cap.1

1)   La ricerca dell'anima della nazione è il titolo appunto di un capitolo del libro di Cristopher Duggan, La forza del Destino-Storia d'Italia dal 1796 a oggi con traduzione di Giovanni Ferrara Degli Uberti, Editori Laterza, Roma-Bari, 2008, pag.29-55. In inglese lo stesso libro ha il titolo di The Force of Destiny-A History of Italy since 1796 ed edito da Allen Lane-Penguin Books Ltd, London 2007.

2)   Il brano estratto da Platone In Italia fa riferimento al romanzo di Vincenzo Cuoco ed è riferito all'edizione a cura di F.Nicolini, 2 Voll., Bari, 1928, vol.II, pag.28 e riportato in Idem, pag.34.

3)   Il libro di Vincenzo Gioberti di cui si parla è Del Primato Morale e Civile degli Italiani che venne pubblicato a Bruxelles nel 1843 e poi si ricorda dello stesso autore Del Rinnovamento Civile d'Italia nella edizione pubblicata a Milano nel 1915.

4)   Per quanto riguarda Ugo Foscolo si fa riferimento ai Sepolcri che furono composti fra la fine del 1806 e gli inizi del 1807 e apparve nel 1807 in pubblicazione per Bettini, Brescia. Ora riportato in Poesia Italiana dell'Ottocento della Biblioteca di Repubblica per il Gruppo Editoriale l'Espresso, 2004 pag. 106-122. Il titolo originale della pubblicazione era Antologia della Poesia Italiana, diretta da Cesare Segre e Carlo Ossola, Einaudi-Gallimard, Torino 1997.dello stesso Ugo Foscolo si ricordano le Ultime Lettere di Jacopo Ortis, Vol.IV a cura di G.Gambarin, Firenze, 1955, pag.260.

5)   Rosario Romeo, Risorgimento e Capitalismo, Laterza, Bari, 1969 e ripresentato poi nell'ambito dell'iniziativa editoriale "Biblioteca Storica" de Il Giornale, in particolare le pag. da 51 a 84.

6)   Ciò viene ad essere ad esempio rivendicato in senso contrario rispetto a certa storiografia da Condello Giuseppe, Storia di un'Italia Incompiuta, Csa Edizione, Castellana Grotte (Bari), 2009, pag.33.

7)   Nino Bixio, Lettera alla moglie da San Severo, Puglia, 1863 e riportata in Cristopher Duggan, La Forza del Destino, Storia d'Italia dal 1796 a oggi, op.cit.pag.247.

8) Del resto, Roberto Vivarelli in Fascismo e Storia d'Italia, Il Mulino, Bologna, 2008 sostiene a pag.49 quanto in effetti il nazionalismo si mosse in direzione della critica rispetto alle sconfitte di Custoza e Lissa del 1866 e a come venne gestita, fino al 1870, la questione romana.

9) Cristopher Duggan, Francesco Crispi, From Nation to Nationalism, Oxford, 2002, pag.344-345, Traduzione italiana di Giovanni Ferrara Degli Uberti, Creare la Nazione. Vita di Francesco Crispi, Roma-Bari,2000, pag.409-410 e riportato in C.Duggan, La Forza del Destino- Storia d'Italia dal 1796 a oggi, pag.301-302.

10) Leopoldo Franchetti, Condizioni Economiche e Amministrative delle Province Napoletane, nuova edizione, Laterza, Roma-Bari, 1995, pag.28-29.

11) Francesco De Sanctis, La misura dell'ideale del 31 dicembre 1877, pubblicato sulla rivista "Il Diritto" e poi comparso in I Partiti e l'Educazione della Nuova Italia, a cura di N.Cortese, Einaudi, Torino, 1970, pag.163 e riportato in Roberto Vivarelli, Fascismo e Storia d'Italia, op. cit., pag.46.

12) Si tratta di un secondo articolo di De Sanctis L'educazione dell'ideale e pubblicato sulla rivista "Il Diritto" del 4 gennaio 1878 e pure esso comparso in I Partiti e l'Educazione della Nuova Italia, op.cit., pag.169 e riportato in Idem, pag.46.

13) Giosuè Carducci, Dello svolgimento della letteratura nazionale(1868-1871), in Prose, Zanichelli, Bologna, 1991, pag.47 e riportato in idem, pag.47.

14) Vedasi al riguardo di Condello Giuseppe, Evoluzione Storico-Politica del Pensiero Meridionalista e della Questione Meridionale-L'Attualità del Dualismo Nord-Sud e poi Rivoluzione Industriale Comparata e il Caso Crotone, Youcanprint Edizioni, 2012, in particolare, pag.135-158.

15) Per quanto concerne il passaggio dal patriottismo al nazionalismo si rinvia a quanto contenuto in Roberto Vivarelli, Fascismo e Storia d'Italia, op.cit., a pag.38-40 in particolare. Cfr. anche Federico Chabod, Storia della Politica Estera Italiana dal 1870 al 1896.Le Premesse. Laterza, Bari, 1951, Roberto Vivarelli, I Caratteri dell'Età Contemporanea, Il Mulino, Bologna, 2005, pag.113-144.

16) Idem, pag.38-40.

17)   Karl Dietrich Bracher, Zeit der Ideologien, Deutsche Verlags Anstalt, Gmbh, Stuttgart, 1982-1999 e tradotto in italiano da Enzo Grillo col titolo Il Novecento-Secolo delle Ideologie, Laterza Roma-Bari, Terza edizione, 2006, pag.24.

18)   S.Cafiero, Questione Meridionale e Unità Nazionale, La Nuova Italia Scientifica, Roma, 1996, pag.52.

19)   Cristopher Duggan, La Forza del Destino-Storia d'Italia dal 1796 a oggi, op.cit., pag.370.

20)   Idem, pag.371.

21)   La Riforma, 17 gennaio 1896(L'Italia Nuova) in idem, pag.396.

22)   Passo scritto di Leone XIII nella enciclica Rerum Novarum del 1891 e riportata in idem, pag.400.

23)   Brano estrapolato da Benito Mussolini, in La Lima, 11 aprile 1908 e riportato in idem, pag.400.

24)   Giovanni Giolitti, Memorie della mia Vita, Milano, 1922, vol.2, pag.307-308 e riportato in idem, pag.421.

Capitolo II Ideologie e nazionalismo

Apporti culturali e ideologizzazione delle idee

Il novecento col suo mito nel progresso della scienza e, nel contempo, con le previsioni di decadenza della civiltà occidentale, ormai data per imminente, si poneva sul piano del pensiero in un'ottica di carattere duale. In effetti vi erano coloro che credevano nel progresso come motore di libertà, di espansione della pace e della democrazia, e infine come possibilità di un nuovo sviluppo civile delle nazioni che avrebbe innalzato il valore della individualità. Altri invece paventavano una sorta di crisi oscura dell'uomo moderno, cogliendo soprattutto, quella che per loro era l'alienazione. Già si è visto nel capitolo precedente quanto il passaggio tra ottocento e novecento era stato travagliato, e se per alcuni aspetti felice, per altri tale passaggio significava l'incertezza sulle sorti dell'avvenire e, quindi, il problema reale per molti era rifuggire da una cultura materialistica che appannava sia la sfera dei valori tradizionali che la dimensione propriamente emotiva, istintiva dell'individuo. La cultura occidentale, soprattutto europea, conosceva allora le due tendenze che erano da un lato quella del progresso fiducioso sulla razionalità e la tecnica, l'analisi e l'evoluzione positiva dei rapporti umani, e dall'altro, quella della necessità di coltivare una sorta di conservazione della tradizione e favorire una rivitalizzazione dell'anima più istintuale e vitale della persona. Il positivismo aveva di fatto aperto la via al trionfo della scienza e della tecnica, ma permetteva anche dei travasi, come nel caso del socialdarwinismo, che erano forieri di applicazioni teoriche e di concezioni pratiche persino troppo entusiastiche e devianti nel campo delle idee sociali e politiche(già visto questo passaggio nel capitolo precedente). Già a inizio novecento si palesano i segnali di una reazione al positivismo che si concretizzerà almeno in quattro apporti culturali fondamentali. In primis si è già detto del socialdarwinismo e della sua pretesa assoluta di applicazione in altri campi della vita(1). Il secondo apporto culturale va rinvenuto nell'opera di Friedrich Nietzsche che influenzò le dottrine del superomismo contro la morale e le regole della vita. In Nietzsche, come osservato da Bracher, è possibile rinvenire sia la critica alla società liberal-borghese e al suo mito di progresso assolutista che una critica altrettanto pressante nei confronti dei regimi autoritari e, in particolare, della Germania guglielmina. Egli sembra cogliere le conflittualità del divenire storico del suo tempo con tutte le conseguenze di oscillazioni concettuali. Certo il suo stile non aiutava alla decifrazione chiara del suo pensiero. Ossia, il suo pensiero non poteva essere nettamente decodificato. E così per Nietzsche si è verificato quello che si è andato verificando storicamente per altri grandi pensatori, quali Platone, Machiavelli, Hobbes, Rousseau, e cioè che ognuno degli intellettuali impegnati sul versante della lotta politica e della costruzione delle ideologie vi ha ricavato le proprie munizioni culturali o di giustificazione etica: dalle ideologie conservatrici fino ai sindacalisti rivoluzionari e agli impegnati intellettuali di estrema sinistra. Quello che resta più inquietante, nella interpretazione che poi si è data del pensiero del filosofo tedesco, è la potente affermazione del superomismo al di là del bene e del male in una visione elitaria che infrange le regole relativizzandole(2). Una visione del genere apriva le porte alla cosiddetta cultura di rottura, irrazionale nel gesto e nella vitalità dell'azione, quanto integerrima nel contrattaccare le questioni dei limiti etici e del razionalismo. Il senso del limite non può valere di fronte all'ambizione del superuomo che si eleva al di sopra delle masse e sfida la morale o le morali correnti. Proprio su questo terreno le correnti conservatrici che alimentano sì una voglia di progresso, ma di progresso della nazione guerresca, giocheranno la loro partita per l'affermazione del vitalismo istintuale e ribelle incardinandosi tale aspetto nel vate, nel carismatico, nell'uomo mito di sé stesso. È evidente che in questa visione prevale una sorta di anti-cristianesimo, soprattutto ove si pensa che l'uomo è al di là del bene e del male e si riduce o si abbatte il significato dell'etica, ossia della morale sociale e teologica. Ciò si lega ad un altro apporto culturale di una certa rilevanza ed è la filosofia della vita di Henri Bergson(3). La filosofia della vita implicava una costruzione del sapere legata all'esperienza della spontaneità in una percezione del mondo e di forte interiorizzazione della realtà. La vastità del pensiero positivistico col trionfo della rivoluzione industriale sembrava ridurre gli spazi alla vitalità sentimentale dell'individuo e, pertanto, occorreva una filosofia che desse le munizioni dell'intuizione e dell'arte creativa della vita. In sostanza, si arrivava così alle ragioni profonde del vivere difficilmente spiegabili da parte della razionalità prima scientifica e poi tecnica. La funzione della filosofia della vita fu di dare, nel contesto della modernità di inizio novecento, una spiegazione della legittimità dell'atto spontaneo della volontà e del sensibile o ultrasensibile. Vivere la vita e viverla nel suo dato naturale e non artificiale. Questo sembrava essere l'insegnamento della filosofia della vita di Enri Bergson e con ciò contrastando due tendenze:1) la tendenza alla razionalità e alla tecnicalità che sembrava spogliare l'uomo della sua intensità emotiva ed istintuale; 2) e l'altra alla irreggimentazione delle vite individuali entro un quadro di organizzazioni centralizzate e autoritarie. L' affermazione di una naturalità creatrice spingeva verso la evoluzione creativa del mondo e ciò era in contraddizione palese col socialdarwinismo e la evoluzione su basi scientifiche delle nazioni e delle razze. Ma proprio la filosofia della vita-come rilevato da Bracher-si presta effettivamente alle strumentalizzazioni ideologiche(4). L' affermazione dell'atto puro e spontaneo della volontà emotiva e non razionale, la effettività dell'azione dovuta alla sensibilità e all'intuito che stimolano la ricerca dell'estetismo della vita nella forza creativa della propria narrazione di vita(vedasi in questo caso D'Annunzio), l'importanza del sentimento di appartenenza che si richiama alla totalità rispetto alla razionalizzazione del valore dell'individualismo di chiara marca cristiana, illuministica e liberale comportano la fede ideologica nella filosofia della vita. E questa fede ideologica, al di là delle intenzioni di Bergson, sarà fatta da chi predica la rivoluzione. In sostanza la filosofia della vita giustifica sul piano concettuale l'azione rivoluzionaria, la praxis rispetto alla teoria, alla razionalità e al pensiero. La forza della mobilitazione emotiva prende il sopravvento sulle ragioni e gli argomenti di una mobilitazione razionale. E il nazionalismo del lavacro di sangue e il massimalismo rivoluzionario di sinistra faranno tesoro di queste munizioni culturali. Ciò unendosi al pensiero di Nietzsche, così come interpretato dai suoi discepoli e non, fonda una concettualizzazione a chiare lettere di attacco al razionalismo liberale e positivista affermando la centralità della rottura delle regole e l'azione di forza esercitata dalle élites. La razionalità non è assoluta e il mondo creatosi con la razionalità può essere messo in discussione e perfino essere distrutto. In questo discorso si inserisce in modo irrompente il concetto socialdarwinista di superiorità delle razze e delle nazioni mediante la lotta e l'adattamento. Una teoria biologica che trasposta nelle scienze sociali, e anche storiche, porta inevitabilmente all'esaltazione del concetto di forza e della lotta tramite la guerra nel nome della razza superiore. Gobineau in Francia e Chamberlain in Germania ne avevano dato prova di questa coltivazione delle teorie razzistiche tese a demolire quei valori di uguaglianza e libertà portati dall'illuminismo, dal liberalismo e dalle correnti democratiche(5). Questi tre apporti culturali contribuiranno agli inizi del novecento a fondare il mito della nazione, o anche solo ad arricchirlo, e determinando nel vasto Occidente l'ideologia del nazionalismo. Ma le idee della distruzione della morale o delle morali correnti, l'affermazione assolutistica del superuomo, il superamento della razionalità nel nome sia di una rivalutazione delle tradizioni nazionali che di una nuova idealità della vita, l'elemento emotivo dell'atto che unito a quello della forza e alla evoluzione creativa comporta la mobilitazione emotiva dell'organismo sociale: nazione, classe sociale o sindacato, comporteranno sempre più l'erosione contestativa dei valori della civiltà liberale e democratica. Se il progresso scientifico e tecnico avrà una funzione essa sarà soprattutto una funzione di elevazione dell'ideale di forza della nazione in chiave guerresca e di priorità razziale. L'imperialismo coloniale delle potenze occidentali di fine ottocento e inizio novecento ne è una rilevante dimostrazione. Le idee diventano sistemi semplificatori, ordinatori e propagandistici rispetto alla realtà(6). Perciò le idee diventano le ideologie, ossia sistemi di pensiero volti a spiegare in maniera, non preferenziale, ma esclusiva e preclusiva la realtà. Le ideologie acquistano il valore dell'assoluto pensiero che spiega la vita ed è anche l'assoluto pensiero che sbocca nella rivoluzione. Tanto il nazionalismo conservatore, reazionario e per certi aspetti mitologico, quanto il sindacalismo rivoluzionario e il massimalismo di sinistra aneleranno alla rivoluzione. Il primo filone ideologico si muove sul terreno della guerra emotiva nel nome del sacro mito della nazione, il secondo filone invece si afferma presso i ceti popolari e buona parte degli intellettuali nel nome della rivoluzione di classe e, quindi, prescindendo in linea di massima dalla nazione. Ma come vedremo la sinistra conoscerà una profonda crisi all'atto dello scoppio della prima guerra mondiale. Rimanevano i tratti comuni della critica aspra alle istituzioni liberali e alla democrazia e la ricerca di un nuovo che tanto somigliava al paradiso ideale in terra. Ed è sul terreno di questi apporti culturali che bisogna capire la crisi dell'individuo dell'inizio del novecento. La psicoanalisi di Freud, seppure si diffonderà con più ampiezza nel primo dopoguerra, in realtà rappresenterà la critica e la messa in discussione più profonda al sistema della razionalità assoluta e al valore del progresso. Le sue opere: L'io e L'es del 1923 e il Disagio della Civiltà del 1930 contribuiranno a rafforzare l'idea delle pulsioni inconsce della individualità, della non piena controllabilità da parte dell'individuo delle reazioni proprie. Una simile impostazione venne criticata da sinistra perché poneva l'accento sull'individuo e dalle correnti borghesi perché sfidava le convenzioni sociali, soprattutto quelle legate all'affermazione della morale sessuale corrente. Ma già sul terreno della propaganda politica, lo dimostreranno le mobilitazioni durante la prima guerra mondiale e, poi, quelle rivoluzionarie comuniste, fasciste e nazionalsocialiste, si avrà l'applicazione delle tecniche della propaganda della comunicazione manipolatrice. Segno che le teorie sulla psicologia collettiva e sul rapporto tra inconscio e suggestione erano conosciute già da tempo e, anche, prima degli anni venti e trenta. Solo che in questi due decenni conosceranno un'applicazione più ampia. Il nazionalismo italiano non è esente da questi apporti culturali e da queste tendenze pseudoscientifiche di verità assoluta. Un banco di prova del "vario nazionalismo"(7) italiano si avrà con la guerra di Libia del 1911.

L'Italia va alla guerra di Libia

Il nazionalismo italiano si qualifica come elitario, ma allo stesso tempo riesce a fare breccia presso una generazione di giovani della media e poi, anche, della piccola borghesia. Una intellettualità della classe media che certo non si sentiva rappresentata dallo Stato nazionale quale si era andato configurando e, altresì, rimaneva sullo sfondo una questione sociale che i nazionalisti ignoravano. Sul versante culturale l'Italia manifestava tra la fine dell'ottocento e l'inizio del novecento una certa vivacità soprattutto per quanto riguardava la pubblicazione e diffusione delle riviste come Il Marzocco nato nel 1893, Il Regno e Leonardo nate nel 1903, Hermes nata nel 1904 e La Voce che nacque nel 1908 e cessò le sue pubblicazioni nel 1913 e venne diretta prima da Prezzolini e, poi, da Giovanni Papini. Soprattutto La Voce divenne espressione di un confronto culturale sui temi di attualità dell'Italia di allora. Sulla Voce scrisse un intellettuale illuminato come Gaetano Salvemini sino alla sua fuoriuscita dal gruppo. Ma era chiaro che si trattava di intellettuali che criticavano lo Stato liberale quale esso andava formandosi. Si criticavano le delusioni e le sconfitte nella politica estera e, d'altro canto, si criticava l'apertura giolittiana alle sinistre riformiste. Di modo che questa pattuglia di intellettuali nazionalisti sviluppò un duale atteggiamento. Innanzitutto una propensione per la critica radicale al sistema parlamentare e, quindi, alla democrazia dello Stato liberale. In secondo luogo però loro ambivano ad una rivoluzione, che fosse una rivoluzione dello spirito, all'insegna della moralizzazione in senso nazionale del popolo italiano, poco educato ai doveri e disobbediente rispetto all'autorità dello Stato. Lo Stato immaginato a questo punto non poteva che essere, per i nazionalisti, lo Stato autoritario che educasse all'ordine morale e materiale e, che, imponesse di fatto l'organicismo delle classi sociali in una sorta di ideale purificatore a cui anche le libertà andavano sottomesse, ed era l'ideale della nazione. Ecco le stimmate di un nazionalismo che vedeva nella guerra l'esemplarità traumatica e trionfale necessaria per educare il popolo italiano a sentirsi nazione, ossia, figli di una unica matrice spirituale, morale e culturale. Quello che preme ai nazionalisti è la nazione italiana, intesa come comune e sentita identità collettiva dell'appartenenza esclusiva. Ma ai nazionalisti interessa anche lo Stato forte, antiliberale e antidemocratico che possa porre al primo piano gli interessi della nazione rispetto a quelli individuali. Una componente politica radicale associata a una esclusività e assolutizzazione identitaria tipiche componenti dei sentimenti nazionalistici, ma che in Italia acquista rilevanza sia per la scarsa credibilità attribuita allo Stato liberale e, sia, per la presenza di un grande passato che forgiava certe pretese di diritto di dominio e appunto di esclusività identitaria. Già si è discorso della genesi delle idee che porta al nazionalismo, ma la cosa che ora preme sottolineare è che il nazionalismo non è più solo un sentimento o un'ideale, ma un partito politico. Il primo congresso Nazionalista si tenne nel 1910 a Firenze per dare vita all'Associazione Nazionalista Italiana. Da allora il Partito Nazionalista non fu più soltanto una corrente di intellettuali, ma qualcosa che trovava appoggio in larghi strati dell'alta borghesia industriale e non solo dei medi o piccoli borghesi. Il padronato imprenditoriale mal tollerava politiche di apertura al socialismo e al sindacato e per molti di essi soltanto uno Stato forte che si imponesse sui ceti operai e contadini poteva far cessare lo spauracchio della lotta di classe. Ecco in quale quadro interno si inserisce la guerra di Libia: l'esigenza per Giolitti di far cessare le delusioni e le insoddisfazioni dei nazionalisti portandoli su un terreno di consenso alla sua leadership politica e, quindi, alle istituzioni liberali e, d'altro canto, quello di poter dare anche una risposta alla questione sociale dei contadini facendo diffondere l'idea di un'economia coloniale che fosse di scambio e di vantaggio per la madre-patria. Quindi erano in realtà le motivazioni politiche interne che spiegavano la mossa di dichiarare guerra all'Impero turco. Del resto, il quadro interno si arricchiva anche della collocazione favorevole dei cattolici e dei ceti moderati che vedevano nella guerra possibilità economiche e finanziarie per l'Italia. Il quadro politico internazionale fondato sull'imperialismo delle nazioni forti contribuiva a legittimare la guerra per la conquista della Libia. E, poi, ancora il passato che ritorna: la Libia era stata nell'antichità un avamposto della Roma imperiale e questo secondo i nazionalisti dava una pretesa a che essa appartenesse all'Italia. La guerra venne dichiarata nel 1911 e già i rigurgiti della retorica nazionalista si facevano sentire. Si pensi a quanto affermato da Giovanni Pascoli:

La grande proletaria si è mossa(....) dopo soli cinquant'anni ch'ella(L'Italia) rivive, si è presentata al suo dovere di contribuire per la sua parte all'umanamento e incivilimento dei popoli; al suo diritto di non essere soffocata e bloccata nei suoi mari(....) O cinquant'anni del miracolo! Quale e quanta trasformazione!(....) Chi vuol conoscere quale ora ella (l'Italia) è, guardi la sua armata e il suo esercito. Li guardi ora in azione. Terra, mare e cielo, alpi e pianura, penisola e isole, settentrione e mezzogiorno, vi sono perfettamente fusi. Il roseo e grave alpino combatte vicino al bruno e snello siciliano(…..) Scorrete le liste dei morti gloriosi, dei feriti felici della loro luminosa ferita: voi avrete agio di ricordare e ripassare la geografia di questa che appunto era, tempo fa, una espressione geografica(….) Benedetti voi, morti per la Patria!(….) L'Italia, cinquant'anni or sono, era fatta. Nel sacro cinquantennio voi avete provato(….) che sono fatti anche gl'italiani(8).

Ancora una volta la retorica che coglie l'esigenza dell'emotività. Una retorica che non affronta la realtà dei fatti: i morti e i feriti che non possono dirsi né benedetti e né felici, ma anzi, forte era lo strazio di quanti perdevano di fatto i loro cari, così come lacerante era la delusione dei soldati italiani che avevano pensato a una guerra di liberazione della Libia dai turchi e che sarebbero stati accolti dalla popolazione locale come eroi. L'Italia non lesinò uomini nell'impresa libica. Già nei primi giorni del conflitto l'Italia riuscì a occupare le principali città libiche: Tripoli, Bengasi, Homs e Tobruk. Il 23 ottobre del 1911 avvenne l'attacco a Sciara Sciat, vicino a Tripoli, da parte delle truppe turche e arabe: 500 soldati italiani perirono. Come riportato da Duggan: i cadaveri vennero appesi alle palme e gli occhi vennero cuciti e i genitali vennero castrati. Ciò per vendicare soprusi sulle donne del posto(9). Da qui inizia la controffensiva italiana fatta di impiccagioni all'aperto, esecuzioni sommarie senza distinzioni, cattura di parecchi libici ribelli che vennero mandati agli arresti nelle isole di detenzione. Nell'ottobre del 1912 l'Italia e la Turchia firmarono il trattato di pace ma soltanto il 10% circa del territorio libico era nelle mani italiane e ciò per la irriducibilità delle popolazioni locali che ne fecero una vera e propria questione di guerra di resistenza contro gli italiani. Ci vollero metodi spietati, l'uso dei gas letali, le esecuzioni sommarie e le detenzioni senza commiserazione per i libici per avere ragione della lotta di resistenza libica. Oltre 100.000 libici perirono nell'oltre ventennio di soppressione della rivolta. Questo per far capire quanto l'incapacità della maggior parte del ceto dirigente italiano, politico e intellettuale, pesò sulla guerra in Libia. Il non aver analizzato e valutato prima le condizioni reali, il non approfondimento della effettiva portata della questione libica in relazione ai presumibili vantaggi per l'Italia, il cieco emotivismo nazionalista e patriottico impeditivo di qualsiasi aggancio alla realtà comportava per l'Italia stessa di dover pagare dopo, a gioco avvenuto, le conseguenze delle scelte politiche fatte. In sostanza, l'idealismo nazionalista che sperava di forgiare lo spirito nazionale degli italiani per il tramite della guerra santa, eroica, e celebrata retoricamente faceva pagare troppi prezzi agli italiani, e specie alle classi popolari che pagheranno ancor di più dazio in termini di sacrifici nella prima guerra mondiale. La colpa dei ceti intellettuali era evidente, visto il loro ruolo nel costruire e forgiare l'opinione pubblica e, soprattutto, nel formare le mentalità dei giovani. Giustino Fortunato, noto per le sue posizioni critiche rispetto a scelte costose e non ancorate alla realtà e all'interesse dei contadini meridionali scrisse a Pasquale Villari:

Ho paventato e pavento l'impresa di Tripoli. Ma una grande, una infinita consolazione io ho: i contadini meridionali(li conosco assai bene, e non sono facile agli entusiasmi), per la prima volta dacché l'Italia è sotto i cieli e nelle acque del mare, sanno finalmente di dover combattere per una patria, la loro patria, e che questa ha nome Italia. Oh, sì, mezzo secolo di unità non è andato perduto!(10).

Quindi, anche in Fortunato c'era la speranza che la guerra potesse forgiare lo spirito nazionale, inteso come sentimento dell'appartenenza e ideale di identificazione collettiva dei meridionali come dei settentrionali. In realtà nelle parole di Giustino Fortunato si coglie la speranza di forgiare nei contadini meridionali il sentimento nazionale, negato troppo spesso dagli stessi per le evidenti implicazioni della questione sociale.

Ma il segno della superiorità razziale, dell'incantevole e nostalgico rievocare delle glorie passate riecheggia nelle parole di Francesco Novati, Professore Ordinario di Storia Contemporanea delle letterature neo-latine che tenne un discorso per la apertura della Regia Accademia Scientifico –Letteraria di Milano:

Voglia il cielo che l'Italia nostra, la quale in quest'ora così grave della vita nazionale, dà segni tanto nobili e grandi della sua resurrezione, che in un lavacro di sangue si ribattezza a superbi destini; e prorompendo sdegnosa contro il secolare nemico, rivendica le infinite offese pazientemente tollerate e sulle libiche arene riaccende la fiaccola della civiltà latina, non si dimentichi mai che la forza dei popoli civili tragge alimento e vigoria dalla dottrina. Come quella dell'eroe ateniese sia la sua spada vittoriosa circondata di mirto e di quercia, anche d'alloro apollinare(11).

Ancora il sentimento di gloria nazionale che eccita gli animi, l'idea della resurrezione nazionale tramite il lavacro di sangue, il rievocare presunte passate offese contro un nemico secolare, tipico di una certa poetica patriottica pre-risorgimentale, il primato di una civiltà latina di cui l'Italia è considerata la erede, e la forza che si ottiene ancor di più con la vittoria prendono il posto di qualsiasi considerazione argomentativa e si procede di pari passo per dare séguito alle operazioni politiche e militari di espansione nazionale. Lo spirito pubblico veniva impregnato di questo senso della grandezza, della gloria e della potenza delle nazioni a cui gli individui dovevano la loro obbedienza. Se ciò avveniva nel quadro occidentale e, in particolare, in Europa, in Italia ciò si accentuava data sia la tradizione retorica della patria, che la crisi dello Stato che fin dal momento della conseguita unità politica non aveva saputo affrontare i due problemi fondamentali: la questione sociale e il rafforzamento della coesione interna. Talché le profonde ideologizzazioni del pensiero, già in atto tra la fine dell'ottocento e l'inizio del novecento in Europa, in Italia divennero più forti e penetranti fino a estrinsecarsi come vere religioni   contrapposte. Il disegno giolittiano falliva la partita della nazionalizzazione delle masse. Altri attori irrompevano sulla scena. Le elezioni del 1913 in cui finalmente si votava col suffragio universale, poiché era stato ampliato il diritto di voto a tutti i maschi adulti e che portò i votanti da 3 a 8,5 milioni, vide un'affermazione dei partiti cosiddetti costituzionali con il 56,7% dei voti ma avanzarono anche i socialisti, i repubblicani e i radicali. Il capo elettorale dell'Unione Cattolica Italiana denunciò pubblicamente il patto che aveva permesso a Giolitti e ai liberali di poter avere dei consensi lusinghieri in cambio di alcuni punti che prevedevano una certa legislazione in materia di divorzio e di insegnamento della religione nelle scuole. A questo punto succedette che in parlamento i radicali anticlericali decisero di ritirare la fiducia a Giolitti. Si costituì in seguito un governo a guida di Antonio Salandra, un conservatore, che come vedremo era più in linea con un ritorno alle virtù della lettera dello Statuto in connessione con le opinioni espresse in tal senso da Sidney Sonnino. Nel giugno del 1914 avvenne che ad Ancona tre giovani che protestavano mediante dimostrazione furono uccisi. Il Partito Socialista indisse uno sciopero nazionale generale e vi aderirono gli esponenti e militanti dell'anarchismo, del repubblicanesimo e del sindacalismo rivoluzionario. Le dimostrazioni e gli scontri furono cruenti, tanto che furono distrutti edifici pubblici, fatte devastazioni che distrussero i ruoli delle imposte e i pali del telegrafo e furono occupate chiese e stazioni ferroviarie. Persino Mussolini fu coinvolto negli scontri a Milano dove cercò di arringare le folle. Una settimana di violenti scontri che certo facevano emergere l'elevato livello di sovrainvestimento ideologico delle vite individuali dei militanti e ciò portava alla violenza e alla negazione di qualsiasi sentimento di solidarietà e coesione nazionale. Ma era la questione sociale che minava la credibilità dello Stato liberale ed esso ormai veniva attaccato da due opposte sponde, ma convergenti nell'intenzione di distruggerlo, ossia la sponda ideologica nazionalista e la sponda rivoluzionaria e massimalista di sinistra. Ciò che avveniva a livello europeo occidentale si dispiegava concretamente e in maniera accentuata nella realtà italiana.

Il vate e lo spirito della nazione: la mitizzazione dell'intellettuale

Una figura che incarna nell'inizio novecento il sentimento della ricerca della gloria e potenza nazionali è sicuramente Gabriele D'Annunzio. Non certo un filosofo ragionatore e né tanto meno un politico dalla fine e sapiente arte diplomatica. In cerca di un approdo politico fu eletto al parlamento nelle elezioni del 1898. Fu, alquanto è dato sapere, un parlamentare assente e, anche, se sembrò avvicinarsi ai socialisti ben presto il gusto estetizzante della vita e la sua concezione elitaria e aristocratica della intellettualità e del fervore nazionalista lo portarono sull'altra sponda ideologica. Certo che non poteva essere sensibile alla idealità di uguaglianza e giustizia sociale e, anzi, col tempo affermò pareri contrari alla lotta di classe. Alle elezioni del 1900 non venne rieletto, ma proseguì nella sua carriera letteraria con grande soddisfazione per la sua vanità e per la sua reputazione di vate nazionale. Giosuè Carducci morì nel 1907, un anno dopo che gli era stato consegnato il Premio Nobel per la letteratura, e lui gli succedette appunto come vate nazionale: ossia esponente culturale con cui identificarsi per portare avanti l'idea morale e superiore di nazione. Quindi, vate inteso come intellettuale della patria e della nazione a cui si riconosce un superiore valore nell'arte e nelle opinioni. E così D'Annunzio si qualificò sempre più. I suoi canti poetici di omaggio alla italianità del passato, come ad esempio per Dante e le città italiane che nel Medioevo diedero dimostrazione di vitalità, coraggio e indipendenza nonché di virtù militari, così come per gli artisti e i geni italiani del passato, erano espressione di questa ricerca delle radici, di una semantica identitaria della nazione. Ma non era più la ricerca dell'anima della nazione ma l'affermazione del diritto dell'Italia di essere grande, gloriosa e potente visto il suo passato che la faceva discendente di grandi civiltà. Come Cristopher Duggan riporta, in effetti l'opera che designò D'Annunzio come vate della nazione italiana fu la tragedia "La nave". La tragedia venne rappresentata per la prima volta al Teatro Argentina di Roma con la presenza del Re Vittorio Emanuele III. La tragedia sortì grandi applausi e persino le congratulazioni al poeta e scrittore abruzzese dal parco reale. La nave era ambientata a Venezia nel periodo che la serenissima stava cercando di conquistare l'indipendenza dall'Impero bizantino. Due fratelli, Marco e Sergio riescono, uccidendo i maschi della famiglia imperiale, ad arrivare al potere. Basiliola, sorella dei quattro maschi uccisi si denuderà e giocando sul potere della sua bellezza farà in modo di attirare in una trappola Marco e Sergio. Sarà lei a suscitare nei due fratelli il desiderio di battersi e Marco ucciderà Sergio. Per effettuare la propria espiazione Marco si imbarcherà e combatterà per Venezia. Il Marco, in seguito, resosi conto di essere stato ingannato dalla Basiliola decide che la donna sia punita e verrà inchiodata sul fronte della nave, ma la Basiliola si libera e si butterà nelle fiamme di un altare(12). In realtà la tragedia La nave aveva evidenti allusioni alle questioni nazionali sia delle terre irredente e, quindi, della necessità di completare il risorgimento e sia di dover forgiare lo spirito nazionale in virtù delle glorie passate, soprattutto se ci si riferiva alla gloriosa città marinara di Venezia. Sarà lo stesso D'Annunzio uno dei più fervidi caldeggiatori dell'entrata dell'Italia nel primo conflitto mondiale e sarà il protagonista assoluto delle giornate del "maggio radioso". Egli cantò anche le glorie della guerra di Libia. D'Annunzio rappresentava quei caratteri tipici dell'intellettuale estetizzante, elitario, aristocratico, simbolista e superomistico che si andava affermando nel periodo di fine ottocento inizio novecento. Ma era altresì in lui la forte tensione a passare all'azione, e l'azione doveva essere plateale e dimostrativa. In lui confluivano tendenze proprie della costruzione dell'intellettuale e del politico, così come andavano affermandosi in Europa, e quelle proprie di una retorica letteraria nazionale cantrice delle glorie patrie. E la miscela risultò esplosiva nei giorni della protesta e mobilitazione interventista. D'Annunzio mise al servizio dell'ideologia nazionalista le sue armi di manipolatore e affascinatore delle folle e se ne fece leader politico e mediatico indiscusso. Ma D'Annunzio si servì del nazionalismo per affermare le sue idee sulla sua missione intellettuale e sul suo primato ideale. In sostanza, per affermare una sua leadership. Il vate intellettuale e poetico, di grandi capacità oratorie, esprime sicuramente in questo periodo il potere esercitato dai padroni del linguaggio colto, della retorica emotiva e mobilitante. Ciò segna l'intellettuale ideologico, anche se di stampo nazionalistico, che manipolando e plasmando la pubblica opinione persegue uno scopo politico. La tramutazione della parola nella ideologia e la correlativa tramutazione dell'ideologia nella realtà sono sicuramente i tratti distintivi dell'essere vate di D'Annunzio.

Note bibliografiche capitolo 2

1)   Per quanto riguarda il riferimento al socialdarwinismo si veda quanto contenuto in Roberto Vivarelli, Fascismo e Storia d'Italia, Il Mulino, Bologna, 2008, pag.52-53 e quanto richiamato anche in Friedrich Bracher, Zeit der Ideologien e tradotto in italiano col titolo Il Novecento-il Secolo delle Ideologie, con traduzione di Enzo Grillo, Laterza, Roma-Bari, terza edizione 2006, pag.27.
2)   Vedasi al riguardo Friedrich Bracher, Il Novecento-il Secolo delle Ideologie, op.cit. pag.25-27. Si ricordano anche alcune opere di Nietzsche, quali: Così parlò Zarathustra del 1883, Al di là del bene e del male del 1886, Genealogia della morale del 1887.
3)   Con riferimento alla filosofia di Henry Bergson vedasi Matière e Memoire, Paris, 1887 e Cfr: Thomas Mann(a cura di), The Bergsonian Heritage, 1962 e J.J. Gallagher, Morality in Evolution: The Moral Philosopy of Henry Bergson, 1970. Si veda quanto richiamato in Idem, pag.30-32.
4)   Su questo punto vedasi idem, pag.30-31.
5)   Si fa riferimento alle opere di Joseph Artur de Gobineau che pubblicò tra il 1853 e il 1854 l'opera in tre volumi dal titolo: Saggio sulle Disuguaglianze delle Razze Umane e che ebbe notevole risonanza nel mondo occidentale e dell'inglese Houston Stewart Chamberlain dal titolo: i Fondamenti del XIX secolo. Queste opere furono la base critica e ideologica per l'impostazione delle teorie razziste a cui si ispirarono soprattutto quelli di fede nazionalista. Per dei riferimenti bibliografici su Gobineau si ricordano: Alexis de Tocqueville, Arthur de Gobineau, Del Razzismo, Carteggio 1853-1859, Donzelli, Roma, 2008, G.L.Mosse, Il Razzismo in Europa,Bari, 1985 e V.Pisanty, La Difesa della Razza, Milano, 2007. Per riferimenti bibliografici su Chamberlain si segnala William E.Shirer, Storia del Terzo Reich, Giulio Einaudi Editore, Torino, 1963, pag.116-121.
6)   Friedrich Bracher, Il Novecento-Il Secolo delle Ideologie, op. cit., pag.16-17.

7)   Per il termine "vario nazionalismo" si veda il titolo di un paragrafo in Roberto Vivarelli, Fascismo e Storia d'Italia, op.cit.pag.61-82.

8)   È riportato il brano di Giovanni Pascoli, in Cristopher Duggan, La Forza del Destino-Storia d'Italia dal 1796 a oggi e tradotto da Giovanni Ferrara Degli Uberti per l'edizione 2008 della Laterza, Roma-Bari. Il titolo in inglese è The Force of Destiny-A History of Italy Since 1796 e il libro in Inghilterra è stato edito da Allen Lane-Penguin Books Ltd, London, 2007. Il brano è riportato a pag.435-436. Il brano di Giovanni Pascoli è contenuto altresì in Prose di Giovanni Pascoli, vol.1: Pensieri di Varia Umanità, Milano, 1952, pag.557-569.

9)   Cristopher Duggan, pag.437. Per la questione della guerra di Libia fare riferimento a A.Del Boca, Italiani Brava Gente?, Vicenza, 2005, pag.110-112 e pag.122

10)   Giustino Fortunato, Carteggio 1865-1911, a cura di E.Gentile, Roma-Bari, 1978, pag.397-398(18 dicembre 1911) e riportato in Cristopher Duggan, op.cit., pag. 436.

11)   G. Cianferotti, Giuristi e Mondo Accademico di Fronte all'Impresa di Tripoli, Milano, Giuffrè, 1984, pag.43-44 e riportato in Roberto Vivarelli, Fascismo e Storia d'Italia, op.cit., pag.74.

12)   Ciò è riportato in Cristopher Duggan, La Forza del Destino-Storia d'Italia dal 1796 a oggi, op.cit., pag.429. Si fa anche riferimento a Gabriele D'Annunzio, La Nave, in Tutte le Opere di Gabriele D'Annunzio. Tragedie, Sogni e Misteri, vol.I, Milano, 1950, pag.3-210.

Capitolo III La grande guerra, i costi e la vittoria

Verso la grande guerra

La grande affermazione di una entità politico-collettiva, quale lo Stato nazionale, che avviene senza ombra di dubbio con la rivoluzione francese del 1789,(1) conosce nei primi del novecento un avanzamento accelerato. Già si è detto precedentemente dell'importanza assunta dalla nazione in quanto valore ideale prima ancora che reale. E tale valore assume i connotati etici e politici che via via si sono delineati. Del resto, una parte non trascurabile in tal senso la gioca in questo periodo l'accelerazione del progresso tecnologico, specie in campo industriale, che crea tre premesse dei successivi sviluppi. Innanzitutto un ampliamento interno, ai vari paesi, della sfera di azione statuale con una conseguente specializzazione degli apparati politico-burocratici. In secondo luogo emerge l'espansione nazionale nei traffici commerciali, specie in campo agricolo, con una conseguente concorrenzialità su scala mondiale senza precedenti nella storia dell'umanità. A questi due sviluppi se ne somma un altro: la tendenza alla interdipendenza e al colonialismo, ossia all'ampliamento della sfera di dominio statua le oltre i propri confini geo-politici e, quindi, all'affermazione di una cultura imperialista(2). Ora vi è da dire che tante volte l'imperialismo è stato esaminato e non sempre pacificamente, ma certamente emerge il fatto che esso può ormai essere annoverato senza ombra di dubbio tra le cause primarie del primo conflitto mondiale(3). L'Europa, tra la fine dell'ottocento e l'inizio del novecento, era ben diversa rispetto al passato e ciò sia per i progressi compiuti in campo economico e scientifico-tecnologico e sia perché le mentalità collettive andavano aggregandosi sempre più, e identificandosi per larghi strati sociali, nello Stato-nazione. Anche se a ciò si debbono aggiungere ulteriori passaggi. È certo, ad esempio, che proprio in Europa vi erano le maggiori contraddizioni: la tradizione di alcuni assetti politico-istituzionali di stampo ottocentesco conviveva con le esigenze di modernizzazione istituzionale che già stavano avanzando negli Stati liberaldemocratici. L'Impero Austro-Ungarico aveva le sue lacerazioni, specie nei Balcani, dove la questione delle nazionalità esplodeva a un minimo accidente. Troppo grande territorialmente l'Impero Austro-Ungarico e troppo diverso dal punto di vista delle etnie e delle nazionalità per poter essere un corpo omogeneo. Non è un caso che tale Impero Centrale apparisse come quello maggiormente in contrasto con la rivendicazione del "principio di nazionalità". Un principio quello della nazionalità che era di stampo ottocentesco ed era rimasto irrisolto a partire dal 1848. Così nel cuore dell'Europa il principio della nazionalità era ancora un elemento di rivendicazione politica allo scoccare della prima guerra mondiale. Ma allora possiamo iniziare a sgomberare il campo dagli equivoci e chiarire due aspetti legati alla nazione, in quanto sentimento di popolo e valore etico-politico. Il primo punto è che la rivendicazione del principio di nazionalità, ossia l'affermazione del diritto all'autodeterminazione dei popoli e alla loro libertà e indipendenza, sarà fatta propria dalle componenti democratiche di sostegno all'intervento nella guerra. Per cui il diritto alla nazione, in quanto diritto all'identità e all'indipedenza politica di un popolo, si rivestiva di un carattere democratico per cui valeva la pena di combattere. Un consesso libero delle nazioni, questo sarà uno dei punti delle proposte di Wilson nell'immediato primo dopoguerra. Un secondo punto è quello per cui la nazione è un sentimento esclusivo di appartenenza che porta a collidere con le altre appartenenze nazionali. In altre parole, in questo secondo caso siamo nel campo del nazionalismo. Il nazionalismo non riconosce il diritto alla libertà e all'indipendenza degli altri popoli e si esprime nel primato delle questioni estere e della guerra e, quindi, nella tendenza imperialista. Non si può certo affermare che questo sia stato il terreno esclusivo su cui si sia disputata la lotta, ma certamente ne è stato uno dei fattori fondamentali. E non sarà un caso che anche in Italia questi due punti di vista sul concetto e il valore della nazione convergeranno verso l'interventismo: ossia una rivendicazione democratica e risorgimentale della nazione e del diritto alla libertà e indipendenza delle nazioni e l'altro punto di vista politico più incline a considerare l'entità nazione come portata alla guerra e al lavacro di sangue per affermare la propria superiorità morale, politica e militare. Un altro aspetto che certamente incide nella logica dei rapporti internazionali di quegli anni anteguerra è la questione del riarmo. Non è un caso che le straordinarie scoperte scientifiche e la conseguente applicazione tecnologica delle stesse sul piano industriale, la crescita di gruppi d'interesse imprenditoriali, espressione della produzione di armamenti, la concezione, che ormai si era fatta strada, che il primato politico della nazione non poteva che dipendere anche dal primato militare, l'importanza assunta dagli apparati statuali collegati alla specializzazione tecnologica e militare, l'ampliamento delle competenze dei quadri militari, portavano ad un investimento notevole nella corsa agli armamenti. A ciò si devono aggiungere le tensioni esistenti tra le grandi potenze del continente europeo. Per la supremazia dei mari c'erano forti tensioni tra la Germania guglielmina e la Gran Bretagna, mentre la stessa Francia nutriva, dopo la disfatta della guerra del 1870, ansie di rivincita sulla stessa nazione tedesca. Del resto, i tedeschi pensavano, soprattutto negli ambienti militari e politici più aggressivi, che un attacco risolutore contro la Francia(il cosiddetto Piano Schlieffen) avrebbe potuto portare a una guerra breve e vittoriosa. Ma c'erano le rivalità tra la Russia e L'Austria-Ungheria per quanto riguardava la questione dei Balcani, visto ormai il decadimento che stava attraversando l'Impero Ottomano. E l'Italia? L'Italia si era lasciata sfuggire alcune occasioni sul finire dell'ottocento per poter penetrare nel Nord-Africa e allargare la sua base di influenza nel Mediterraneo e la sconfitta di Adua aveva portato i nazionalisti a rivendicare ancora una volta una grande guerra che riscattasse l'Italia. La guerra vittoriosa di Libia, nel cinquantennale dell'unità, aveva rilanciato le ambizioni di conquista e di riscatto nazionale dei nazionalisti e, anche, di alcune correnti politiche e culturali non nazionaliste, ma patriottiche. Certamente per l'Italia i problemi erano molto più rilevanti che per le altre potenze mondiali. E se pure una vittoria era stata ottenuta di recente da ciò non bisognava ricavarne automaticamente che il paese fosse preparato alla guerra. Il 28 giugno 1914 l'Arciduca Francesco Ferdinando, erede al trono dell'Impero Austro-Ungarico, e sua moglie Sofia furono uccisi da uno studente serbo, Gavrilo Princip. Il delitto si verificò a Sarajevo e scatenò una reazione a catena. Il 23 luglio, dopo consultazione con la Germania, l'Austria lanciò un ultimatum alla Serbia. Tra l'altro le autorità serbe si mostrarono disponibili a venire incontro alle richieste austriache. Ma il 28 luglio l'Impero Austro-Ungarico dichiarò guerra alla Serbia. Successivamente scese in campo la Russia, potenza che si poneva a protezione della Serbia. Il giorno dopo entrò in scena la Germania. Cosicché, l'1 agosto la Russia dichiarò guerra all'Austria-Ungheria e alla Germania, mentre i tedeschi il 3 agosto dichiararono guerra alla Francia e misero in pratica il Piano Schlieffen con l'invasione del Belgio e da qui si preparavano a sferrare l'attacco ai francesi. Il 4 agosto l'Inghilterra scese nel teatro di guerra a fianco della Francia e della Russia. Il 1914 viene considerato uno spartiacque, e sicuramente lo è. Quella che è stata definita "la pace dei cento anni" (4)crollava e crollava non per un accidente della storia. In realtà non si trattò di un accidente, ma di linee di pensiero e di azione che prima si sovrapposero, poi si concentrarono e infine conversero verso la fatale considerazione della guerra. Vecchie e nuove tendenze si scontravano e palesemente si addiveniva all'evento risolutore. Ciò che era stato non sarebbe stato più. L'Europa delle idee e delle ideologie che aveva iniziato a maturare i suoi percorsi politici partendo dal 1789 e passando per il 1815 della restaurazione post-napoleonica e il 1848 delle nazionalità, l'Europa che si era sviluppata ulteriormente sul terreno della rivoluzione industriale e dello scontro tra proletariato e capitalisti manifatturieri addiveniva ad uno scontro su scala mondiale e con ciò si conosceva il primo apice distruttivo dell'eurocentrismo, antecedente a quello che sarebbe accaduto con la seconda guerra mondiale.

L'Italia e l'intervento nella prima guerra mondiale

La settimana rossa del giugno 1914 aveva sconvolto una parte del ceto politico nazionale conservatore e moderato e, conseguentemente, si risvegliavano le convinzioni di quanti pensavano che solo un grande evento bellico avrebbe potuto dare agli italiani uno spirito di disciplina e di identificazione con lo Stato nazionale. Il conflitto ideologico non era ancora in Italia ai livelli del post-prima guerra mondiale, ma certamente c'era e imponeva una seria riflessione sulle finalità che un intervento in guerra avrebbe dovuto comportare. Invece queste finalità soltanto a fatto compiuto vennero idealisticamente rappresentate e si manifestarono in maniera del tutto eterogènea. Se una cosa si può dire dell'interventismo italiano è che si trattò di un interventismo con diverse connotazioni politiche e indubbiamente convergente sulle necessità della guerra. Ma chi aveva responsabilità di governo, lungi dal considerare le reali compatibilità di un'entrata in guerra con la situazione reale del paese, preferì in effetti perseguire una politica vecchio stampo che vedeva nell'esecutivo la parte centrale delle decisioni che impegnavano l'Italia. Una concezione politico-autoritaria del ruolo dell'esecutivo e, quindi, dello Stato. Per cui il parlamento, come avvenne nel caso dell'entrata in guerra, si doveva trovare nella sola situazione di ratificare le decisioni politiche prese dal Consiglio dei Ministri. Non era un caso che dopo l'uscita di scena di Giovanni Giolitti e messa da parte la corrente liberale-moderata si propendesse per una restaurazione del primato della politica di governo rispetto a quella del parlamento. Ciò trovava eco nei circoli nazionalistici che avversavano il parlamento e naturalmente propendevano per uno Stato credibile sul piano delle decisioni politiche e dell'autorità da dispiegare tanto all'esterno che all'interno. In effetti, in Italia si riscontrava rispetto ad altri grandi paesi di chiara matrice liberaldemocratica un problema di non poco conto. Il fallimento della nazionalizzazione delle masse popolari, nonostante la inclusione delle forze socialista riformista e cattoliche nell'alveo delle politiche governative mediante il metodo giolittiano delle concessioni e delle negoziazioni che si svolgevano per via parlamentare, si ritorceva da un lato sulla stessa credibilità della istituzione parlamentare in vasti strati sociali della opinione pubblica e, dall'altro, contribuiva a creare maggiore consenso verso quelle forze che fuori dall'ambito parlamentare sapevano accendere e orientare la protesta popolare e/o gli spiriti estremisti che credevano nel verbo sacro della radicalità dello scontro politico-ideologico. Il tentativo di Giolitti di un riformismo empirico per via parlamentare e di concessioni governative veniva bollato come trasformismo e senza spinta ideale e, quindi, per molti esponenti di sinistra tendente a mantenere la situazione così come era. Anzi, all'interno dello stesso Partito Socialista, da parte dei più estremisti, l'azione di Giolitti veniva vista come pericolosa e immorale in quanto si trattava del riformismo borghese che voleva annullare le spinte rivoluzionarie. Ma, altresì, i nazionalisti vi scorgevano una eccessiva apertura a quella sinistra e a quel ceto operaio che portati alla predica e alla messa in pratica del conflitto di classe distruggevano le basi morali dell'appartenenza nazionale. Ecco perché la crisi di credibilità del parlamento italiano. Sin dai primi decenni dell'unità nazionale nei ceti popolari si fece strada l'idea della corruzione politico-parlamentare, del trasformismo e della maggiore incidenza politica dei ceti possidenti a discapito della necessità di promuovere l'uguaglianza redistributiva tra ricchi e poveri. D'altra parte i numerosi scandali avevano contribuito a far dire a molti intellettuali italiani che il parlamento altro non era che una istituzione corrotta. Soprattutto nella media e, poi, nell'alta borghesia imprenditoriale si pensò al parlamento come ad una istituzione inutile che decideva poco o nulla. Soprattutto i nazionalisti che erano espressione del ceto borghese rappresentarono più di tutti l'antiparlamentarismo e l'odio per la democrazia parlamentare. La mancata nazionalizzazione delle masse popolari secondo determinate direzioni si traduceva in una mancata nazionalizzazione istituzionale. In altre parole, larghi strati sociali non si riconoscevano nello Stato e, quindi, nel parlamento. È indubbio il fatto che, nonostante alle elezioni del 1913 avesse preso piede il suffragio universale per i soli cittadini maschi in età adulta, si manifestarono con più forza i movimenti extraparlamentari di lotta e di mobilitazione. In un contesto del genere, pure a fatto compiuto con l'entrata in guerra dell'Italia, era conseguenziale la maggiore forza delle proteste incendiarie tese alla giustificazione ideale e morale della guerra. Già ad agosto il Ministro degli Esteri San Giuliano aveva parlato col Primo Ministro Salandra delle possibilità di un'entrata in guerra dell'Italia viste le offerte della Triplice Intesa. Dopo la scomparsa di San Giuliano al Ministero degli Esteri approdò Sidney Sonnino che aveva manifestato inizialmente un'attenzione maggiore verso Austria e Germania. Le trattative vennero portate avanti in gran segreto e senza informare il parlamento neanche per via di commissione. Del resto c'era chi, come alcuni tra i giolittiani e lo stesso Giolitti, paventavano l'entrata in guerra dell'Italia e si poneva il problema se il paese fosse preparato per una scelta così impegnativa. Il fronte neutralista si presentò abbastanza forte dal punto di vista politico fino all'estate del 1914 e in ciò vi contribuivano diversi fattori, anche di carattere contingente. Ma il Patto di Londra avrebbe portato, per come si è già detto sopra, alla sconfitta del parlamento e ad una involuzione sul piano istituzionale. Un mutamento consistente sul piano ideologico si ebbe proprio a sinistra. Infatti, socialisti di destra di ispirazione riformista, repubblicani, radicali, sindacalisti rivoluzionari iniziarono a scorgere nella guerra una lotta contro gli Imperi Centrali anti-democratici. Soprattutto dopo la messa in atto da parte della Germania dell'invasione del Belgio i furori democratici per l'intervento in guerra furono accesi. Del resto, si trattava di completare agli occhi di molti il risorgimento e le aspirazioni alla compiutezza dell'unità nazionale. Maggiormente in questo senso propendevano gli intellettuali e i politici di ascendenze mazziniane e garibaldine, non esenti da determinate simpatie per il principio della nazionalità di stampo ottocentesco. Ma d'altra parte divennero più rumorose e rancorose, fino a sfociare nel maggio radioso, le tendenze alla guerra di stampo nazionalista. Per i futuristi la guerra era la sola igiene del mondo(5) e per il movimento nazionalista era la grande occasione perché l'Italia conseguisse due cose: 1) dimostrare finalmente sul proscenio internazionale di essere una grande potenza e di poter aspirare a contare nel consesso delle nazioni forti e rispettate; 2) completare l'unità nazionale e, quindi, annettere le terre irredente. In quei giorni montava l'irredentismo e Cesare Battisti ne fu sicuramente la maggiore espressione(6) , ma vi fu tutto un fiorire di ragioni e finalità idealistiche che si espressero per giustificare a priori l'intervento in guerra. Nello stesso Partito Socialista ci fu l'abiura di Benito Mussolini che da neutralista quale era e da predicatore socialista, in qualità di Direttore de L'avanti, passò sulla barricata interventista. Espulso dal Partito Socialista per queste sue posizioni nel novembre del 1914 fondò il giornale il Popolo d'Italia, finanziato con soldi francesi e degli industriali della siderurgia. Come è stato osservato: Mussolini scorgeva in un evento quale la guerra future possibilità di cambiamento del quadro politico e allo stesso tempo anche maggiori opportunità per la sua carriera politica(7). Il mondo cattolico invece che posizioni andava assumendo? Forse per fede molti cattolici erano contrari ad un intervento armato, specie contro un altro paese cattolico, quale era l'Austria. Ma le posizioni andavano sfumandosi per via del fatto che molti cattolici ritenevano l'intervento una possibilità per rientrare a contare qualcosa nel gioco del consenso politico. Infatti, manifestando obbedienza allo Stato sul piano dei doveri civici il mondo cattolico si sarebbe accreditato presso le autorità statuali come elemento primario sia di cementificazione degli ideali patriottici (e in ciò era evidente la lezione pre-risorgimentale di un Gioberti) che di sostrato ideale, morale e sociale contro l'avanzante predica della lotta di classe di stampo socialista rivoluzionario. A favorire ancor di più uno spostamento dell'asse politico verso l'intervento furono gli interessi economici. Innanzitutto essere a fianco dell'Austria e della Germania significava rinunciare al carbone britannico, poiché l'Italia si approvvigionava per il suo fabbisogno energetico per circa l'87% dal carbone della Gran Bretagna contro l'8% importato dalla stessa Germania. Del resto, l'Inghilterra controllava i traffici oceanici con le Americhe mediante lo Stretto di Gibilterra. In effetti, dopo l'entrata in guerra dell'Impero Ottomano che impediva i traffici commerciali con la Russia e la Romania l'Italia per i suoi approvvigionamenti di grano doveva ricorrere ai mercati americani. La Gran Bretagna controllava anche il mercato dei capitali e, quindi, aveva una notevole influenza sull'azione diretta dell'afflusso di capitali, che per l'Italia erano soprattutto quelli degli emigranti. Le industrie della meccanica, della siderurgia, della chimica e dell'elettrico e del tessile-abbigliamento videro nella guerra una possibilità di aumento dei profitti. L'industria pesante in funzione delle necessità belliche si sarebbe espansa, come di fatto avvenne, e se si pensa al tessile-abbigliamento che poteva dare forniture alle forze armate e rovesciare la sovraproduzione sul mercato interno tutto ciò fa comprendere le giustificazioni di determinati settori industriali all'appoggio per un intervento in guerra. I primi mesi di neutralità non furono che critici. Il governo pensò di aumentare la circolazione di moneta e di emettere titoli del debito pubblico per non aumentare la pressione fiscale. La politica monetaria di aumento della offerta di moneta che portò ad un incremento, tra luglio 1914 e maggio del 1915, di circa il 60% della circolazione comportò anche un aumento dei prezzi che si scaricò sui ceti popolari di operai e contadini. Del resto, con una guerra che era mondiale e il venir meno delle esportazioni, con conseguente impoverimento del mercato interno si verificò la chiusura di molte aziende e, quindi, la disoccupazione. In una situazione del genere si accrebbero le pressioni degli industriali e di una parte del ceto politico per arrivare all'intervento in guerra. Infatti, molti organi di stampa furono finanziati da gruppi di interesse favorevoli alla guerra. Si pensi in questo senso all'Idea Nazionale, finanziata dagli industriali della siderurgia e, poi, rilevata dal Gruppo Ansaldo dei fratelli Perrone, così come al Popolo d'Italia di Mussolini, al Messaggero e al Secolo di Milano(8). La paura dei disordini sociali che potevano venire fuori da una situazione economica e sociale esplosiva e le ragioni di speculazione e profittabilità economica e finanziaria che ne potevano derivare invece per la grande industria furono una ulteriore, notevole spinta all'entrata in guerra. In realtà, anche in Italia accanto ad un senso della nazione, rivendicata come diritto democratico, vi era un nazionalismo che rivendicava la nazione come diritto del popolo più forte. Ciò, per come si è visto, era in linea con la tendenza europea, ma in Italia queste due diverse concezioni della nazione avevano assunto forme di pensiero così radicale che nonostante tutto, e sull'onda di una delegittimazione parlamentare, finirono col convergere sulla necessità della guerra. Una necessità contingente ammantata come necessità o diritto storico. I socialisti indicarono la loro linea equivoca "né aderire né sabotare"(9) che corrispondeva al disorientamento nel fronte di sinistra italiano all'apprendere che altri partiti di sinistra, come il Partito Socialdemocratico tedesco e i socialisti francesi, nonché quelli austriaci, avevano aderito alle ragioni della guerra, così come i laburisti inglesi. In sostanza, il fronte di sinistra europeo si trovò impreparato, ma forse è meglio dire coinvolto, nel tradire l'internazionalismo socialista e marxista a favore del principio di obbedienza allo Stato nazionale. I sentimenti di appartenenza nazionale scavalcavano di fatto quelli dell'appartenenza di classe(10). Le considerazioni ulteriori che prevalsero negli ambienti politici e militari furono due: 1) che la guerra sarebbe stata breve; 2) che al massimo sarebbe durata alcune settimane. Non fu fatto nessun piano di medio o lungo termine per una guerra che invece si preannunciava tecnologica e di resistenza. La notizia del Patto di Londra, con il quale l'Italia si impegnava a scendere in guerra a fianco di Inghilterra e Francia, venne data al parlamento il 7 maggio. Le reazioni dei neutralisti, e, anche, di quelli di fede giolittiana furono molto aspre con Salandra che presentò le sue dimissioni. Ma il Re, Vittorio Emanuele III, decise di respingere le dimissioni di Salandra con ciò avvalorando il Patto di Londra e la scelta di entrare in guerra. Le mobilitazioni interventiste, seppure di minoranze, ebbero la meglio. Ciò inserisce un aspetto nella politica di massa: le ragioni che mobilitano, il linguaggio che mobilita, ciò in cui si crede o si sostiene, anche solo come opinione, è più importante delle argomentazioni e del confronto, più importante della seria realtà dei fatti. Ciò trova attuazione in una impostazione della retorica che giocando sull'emotività fa preda dei soggetti che intravedono l'appuntamento con la storia; e si tratta dei soggetti che sono incapaci di scorgere le reali conseguenze di una guerra. Il discorso commemorativo di Quarto, in occasione dell'anniversario della spedizione dei Mille, scatenò la retorica dannunziana e l'attacco contro i neutralisti. Impressionati dalla mobilitazione degli interventisti, soprattutto dei nazionalisti, vista la risolutezza del Re nel voler procedere, anche contro la volontà del parlamento, a mantenere il Patto di Londra, viste le pressioni esercitate dai gruppi industriali e il circolo di influenze indirette esercitato tramite il sostegno economico alla stampa, il 20 maggio la Camera approvò a scrutinio segreto la concessione dei pieni poteri al governo. Ma quello che si concretava in Italia era, oltre a un sentimento patriottico genuinamente democratico, il vatismo della cultura nazionalista con tutta la sua aggressività. Per cui possiamo anche dire che l'entrata in guerra dell'Italia segna la sconfitta dello Stato liberale e della sua istituzione politico-rappresentativa, il parlamento. Ciò era il punto di non ritorno (lo si vedrà soprattutto dopo il conflitto), ma era dovuto ad un processo di disfacimento politico-istituzionale e culturale iniziato decenni prima. La fallita nazionalizzazione delle masse popolari spingeva a cercare un momento risolutivo come la guerra. Per molti soltanto la guerra poteva di fatto permettere la nazionalizzazione delle masse popolari e il recupero dell'autorità dello Stato. La nazione si ricongiungeva così alla ragion di Stato, di cui col Patto di Londra si era data dimostrazione. Non gli individui, le ragioni dei ceti più deboli contarono, né la sopportabilità di un evento così grave e rischioso, ma contarono invece quelle ragioni che si riassunsero appunto nel principio della ragion di Stato.

Inadeguatezze e irresponsabilità dei ceti dirigenti: l'Italia impreparata alla guerra

L'Italia entrava in guerra e per quanto è dato oggi sapere sicuramente il fattore della cosiddetta guerra breve influenzò le scelte di intervento sia del governo che dei comandi militari. Ma già da maggio dell'anno precedente si era in guerra in tutta Europa e questo aveva potuto dare informazioni attendibili alle autorità politiche e militari italiane riguardo al tipo di combattimenti che si stavano portando avanti. Sembra che quanto riferito dagli addetti militari dalla Francia e dalla Germania non venne tenuto affatto in considerazione. La cosa grave- a dire il vero- sta in effetti in una problematica di fondo: nell'assoluta incapacità delle classi dirigenti italiane di apprendere dall'esperienza. Se da un lato si poteva attingere alle esperienze di guerra che avevano coinvolto l'Italia, fino ad esempio all'evento bellico di Libia del 1911, dall'altro lato, si poteva far tesoro del periodo di dichiarata neutralità per osservare come si muoveva lo scacchiere dei combattimenti sul proscenio europeo. In effetti, non vennero tenute in considerazione queste due esperienze fondamentali, che ricomprendendo le proprie guerre e quelle che altri stavano già combattendo nel primo conflitto mondiale, avrebbero potuto dare una notevole base di dati e di informazioni onde di fatto poter intervenire sia per una migliore preparazione delle forze armate e sia per una più accurata organizzazione del rapporto tra autorità politica e autorità militare. Una concezione autoritaria dello Stato era emersa già con la firma del Patto di Londra, così come era emersa la esautorazione del parlamento, e la guerra fu decisa senza una reale valutazione dei costi umani, sociali ed economici. Del resto, la stessa concezione autoritaria dello Stato portava all'imprimatur delle scelte militari da parte del Re con la collaborazione del Comandante Supremo e ciò, come vedremo, comporterà un sistema duale discutibile. L'Italia era in guerra e senza che fossero state prese le necessarie misure qualora il conflitto fosse proseguito in inverno e né tanto meno si teneva conto realisticamente delle condizioni del terreno dello scontro e, in ultimo, la stessa importanza della tecnologia venne sottovalutata. Luigi Cadorna prevedeva di sfondare le linee austriache in maniera facile e aprirsi una strada fino a Trieste e da qui congiungendosi coi soldati serbi arrivare fino in Ungheria. Da Oriente poi ci si sarebbe diretti contro l'Austria per via dell'incontro coi militari russi. Una strategia che teneva conto sia della breve durata della guerra(così era nelle considerazioni del Cadorna) e sia del fatto che l'Austria era tenuta ad essere impegnata su più fronti assieme all'alleato tedesco. Le truppe italiane si attestarono sul fronte dell'Isonzo e del Carso e sull'altro fronte difensivo del Trentino. Per completare il quadro delle operazioni furono progettati interventi nel Cadore e nella Carnia. Ma uno dei problemi seri si rivelò la mancanza di coordinamento reciproco tra Comando Supremo e il governo. Una situazione che in effetti determinò poca chiarezza e che alla fin fine, per certi aspetti, pagò il paese. Ad esempio il capo delle forze armate rispondeva al Re e al massimo il governo lo poteva revocare. Per cui vigeva un sistema nel quale il potere militare non era tenuto a dare conto al potere politico. In sostanza, quando si stipulò il Patto di Londra il governo non informò i comandi militari, neanche per consultarsi. La stessa cosa era accaduta quando il Cadorna, che era responsabile della determinazione dei piani militari, agì nella pianificazione senza comunicarlo al governo. In una situazione del genere era chiaro che invece ci sarebbe voluto un minimo di coordinamento andando al di là di una rigida separazione di competenze tra ambito militare e ambito politico. Anzi, proprio le necessità della buona riuscita delle operazioni militari avrebbero dovuto consigliare una valutazione congiunta sia delle possibilità preventive di una entrata in guerra che delle reali opzioni strategiche e militari. Una cosa inverosimile questa del dualismo di potere che si rifletté sullo stesso Ministero della Guerra che avrebbe dovuto fare da legame coordinativo. A tale organismo venne indirizzato più volte un uomo di fiducia dei vertici militari. Grandi venne sostituito da Zuppelli quale responsabile del dicastero e in seguito alle rimostranze e osservazioni di costui per il modo di conduzione delle prime offensive gli succedette un certo Morrone. Infine vi arrivò il Generale Giardino. Questo serviva ed era funzionale a mantenere il potere militare fuori dalla sfera di influenza e di controllo politico con ciò determinandosi una situazione per la quale fu difficile intervenire nei primi due anni di guerra, pur a fronte delle disfatte e delle perdite che si subivano, per rimuovere i vertici militari e il Generale Cadorna che si rivelò del tutto inappropriato e poco duttile rispetto alle esigenze operative imposte dal conflitto. Del resto, Cadorna esprimeva una concezione dell'esercito (e delle forze armate complessive) di stampo ottocentesco e che comportava una stretta e gretta fedeltà alla gerarchia, ai comandi e, quindi, all'autorità. Vi era anche la concezione che le forze armate rappresentavano il vero pilastro della forza di una nazione e questo ne favoriva uno spirito di dipendenza(anche per antica tradizione) dalla corona più che dall'autorità politica di governo o del parlamento. Rimane il fatto che coloro che cercarono di avanzare delle critiche rimasero inascoltati e marginalizzati, almeno fino alla disfatta di Capo Retto. Da tempo si discuteva delle reali condizioni dell'esercito italiano e certamente pesavano anche le perdite di uomini e materiale bellico che si erano subìte in Libia, ma ciò non può far dimenticare la reale impreparazione militare dell'Italia. Una contraddizione questa se si pensa alle quote del bilancio statale destinate alle forze armate, ma in effetti se si paragona la dotazione di mezzi e di tecnologia dell'esercito italiano con quello dell'esercito di altri grandi paesi belligeranti ne emerge la netta inferiorità. Ma ciò che contava era far leva sul fattore tempo: una guerra breve poteva essere comunque condotta e portata a compimento vittorioso pure con i limitati mezzi di cui le forze armate erano dotate. Come al solito la realtà si dimostrò diversa e basti pensare che le prime quattro battaglie sul fronte dell'Isonzo costarono da maggio a dicembre ben 400.000 soldati italiani tra morti, feriti e prigionieri. Con la "spedizione punitiva austriaca"("Strafexpedition")(11) attuata sul fronte del Trentino nel periodo maggio-giugno 1916 ci fu una perdita di 113.000 uomini. A seguito di ciò si dimise il Primo Ministro Salandra ma rimase al suo posto Luigi Cadorna. Vi fu la conquista di Gorizia nell'agosto del 1916 ma costò 20.000 vite umane più 50.000 feriti. Le ulteriori battaglie furono combattute sull'Isonzo tra il 1916 e il 1917 ma senza costrutto e con un elevato numero di perdite. Basti pensare agli assalti per conquistare l'Ortigara("il più frettoloso carnaio, il più superfluo sacrificio della guerra")(12) e alla battaglia della Bainsizza combattuta nell'agosto del 1917 e che vide la perdita di ben 165.000 soldati. La strategia offensiva a tutti i costi, che era propria di Cadorna e che si basava su un'idea di scontro tipica dell'ottocento, non poteva trovare riscontro su un terreno di guerra che non solo era poco adatto alle offensive continue ma che imponeva anche uno scontro più tattico, e di fatto si sviluppò il sistema delle trincee. Quindi si sbagliarono in maniera dissennata le previsioni sulla guerra, vi fu uno scarso coordinamento tra autorità politiche di governo e autorità militari e, d'altra parte, si verificò che la concezione della guerra dei vertici militari italiani era anacronistica rispetto alle nuove esigenze operative. Lungi dal sapersi adattare alla situazione concreta del conflitto si preferì da parte di Cadorna e dei vertici militari, per presunzione, irresponsabilità, scarsa considerazione delle vite umane e scarsa valutazione del fattore umano nell'incidere positivamente o negativamente sull'esito degli scontri, a perseverare nella carneficina assurda e nel portare avanti una strategia militare inutile, quanto dannosa per il conseguimento degli stessi obiettivi militari. Cosicché su un esercito di 2.200.000 uomini se ne persero 800.000 prima ancora della disfatta di Caporetto. Ma sulla reale impreparazione dell'esercito italiano ecco cosa ne scrisse un certo Colonello Dohuet:

Ho l'impressione che né il Comando Supremo né il Ministero della Guerra abbiano chiaramente compreso il carattere della guerra attuale. Questo carattere è dato dal larghissimo impiego delle macchine e dei lavori e dalla grande lentezza delle operazioni. La vittoria non può venir data dalla battaglia, più o meno manovrata, ma dalla sapiente economia delle proprie forze, materiali e morali, e dall'esaurimento completo delle risorse e delle energie nemiche. Questa mancanza di un giusto apprezzamento del carattere della guerra attuale ha già arrecato due gravissimi inconvenienti: primo, che il nostro esercito è il più povero di macchine e quello che meno si preoccupa dei lavori; secondo, che si eccede nello spirito offensivo e nel tentare di procedere rapidamente, senza tenere abbastanza conto che non basta andare avanti, ma interessa, sopra tutto, non mettersi nelle condizioni di venire costretti a retrocedere(….). Né ufficiali né truppe hanno l'idea di ciò che sia una trincea moderna(….).

Nessuno ha l'idea di come si costruisca un reticolato, di come si lanci una granata a mano, di come si attacchi un sistema di trincee, di come si abbatta una difesa accessoria(....). Questa deficienza di mezzi materiali dipende, e si ricollega, all'esagerato e falso spirito offensivo che sembra dover essere fine a se stesso(13).

In sostanza, una vera e propria deficienza di mezzi, di strategia, di addestramento. Lontani i vertici militari dalle esigenze e dalla concezione di una guerra moderna e per conseguenza i soldati non sono preparati e addestrati alle normali operazioni che uno scontro di trincea richiede. Ma ciò che rimane è la seguente domanda: come mai, nonostante le esperienze che sugli altri fronti si stavano già facendo a proposito della guerra lunga e di trincea, si optò per la convinzione di una guerra breve? Se ciò corrispondeva evidentemente ad una convinzione presuntuosa dei comandi militari e, altresì, da dire che gli stessi pensavano che colpire subito il nemico austriaco era possibile visto il doppio fronte, quello orientale e quello occidentale. Del resto, ciò avrebbe determinato un conseguimento immediato degli obiettivi. Questo punto era soprattutto di carattere politico. Ecco che allora sia da parte militare che politica vi era la convergenza sulla convinzione di una guerra breve e da ciò si conseguiva che doveva essere privilegiata l'azione di attacco continuato, quindi la strategia offensiva a tutti i costi. Ma come detto, sia per mancanza di coordinamento tra autorità politiche e militari e sia per una scarsa e realistica previsione sul teatro di guerra e sugli esiti che ne potevano derivare la situazione fu diversa e le perdite ingentissime, così come sbagliata si rivelò la strategia. Lo Stato-nazione italiano che era entrato in guerra dimostrava purtroppo notevoli sacche di inefficienza e di impreparazione nel suo sistema organizzativo, ma ciò era dovuto primariamente alle deficienze proprie di una larga parte della classe dirigente, militare e politica, ma anche intellettuale. Il prezzo lo iniziarono a pagare tanti che andarono al fronte anche entusiasti e purtroppo per la maggior parte erano appartenenti ai ceti più poveri. I costi della scelta di entrare in guerra e la conseguente impreparazione del paese caddero sui soggetti socialmente ed economicamente più deboli. Non bisogna però dimenticare quanti delle classi medie e colte che pure vi avevano creduto in buona fede nella guerra nazionale e che diedero le loro vite sui campi di battaglia. Una gioventù galvanizzata da chi predicava la guerra ma che non aveva spiegato a fondo cosa la guerra fosse realisticamente. Un vero senso della nazione e dello Stato avrebbe dovuto guidare larga parte del ceto dirigente politico, militare e intellettuale a un maggiore senso di responsabilità etica e sociale rispetto alla impegnatività di determinate scelte. Ma il perdurare di questo scarso senso di responsabilità nei confronti della società italiana, e, soprattutto, nei riguardi della parte più debole del paese, produrrà il terrore e l'insofferenza fra le trincee.

Le dure condizioni dei soldati nelle trincee

La cultura autoritaria, di cui era imbevuta una determinata classe politica e, soprattutto i vertici militari, finì col ripercuotersi sulla gestione dei rapporti coi soldati. Il non avere preventivato(quando già i fatti lo avevano dimostrato sugli altri fronti) le modalità della guerra di trincea e l'avere insistito per attacchi continuati comportò di fatto due conseguenze gravissime: 1) i soldati si sentirono sotto costante pressione psicologica per via dei continui assalti e questo portò a una sorta o di rassegnazione o di mancanza di sicurezza interiore con devastanti ritorsioni sul piano psicologico e del morale delle truppe che costantemente sapevano che potevano rimetterci la vita; 2) in secondo luogo il trovarsi nelle trincee, che erano buche scavate nel terreno di pochi metri e a pochi passi dal nemico, esponeva gli stessi soldati alle azioni ritorsive dello stesso nemico e, quindi, al fuoco delle mitragliatrici e artiglierie anche quando meno se lo aspettavano. Tutto ciò logorava lo spirito, portava ad una costante lotta per la sopravvivenza e, soprattutto, in alcuni nacque un sentimento di reazione avversa rispetto a ciò che ritenevano ingiusto. D'altronde, ad aggravare le cose era subentrato l'inverno del 1915 con temperature fredde che resero dure le condizioni per i soldati male equipaggiati. Crebbero a dismisura le amputazioni agli arti inferiori per molti soldati. Ma una delle cose brutali fu certamente il fatto che molti soldati uccisi rimasero per giorni e giorni appesi al reticolato delle trincee in quanto erano stati falciati dalle mitragliatrici nemiche. Nelle stesse buche delle trincee rimasero molti cadaveri e agonizzanti con il pericolo di infezioni e di aria insopportabile che tutto ciò comportò. Soldati mandati all'assalto, talvolta in maniera disperata e sotto la minaccia della rivoltella da parte dei superiori, condizioni di vita nelle trincee davvero disumane, esposizione alle difficili condizioni climatiche e del terreno, turni continui per i corpi armati considerati in maniera meno preferenziale, licenze sospese o non concesse nella maggior parte dei casi, esoneri a favore dei giovani delle famiglie benestanti e in possesso di una certa reputazione e dei migliori canali per ottenere favori e privilegi, cattivo esercizio delle funzioni gerarchiche da parte dei superiori, ufficiali e sottufficiali, tutto ciò comportò un clima sempre meno tollerabile da parte di considerevoli strati dei combattenti, anche in virtù del fatto che le loro famiglie rimaste a casa pativano la fame e non sempre vi era una forma di Stato sociale adeguato che provvedesse alla loro assistenza. Ecco che da questa sommaria analisi della vita dei soldati italiani al fronte emerge quanto sia l'autorità politica che quella militare furono insensibili e per niente capaci, almeno nei primi due anni di guerra, di comprendere che la stessa buona riuscita del conflitto, che le sorti della patria richiedevano un richiamo al senso di una responsabilità comune e a una conseguente azione di costruzione della coesione nazionale. Non era possibile nei fatti pensare di chiedere un sacrificio ai soldati, e specie a quelli appartenenti alle classi sociali disagiate, senza una reale mobilitazione di risorse a favore dei ceti deboli e allentando la pressione autoritaria e psicologica sugli stessi soldati. Ma lungi dal voler creare un effettivo clima di coesione nazionale che facilitasse il senso di adesione e di impegno patriottico per la guerra da parte dei soldati e delle loro famiglie il ceto politico di governo e quello dei comandi militari rimasero arroccati su una posizione autoritaria talvolta miope, e per come già detto, le colpe del Comando Supremo rimasero per molto tempo celate all'opinione pubblica, vista anche la cappa di censura che vi fu sulle reali condizioni dei soldati al fronte. Si trattava di un sistema autoritario privo di qualsiasi scrupolo umano quando invece sarebbe occorso uno spirito di unione sacra fondato su un patto sociale e politico e non semplicemente su un retorico richiamo ad un facile patriottismo emotivo e alla retorica purificatrice della guerra. Come riportato da Giovanna Procacci:

Ma se fu abbastanza limitato il numero dei soldati che abbandonarono le linee per congiungersi con il nemico, fu invece assai estesa la diserzione verso l'interno del paese, tentata talora con successo dal fronte da gruppi di soldati che conoscevano la zona, e attuata più spesso in collegamento con le licenze. Anche se non è facile conoscere l'attendibilità delle cifre, prima di Caporetto circa 60.000 disertori (e più che altrettanto renitenti) popolavano le campagne italiane, spesso organizzati in bande, aiutati sovente dalle popolazioni locali(14).

Molto frequenti furono anche le simulazioni messe in atto dai soldati per riuscire a scamparla dal fronte. Sempre secondo quanto riportato da Giovanna Procacci le denunce per simulazioni dovute a ragioni di salute furono 15.000 di cui 10.000 seguite da condanna(15). Ma la cosa che lascia atterriti fu che il Comando Supremo indirizzò il governo a non prevedere aiuti pubblici a favore dei soldati italiani che erano sottoposti a stato di prigionia presso gli austriaci. Ciò in contrasto con quanto invece decisero Francia e Inghilterra. Una misura così dura interessò circa 600.000 soldati prigionieri e circa 100.000 soldati di truppa perirono per fame proprio perché il governo non mandò nessuna provvidenza(16). Gli ufficiali poterono far leva invece, fino alla disfatta di Caporetto, su aiuti privati per il tramite della Croce Rossa e goderono anche di uno stipendio che era a loro concesso, sulla base della convenzione internazionale, da parte dei governi dei paesi nemici. Nonostante la censura esercitata sulle lettere inviate dai soldati ai familiari ed agli amici e l'autoritarismo sospettoso e privo di scrupoli verso gli stessi soldati alla fine bisogna pur ammettere che vi furono segni di eroismo. Ma molti si chiedono: come mai, anche in presenza di una certa durezza, i soldati italiani per la maggior parte continuarono a combattere al fronte? Certamente vi fu un atteggiamento di rassegnazione e/o di fatalismo dei soldati di fronte agli eventi della guerra. La consapevolezza di non avere vie d'uscita e di essere sempre a contatto con la morte portava molti soldati a concepire la realtà come immodificabile. Infatti, la minaccia dell'uso delle armi, delle decimazioni e, quindi, di esemplari punizioni, secondo molti contribuì a limitare i casi di insubordinazione alle autorità militari e produsse la convinzione di non avere vie d'uscita. L'unica cosa da fare era combattere. In realtà per altri aspetti incise anche l'idea di un sentimento di solidarietà espresso nello spirito sacro del gruppo e, quindi, del riconoscersi fratelli sventurati nella stessa sorte. La vita in comune in trincea aveva portato per necessità il contadino meridionale a fraternizzare con l'operaio o lo studente del Settentrione o del Centro-Italia: uno spirito di gruppo, una fratellanza nata dalla condivisione di un comune destino e di un comune senso di precarietà. Del resto, a volte nelle condizioni più estreme si crea un forte senso di gruppo come protezione verso l'esterno ed esorcizzazione del pericolo. E questo fu quello che avvenne. La coscienza della guerra non era certamente coscienza idealistica come l'avevano intesa i nazionalisti, ma semmai, era la coscienza della precarietà della vita, della forza soverchiante degli eventi e della tecnologia, delle dure condizioni del terreno di battaglia, della necessità di porre degli argini di sopravvivenza e di esaltare la più intima condizione dei sentimenti di doverosità e altruismo. Esempi di altruismo non mancarono, come molti che si immolarono per salvare la vita dei loro commilitoni. Ma vi furono anche casi di tensioni, di discussioni, perché si sa che in condizioni estreme può venir meno la normale condizione di trattarsi da eguali. Certamente non mancò in molti anche un sentimento patriottico e l'idea di combattere per una guerra giusta. Forse più di tutto conta il fatto che Caporetto rappresentò per l'Italia una svolta nella conduzione della guerra. Ma ciò che colpisce ancora oggi fu la straordinaria forza di reazione di un paese che era sull'orlo del precipizio e che portò alla vittoria sugli austriaci. Le regole dell'autoritarismo, dettate secondo molti da un evidente stato di necessità bellica e, in conseguenza, della paura del sovversivismo delle forze dichiarate anti-nazionali, in realtà produssero-come vedremo-effetti collaterali dannosi, che poi fu difficile estirpare.

La guerra di massa e la statalizzazione

Uno degli aspetti più importanti riconducibili alla prima guerra mondiale sta sicuramente nel fatto che vi fu la crescita, più che in altre circostanze storiche, della sfera dell'autoritarismo. E sia dell'autoritarismo politico-statuale che di quello militare. Come si è potuto finora constatare, se ciò era di notevole esigenza viste le necessità che la guerra imponeva e, anche, in considerazione della impreparazione nazionale, d'altronde questo non riusciva a creare un clima di coesione nazionale e preparava il terreno ad altre tendenze di radicalizzazione dello scontro politico e sociale. Una prima direttrice fu quella di rafforzare i poteri dell'esecutivo a discapito del ruolo parlamentare. In effetti, il parlamento venne convocato quando non se ne poteva fare a meno, come nel caso dell'approvazione del bilancio o di crisi di governo. In tutti gli altri casi legiferava e disponeva l'esecutivo, sia per quanto concerneva i prestiti e nel complesso la politica economica di guerra, che per quanto atteneva ai tributi. Del resto, gli enormi poteri dell'esecutivo trovavano una base di legittimazione nella legge che concesse i pieni poteri al momento dell'entrata nel conflitto. Per come riportato da Giovanna Procacci l'allora Direttore del quotidiano torinese La Stampa, molto vicino alle posizioni della corrente giolittiana, un certo Frassati ebbe a scrivere:

In nessun paese, esclusa l'Austria e la Turchia, i deputati hanno tenuto minor numero di sedute che in Italia,(….) e né in Francia, né in Inghilterra, né in Germania, è sorta una crociata così aspra contro l'ingerenza del Parlamento nelle cose di guerra(17).

È chiaro che il termine esautorazione la dice lunga sulle reali condizioni di svolgimento della vita istituzionale del paese. In effetti, pure negli altri paesi si rafforzarono i poteri dell'esecutivo e dei militari e vi fu una legislazione ridimensionativa delle libertà, ma ciò non escluse mai il controllo parlamentare e, quindi, il primato della politica. Anche con riguardo ai rapporti tra potere politico e potere militare negli altri paesi vi fu un maggiore coordinamento e, soprattutto, la politica mantenne sulle forze armate una forma di controllo. In Italia, per come già si è visto, invece le cose andarono diversamente, con un potere politico e quello militare che fino alla disfatta di Caporetto si mossero su linee parallele ma distinte. Del resto, la concezione di un parlamento che contasse poco, salvo le rare occasioni istituzionali, in cui come si è detto, non se ne poteva fare a meno, era proprio dei nazionalisti e della borghesia impersonata dalla destra conservatrice e autoritaria di stampo salandriano. Una seconda direttrice autoritaria fu quella militare. Ci fu il pieno controllo delle autorità militari con riguardo alle zone di guerra, che ricompresero non solo le zone di svolgimento delle operazioni belliche, ma anche quelle dove vi furono centri nevralgici da un punto di vista industriale e dei comandi di rifornimento militare e, poi, via via la zona di interesse militare si estese a tutto il Nord-Italia. Sotto il controllo della giustizia militare finì la competenza giudiziaria penale, soprattutto in materia di dissenso interno e per quanto riguardò l'esecuzione delle norme sulla censura. Molto imponente fu l'attività svolta dal Servizio Informazioni del Comando Supremo per mezzo di agenti, spie e infiltrati e, che, si caratterizzò come competenza parallela a quella svolta dagli organismi informativi del governo. Come se di fatto in Italia non bastava la funzione degli apparati informativi di pubblica sicurezza, anche per il tramite delle prefetture o dei servizi informativi segreti di cui lo stesso governo già disponeva per la sicurezza interna e quella internazionale. Si sa che le informazioni politiche hanno rilevanza in un contesto di guerra, ma il fatto che agissero due entità di informazione politica e di sicurezza così separate indica la dualità che si venne a costituire tra potere politico e potere militare. Del resto, in connessione con le esigenze dello sforzo bellico venne fatto in modo di aumentare le competenze dello Stato specialmente in materia economica. A tal uopo con l'entrata in guerra si posero al governo e alle autorità militari alcune emergenze importanti, quali ad esempio gli approvvigionamenti sia civili che militari, l'impostazione della produzione degli armamenti, sia da un punto di vista organizzativo e gestionale che da un punto di vista economico delle relazioni industriali e, altresì, era necessario definire una vera e propria politica di controllo delle produzioni e, quindi, del mercato sia per gli armamenti che per i prodotti alimentari e di prima necessità destinati ai civili. Tutto ciò richiese due aspetti importanti: 1) la impostazione e attuazione di una vera e propria politica economica di guerra; 2) la statalizzazione di vasti aspetti della vita sociale con conseguente militarizzazione di settori strategici. Se all'inizio il governo, di fronte alle problematiche insorgenti, si mosse con la logica del caso per caso in considerazione della convinzione sulla brevità dell'impegno bellico a partire invece dalla seconda metà del 1916 si mosse in direzione di una pianificazione consistente per quanto attenne soprattutto sia agli aspetti militari che civili derivanti dalla guerra. In particolare, la centralità spettò all'organizzazione industriale per la produzione degli armamenti e alle relazioni industriali nonché allo svolgimento del lavoro nelle fabbriche. In sostanza, sul piano della politica degli approvvigionamenti ci si rivolse per i cereali all'Argentina e per le materie prime e i capitali alla Gran Bretagna e agli Stati Uniti. Ciò influenzò in maniera davvero negativa la situazione della bilancia dei pagamenti con l'estero e la guerra venne a costare alle casse dello Stato italiano all'incirca 157 miliardi di lire correnti. Si ricorse anche all'emissione di prestiti interni che assorbirono il 30% del reddito nazionale di quel periodo e ci fu certamente un inasprimento del carico tributario. Venne stampata moltissima carta moneta e questo fatto, aumentando la circolazione monetaria, portò ad un incremento consistente dei prezzi che colpì soprattutto i prodotti di prima necessità, in particolare quelli alimentari. Ciò di fatto produsse due effetti contrastanti. Innanzitutto il costo della maggiore inflazione pesò grandemente sui ceti popolari, e soprattutto i ceti operai urbani e i contadini persero molto per quanto attenne al potere d'acquisto dei loro redditi. Come riportato dalla Procacci " i prezzi all'ingrosso crebbero dal 1914 al 1918 in media più del 400% (18). Si faccia riferimento al fatto che per l'anno 1918 l'indice di incremento inflattivo in Italia fu di 425 contro i 329 della Francia, i 227 dell'Inghilterra(giusto per avere un raffronto coi paesi alleati dell'Italia durante il conflitto). Del resto, la politica fiscale previde in Italia una minore imposizione sul capitale e si aumentarono le imposte indirette. Questo provvedimento andò di nuovo a colpire i ceti meno possidenti. Il secondo effetto fu favorevole agli industriali che riuscirono a ottenere le commesse per la fornitura e produzione di armi e munizioni alle forze armate. Venne creato un apposito organismo che era il Sottosegretariato per le Armi e le Munizioni poi diventato Ministero. Tale organismo venne sottoposto agli ordini delle autorità militari e fu retto da un militare. Attraverso tale Sottosegretariato lo Stato permise l'espansione della produzione industriale di tipo pesante con benefici particolari per l'industria siderurgica e metalmeccanica. Pure altri settori se ne avvantaggiarono in seguito. Ma il meccanismo funzionò in questo modo: alle imprese prescelte vennero fornite le materie prime a prezzi politici e si stabilirono prioritariamente le quantità da produrre e che lo Stato poi, sulla base degli impegni assunti, acquistò. Un meccanismo del genere permetteva di avere certezza sia sui piani di approvvigionamento delle materie prime che sui tempi e quantità delle produzioni. Del resto, le stesse industrie godettero di pagamenti anticipati, salvo il conguaglio successivo per le variazioni produttive o più sicuramente per la variazione dei prezzi. Cosicché, con la variazione dei prezzi dovuta all'inflazione le imprese fornitrici di armi e munizioni guadagnarono molto e ciò diede vita al fenomeno dei "pescecani". Un sistema del genere, adottato in virtù dello sforzo bellico, introdusse alcuni elementi importanti: 1) si mandarono alle ortiche le teorie liberiste riconoscendo l'importanza dell'azione statuale nell'ampliamento della base produttiva, specie industriale, e questo costituì di fatto una sempre massiccia statalizzazione del mercato su cui le imprese, specie le grosse imprese, fecero affidamento per lucrare sui prezzi e costruire così la loro espansione e, poi, il mantenimento delle rendite di posizione; 2) si determinò quell'intreccio tra apparati statuali e imprenditoria che privilegiò l'azione delle burocrazie a danno della reale trasparenza delle operazioni amministrative compiute e ciò fu causa di molte truffe ai danni dello Stato, nonché permise alle forze militari di avere un proprio potere tecnico e gestionale autonomo di azione. Infatti, già con un decreto del 1914 fu previsto che le entità ministeriali aventi competenze in ambito militare potevano derogare alle normali norme per la gestione e la contabilità previste per gli altri rami dell'amministrazione statuale. Cosicché, con riguardo alla stipula dei contratti di fornitura e alla loro gestione, anche economica, ci furono palesi irregolarità. Una situazione di questo tipo permise da un lato una determinata espansione industriale e dall'altro, delle vere e proprie tendenze speculative per concentrazioni e fusioni societarie. Le industrie della siderurgia e della metalmeccanica furono quelle maggiormente avvantaggiate da questo stato di cose e i colossi di questi due settori ebbero una notevole espansione societaria e produttiva. Basti pensare all'Ansaldo che passò dai 6000 lavoratori addetti ai successivi 56.000 e 111.000 contando le imprese dell'indotto ad esse collegate. Così come anche la Fiat che ebbe un incremento dei suoi dipendenti da 4.300 a 40.000.

Ma mentre la Fiat ebbe un aumento del capitale da 17 a 200 milioni l'Ansaldo passò da 30 a 500 milioni(19). Ci fu per questa via un capitalismo italiano cresciuto coi denari pubblici e aumentò quindi la collusione tra potere imprenditoriale privato e l'apparato pubblico. Più lo Stato-nazione accresceva le sue dimensioni e più si affermava lo Stato-apparato. Quindi, non vi era solo lo Stato-nazione esaltato dai nazionalisti e dai conservatori di destra, ma anche lo Stato-apparato che incarnava l'autoritarismo dello Stato-nazione. Nei fatti non ne andrà ad incarnare purtroppo la separazione dell'interesse pubblico da quello privato. Il capitalismo imprenditoriale ebbe così le sue ramificazioni e collegamenti con le tecnocrazie statali dei ministeri e degli uffici periferici. E, d'altro canto, tali ramificazioni per il settore siderurgico, metalmeccanico e, anche, per la chimica di guerra si estesero via via al potere militare. La guerra si poteva condurre grazie soprattutto ad una espansione dello Stato-apparato per via di un rafforzamento dei poteri dell'esecutivo e di una autonomia ampia delle alte sfere del potere militare. Il potere del parlamento venne grandemente ridotto e questo provocò quella mancanza di controlli che invece sarebbe dovuta essere cosa auspicabile per evitare irregolarità e corruzioni. Un altro aspetto fondamentale fu quello della militarizzazione della vita nelle fabbriche. Fu creato appositamente l'istituto della Mobilitazione Industriale(IMI) alla cui guida venne indicato un militare: si trattò del Generale Alfredo Dall'Olio. Un modello così pensato e realizzato investì una forma assidua di collaborazione tra autorità militari e controparti imprenditoriale e lavoratrice. Esso si articolò inizialmente in sette e in seguito in undici comitati regionali. In sostanza, all'interno di questi comitati vi fu una rappresentanza trilaterale costituita da esponenti militari dello Stato, dagli imprenditori industriali e dai lavoratori. Questi ultimi erano indicati dagli stessi imprenditori. Ne venne ridotto grandemente il potere di intervento e di partecipazione dei sindacati e ciò fece sì che a controllare con efficacia questi organismi furono quelli della controparte datoriale. Soltanto dall'estate del 1917 ne entrarono a far parte anche i sindacati coi loro rappresentanti. Questo tipo di organizzazione delle relazioni industriali andò espandendosi di pari passo che aumentò lo sforzo bellico e, quindi, le aziende coinvolte. Infatti, si ebbe un balzo consistente delle imprese controllate che passò dalle 221 del 1915 alle 1976 del 1918. Gli stabilimenti militari diretti furono all'incirca 60. I settori interessati furono quelli siderurgico, metalmeccanico, del tessile e dell'abbigliamento. Del resto, fu un modello adottato prevalentemente nella concentrazione industriale, Milano-Torino-Genova. Gli addetti sottoposti a tale modello di relazioni industriali finirono con l'essere circa 903.000(20). Un sistema quello della Mobilitazione Industriale che fu basato comunque anche sul principio della coercizione militare del ceto operaio ai luoghi di lavoro. In altre parole, gli operai non potevano allontanarsi dal luogo di lavoro e né dimettersi. Dovevano rispettare i turni di lavoro che nella maggior parte dei casi arrivarono anche alle 24 o 36 ore. Del resto, si previde che il contingente di operai nelle fabbriche venisse fissato prima di modo che ciò fosse in ragione della pianificazione delle quantità e dei tempi della produzione per le forze armate. Fu previsto a tal uopo l'istituito degli esoneri e, anche, lo spostamento di militari e manodopera in virtù di acclarate esigenze produttive delle imprese. Ma siccome ciò non bastava a supplire alla carenza di manodopera si decise di ricorrere al lavoro femminile e dei minori. Nella stipula dei contratti si fece amplissimo ricorso alle clausole del cottimo per incentivare di più al lavoro e furono derogate le norme di legge che limitavano le ore di lavoro e il ricorso al lavoro femminile e minorile, nonché vennero sospese anche le norme di sicurezza sul lavoro. In sostanza, venne dato ampio potere al padronato imprenditoriale di comandare in fabbrica. Se c'erano degli aumenti salariali essi venivano ad essere riassorbiti dalla galoppante inflazione. Con l'istituto della Mobilitazione Industriale si previde anche che delle commissioni arbitrali intervenissero nelle questioni di lavoro, ma solo per le controversie di carattere economico rimanendo quindi esclusa la parte disciplinare. Nonostante i limiti della coercizione militarizzata del ceto operaio la Mobilitazione Industriale si pose nel solco di una determinata modernizzazione delle strutture burocratiche, nel senso dell'accrescimento delle competenze da svolgere e della tecnica richiesta: un esempio di modernizzazione delle strutture statuali vista l'importanza assunta dalla struttura industriale nel perseguimento degli scopi bellici. Ciò significò per la prima volta un modello di gestione trilaterale delle questioni del lavoro che verrà ripreso soltanto nel secondo dopoguerra. Ma di fatto si stabilì un principio dell'azione statuale, ossia che le commissioni arbitrali(nonostante che molte controversie furono a favore degli imprenditori) potevano decidere rispetto alla variabile salariale, che quindi veniva tolta alla esclusiva sfera di competenza imprenditoriale. In sostanza, si poteva limitare il potere degli imprenditori se lo richiedevano preminenti interessi nazionali. Ma rimaneva l'altra faccia della Mobilitazione Industriale, quella dell'azione autoritaria e della militarizzazione del ceto operaio, foriero dei successivi sviluppi, tesi ad eliminare il conflitto sui luoghi di lavoro, che si avranno sotto l'egida fascista. A partire dalla fine del 1917, sotto l'incalzare degli eventi per la disfatta di Caporetto vennero aumentate le ispezioni nelle fabbriche per verificare le condizioni igienico-sanitarie e venne approvata una normativa per rendere obbligatoria l'assicurazione contro gli infortuni sul lavoro. Queste limitate forme di tutela del ceto operaio non vennero accolte bene dagli industriali che le osteggiarono e iniziarono ad avere dissidi col Generale Dall'Olio. Con la scusa di scandali riguardanti le forniture militari (di cui lo stesso Generale non aveva responsabilità) Dall'Olio fu costretto alle dimissioni. Il Ministero per le Armi e le Munizioni venne declassato di nuovo a Sottosegretariato e fatto rientrare sotto la responsabilità del Ministero della Guerra. Comunque sul piano degli approvvigionamenti soltanto dopo l'inverno del 1915-1916 si decise un intervento da parte dello Stato. Anche su questo fronte aveva pesato la convinzione di Salandra e dei suoi ministri sulla brevità del conflitto. Ma con il richiamo di 2.600.000 contadini nelle campagne venne a mancare parecchia manodopera per le lavorazioni nei campi. Con l'aumento considerevole dei prezzi e la condizione di miseria sociale ed economica dei braccianti, nonché anche in considerazione delle difficoltà del traffico marittimo per l'importazione di prodotti agricoli e delle derrate alimentari, si verificarono problemi negli approvvigionamenti di beni alimentari. Per questo venne introdotta la pianificazione centralizzata delle annone che venne gestita dalle autorità militari e ciò si aggiunse al sistema delle requisizioni. Con il governo presieduto da Paolo Boselli venne istituita la Commissione Centrale per gli Approvvigionamenti che si installò presso il

Ministero dell'Agricoltura e poco dopo si accorpò con il Commissariato per i Consumi. La direzione della pianificazione per gli approvvigionamenti e i consumi fu del socialista Giuseppe Canepa. Successivamente un intervento più marcato si ebbe dopo la disfatta di Caporetto e portò alla costituzione di un Commissariato Generale per gli Approvvigionamenti e i Consumi e la direzione stavolta venne affidata all'industriale tessile Silvio Crespi. Proprio a partire dal 1916 si introdussero i calmieramenti di prezzo per lo zucchero e per il grano. Nel 1917-1918 si ebbe il tesseramento, prima per il pane, e poi per gli altri beni di primaria necessità. Certe misure ebbero in realtà un impatto tale da non far progredire la equità distributiva in quanto non vennero intaccati i consumi dei beni di lusso delle classi sociali più abbienti e, d'altra parte, i provvedimenti di calmierazione resero irreperibili in molti casi beni primari, come quelli alimentari. Se aumentarono le code, i disagi, le prevaricazioni e, anche, vero che aumentarono di pari passo le dimensioni del mercato nero. Il divieto di esportazione tra provincia e provincia e le requisizioni, praticate soprattutto con difformità, si dimostrarono foriere di attriti coi produttori, specie di prodotti agricoli per le remunerazioni spesse volte più basse rispetto a quelle di mercato. Un altro campo importante di intervento fu quello dell'assistenza e della propaganda. Dall'agosto del 1916 fu costituito un ministero competente per l'assistenza civile, retto da un repubblicano quale era Ubaldo Comandini. Nel successivo 1917, lo stesso Comandini divenne responsabile pure della propaganda interna. Ancora una volta bisogna dire che ci volle la disfatta di Caporetto per avere iniziative più pianificate e più forti in questo campo di azione. Ma già all'inizio del conflitto fu previsto un sussidio di aiuto per le famiglie povere dei combattenti. Ma vennero esclusi da tale beneficio i contadini che possedevano anche un piccolo appezzamento di terreno, che erano a dire il vero in gran numero e non vivevano nell'agio. I soldi spesi in tutto il corso della guerra per questo intervento furono 5 miliardi, il che dimostra di un'azione finanziaria estesa di sostegno, ma il problema fu che essendo elevato il numero dei beneficiari il contributo pro-capite risultò irrisorio, il che vuol dire che sarebbero occorse molte più risorse. Del resto, l'inflazione rese irrisorio il sussidio statale e soltanto nel 1917 fu determinato un adeguamento. Vista l'entità dei contributi davvero irrisoria, ma preziosa per le famiglie povere, si crearono dei meccanismi di assegnazione di tipo clientelare e con ciò contribuendo ad una diseguaglianza distributiva altamente distorsiva. Ma per dare assistenza ai civili intervennero e di molto le organizzazioni a carattere privato. L'assistenza di queste organizzazioni a carattere patriottico interessò l'istituzione di mense popolari, asili nido per i poveri, possibilità di curare le pratiche per il sussidio(una specie di patronato), distribuire sussidi aggiuntivi a quelli statuali e gli aiuti furono quindi per poveri, vedove, orfani, mutilati e invalidi. Questo lavoro fu parallelo a quello della propaganda per la limitazione dei consumi, l'attenzione educativa alla disciplina morale e materiale. Del resto, si pensava così di favorire una coesione nazionale riguardo agli obiettivi perseguiti col conflitto. Tra le organizzazioni articolate su base nazionale vanno menzionate in particolare la Dante Alighieri e l'Unione Insegnanti e nell'estate del 1917 si giunse alla costituzione di un organismo unitario, ma sempre di carattere privato, le Opere Federate di Assistenza e Propaganda Nazionale che poté contare su 80 segretariati provinciali e 4500 Commissariati. Il Comandini venne preposto alla direzione di tale organizzazione. In realtà, gli oneri finanziari richiesti furono così rilevanti che furono quasi del tutto esaurite le risorse a disposizione del Commissariato per l'Assistenza Civile e la Propaganda Interna. Per questa via di un intervento privatistico, sussidiario di quello statale, si arrivò di fatto alla privatizzazione di un settore vitale quale quello dell'assistenza civile dando la percezione ai cittadini più bisognosi di un sistema corrotto, clientelare, poco trasparente. Simmetricamente crebbe nei congiunti dei combattenti la impressione di essere abbandonati dallo Stato e ciò sarà maggiormente percepito dai soldati al fronte. In questa complessa situazione di un intervento statuale massiccio, invasivo, ma poco attento sul piano dell'assistenza delle fasce di popolazione meno abbienti, crebbero due tendenze: 1) una tendenza forte all'autoritarismo, che come si è visto, incideva non solo sulle libertà politiche e civili, ma anche sulle reali condizioni di disagio della popolazione; 2) e una seconda tendenza che si può riscontrare nella reazione, nella non accettazione di un sistema sì autoritario, ma diseguale, e che comportò una crescente avversione alla guerra. Se la statalizzazione mirò in qualche misura a creare le premesse per un controllo capillare dei gangli vitali della società italiana al fine di promuovere la coesione nazionale in realtà senza adeguati contrappesi, come ad esempio un più efficace sostegno ai ceti più poveri e una politica più indulgente verso i combattenti al fronte, produsse il risultato contrario.

Agitazioni sociali e situazione del quadro politico

Nell'agosto del 1917 ci fu a Torino uno scontro tra gli operai e l'esercito. Ciò provocò un bilancio di 50 morti, centinaia di feriti e di molti operai arrestati e, poi, inviati per punizione al fronte. In realtà, tale rivolta del ceto operaio torinese era stata preceduta da altre proteste della primavera, quando ad esempio a rivoltarsi con varie agitazioni erano stati gli operai liguri del settore metallurgico per via della controversia che li vedeva contrapposti agli imprenditori e alle autorità militari, ciò provocò 30 arresti. Nel successivo mese di luglio protestarono tutti gli operai metallurgici nei centri rivieraschi e in parte di quelli genovesi. Altri fatti si erano avuti anche a Napoli, Terni, Livorno, e in vari altri centri metallurgici. Per riferire un numero delle agitazioni che si ebbero tra il dicembre del 1916 e l'aprile del 1917 si può riportare un dato, ossia che appunto le stesse agitazioni furono in numero di 450. In sostanza, queste proteste prendevano spesse volte le mosse da un centro produttivo e poi si espandevano a macchia d'olio presso gli altri centri di produzione, determinandosi così un carattere regionale delle rivolte operaie. Ciò aveva sia connotazioni di rivolta urbana, ma spesso anche regionale. Non fu un caso che queste proteste operaie si concentrarono soprattutto nelle fabbriche di produzione di armamenti e munizioni per l'esercito e non fu un caso che esse vennero precedute dalle proteste contadine nelle campagne. Infatti, il carovita, le assurde condizioni di lavoro nelle fabbriche che colpivano soprattutto donne e minori, il fatto che le famiglie contadine venivano private, per via della chiamata in guerra, dei componenti maschili idonei a combattere con ciò provocandosi di fatto la fame delle stesse, produsse una forte ondata di indignazione. Non furono solo le condizioni materiali che incisero ma anche il come era stata decisa una guerra a danno dei più deboli e di come, nonostante tale ingiustizia, fossero stati mantenuti privilegi da parte delle classi socialmente abbienti. Venne attaccata la guerra dei borghesi altolocati, imprenditori industriali e interventisti a tutto spiano, vennero criticati in molti casi gli intellettuali da salotto che avevano predicato l'entrata in guerra. E tutto ciò sia per le conseguenze che si provocarono sulla popolazione civile più povera e sia perché a pagare il maggiore costo in termini di vite umane furono soprattutto i soggetti appartenenti ai ceti contadino e operaio. Si alimentò sempre di più la percezione di una ingiustizia che venne amplificata dal fatto che essa non fu solo legata alle difficoltà contingenti ma, anzi, fu espressione di una determinata strutturazione del potere politico ed economico-sociale in Italia. A questo punto bisogna porsi la domanda: come si comportarono le forze politiche? Certo è che dopo la Strafexpedition contro l'esercito italiano si cercò di dare un cambiamento alla politica italiana, ben consci ormai che la guerra non avrebbe avuto una breve durata. Ad Antonio Salandra subentrò Paolo Boselli che fu posto alla guida di un governo che vide la partecipazione di personaggi politici dell'interventismo democratico, quali Bonomi, Comandini, Canepa, Bissolati. Tali personaggi ricoprirono incarichi ministeriali nell'ambito del sociale. A titolo personale partecipò al governo anche l'esponente cattolico Meda. In sostanza, si trattò di una compagine politicamente eterogenea e ciò si rifletté sulla stessa azione politica del governo. Al Ministero dell'Interno venne preposto Orlando, che poi succederà a Boselli, agli Esteri rimase Sidney Sonnino, anche per non sconfessare il Patto di Londra e mantenere una certa fede alla linea di politica estera seguita. Le agitazioni popolari e gli echi di quanto succedeva in Russia allarmarono e non poco il quadro politico. Basti pensare alle critiche a cui venne sottoposto il governo Boselli in quelle poche volte che il parlamento si riunì. Infatti, il parlamento si riunì nelle sessioni di dicembre del 1916, di febbraio e di giugno del 1917. Gli attacchi alla istituzione parlamentare provennero tanto dai neutralisti quanto dagli interventisti. Questi ultimi chiesero che la politica interna si modificasse adottando misure più severe nei confronti dei disfattisti, cioè di coloro che contribuivano con la propaganda delle loro idee pacifiste e di contrarietà alla guerra ad alimentare un comportamento non combattivo delle truppe e a fomentare i disordini tra la popolazione. Per questo ad essere maggiormente attaccato fu il Ministro dell'Interno, Vittorio Emanuele Orlando. A sostenere una forte iniziativa sul piano interno, che vedesse unito e compattamente orientato il fronte interventista, fu il socialista Leonida Bissolati, che nonostante tutto in politica estera fu fautore della linea Wilson e, quindi, si contrappose al Ministro degli Esteri, Sidney Sonnino, fedele al Patto di Londra da lui sottoscritto. Alla fine di giugno del 1917 si esaurì con un nulla di fatto una crisi politica di governo di cui fautore fu proprio Bissolati che poi però mutò orientamento. Si arrivò a pensare che il Generale Cadorna, d'accordo con i gruppi interventisti, si preparasse ad un colpo di Stato per imporre quale capo del governo un militare. Il progetto di un possibile golpe non trovò conferme ufficiali nelle forze politiche, ma Giolitti riportò tale episodio nelle sue memorie(21). Sembra che tale proposto di golpe militare andò in fumo per il disaccordo delle componenti dell'interventismo democratico e per il dissenso dei conservatori di fede nazionalista che non volevano avventure "neogiacobine". Ma già nella riunione del parlamento che si tenne a giugno, in forma segreta, vennero fatte aspre critiche a come la guerra era stata condotta. Se Bissolati difese Cadorna e la sua linea al fronte per molti aspetti, all'interno della classe politica parlamentare e del governo, ci fu chi non fu d'accordo sul come si stavano portando avanti le operazioni militari. Pure nel fronte militare avvenne una spaccatura allorquando, rispetto alla linea del Comando Supremo, il Generale Dall'Olio sostenne in Senato la necessità di salari operai adeguati e, poi, egli aveva inserito nella Mobilitazione Industriale la regola della partecipazione dei sindacati nella mediazione e, quindi, nell'ambito delle discussioni del Comitato Centrale. Dall'Olio venne avversato direttamente dagli industriali dei grandi gruppi avvantaggiatisi dal regime di guerra e dagli interventisti. Alla fine, per come già si è detto, bastò uno scandalo a far dimettere il Generale Dall'Olio. Ma se le posizioni degli interventisti nazionalisti accesi furono contro i socialisti e i pacifisti dei movimenti di sinistra accusati di disfattismo è, altresì, vero che la reazione dei movimenti operai, contadini e delle forze politiche contrarie alla guerra fu dovuta alla dura spirale autoritaria che era stata instaurata nel paese a fronte di una guerra perlopiù subita dalla maggior parte dei cittadini italiani. Una virata a destra si ebbe dopo l'insurrezione operaia di Torino dell'agosto. Venne emanato un decreto contro "il disfattismo"(22) e che comprese il reato di opinione con pene fino a 10 anni di carcere e multe fino a 10.000 mila lire. Furono anche estese le zone di guerra a tutto il Nord-Italia e vennero esautorati due collaboratori di Orlando, il Capo di Gabinetto, Corradini e il responsabile della Pubblica Sicurezza, Vigliani. Una stretta e ferrea politica da Stato autoritario che si dimostrò più affine agli Imperi Centrali che si combattevano che non ai caratteri politico-istituzionali degli alleati con cui si condivideva il peso del conflitto. Una vera contraddizione che in un certo qual modo sconfessò, almeno per gli effetti sulla politica interna, le idee della guerra democratica proprie dell'interventismo democratico. Ma venne la disfatta di Caporetto e il quadro politico iniziò a cambiare. Il 24 ottobre giunsero le convulse e sconvolgenti notizie della disfatta e il 25 ottobre venne sfiduciato Boselli. Molti pensarono che la formazione di un governo moderato guidato da Vittorio Emanuele Orlando fosse l'unica soluzione. Ma si dovettero fare i conti, dopo la disfatta di Caporetto, anche con quella che fu la cattiva conduzione della guerra.

Dalla disfatta di Caporetto alla vittoria

Era il 24 ottobre del 1917 e alle due del mattino gli austriaci aprirono il fuoco di artiglieria contro gli italiani sulle montagne sopra Caporetto. Oggi la località è meglio conosciuta come Kobarid ed è compresa nel territorio della Slovenia. Già da giorni si erano segnalate movimentazioni delle truppe nemiche, sia per i resoconti dei piloti di aerei durante i voli di ricognizione e sia per i racconti e le informazioni dei disertori che cercarono di mettere a conoscenza i loro compagni di quanto stava succedendo. Sul fronte orientale dell'Isonzo, un fronte ampio e largo che correva dalle Alpi Giulie fino al golfo triestino, a dare manforte agli austriaci erano arrivate le truppe tedesche. Del resto, si trattava di un fronte con delle vallate interne e talvolta impervie coperte da boschi. Un fronte così ampio presentava difficoltà di collegamento con le retrovie, come di fatto si dimostrò all'atto dell'attacco austro-tedesco. La guerra di attacchi continui aveva logorato il morale dei soldati e aperto la strada ad una disfatta. E se certo la sconfitta di Caporetto non può essere solo imputata al morale della truppa va detto però concretamente che contarono gli effetti psicologici riguardo alle modalità con cui i soldati furono trattati per lungo tempo. Ma a Caporetto, oltre al fattore sorpresa dell'attacco complessivo, alla combinazione di attacchi portati avanti con l'artiglieria, il gas e i colpi di mortaio e, poi, con la fanteria contò soprattutto la inadeguatezza degli ufficiali superiori, la loro sottovalutazione del pericolo. Tale sottovalutazione riguardò sia i movimenti delle truppe nemiche che il posizionamento di quelle italiane nonché il maggiore collegamento che si sarebbe dovuto assicurare tra i reparti delle retrovie e i rifornimenti. Dato che si sottovalutarono le informazioni che pervennero, o peggio, non se ne tenne conto, i costi dell'attacco furono tremendi. Come riportato da Cristopher Duggan, "già all'alba del 24 ottobre le truppe austro-tedesche penetravano in profondità nelle vallate e lo stato delle comunicazioni tra i reparti di prima linea e le retrovie era oramai compromesso"(23). Si aprirono diverse brecce nel fronte ampio, ciò significò che le forze militari italiane non riuscirono a difendere un fronte così esteso e si trovarono troppo avanzate nella disposizione tattica sul terreno di battaglia ,così furono praticamente sfilacciate. Altre brecce si aprirono a Nord e a Sud. In realtà, molti reparti si trovarono sbandati, privi di riferimento e circondati in molti casi dalle truppe austro-tedesche. Molti dei soldati pensarono che ormai la guerra fosse finita e sicuramente anche quelli del 4° e 27° corpo d'Armata che furono sopraffatti dall'avanzata delle forze nemiche. Ma il Generale Luigi Capello, comandante del fronte orientale intitolò la sua memoria difensiva: Caporetto perché?(24). Cadorna continuò in quei giorni a dare le responsabilità ai disfattisti, che a suo dire avevano disorientato con la loro propaganda i soldati e l'opinione pubblica creando un clima di rilassamento o di sfiducia. L'attacco di Cadorna fu diretto specialmente contro i socialisti, rei di interpretare un sentimento pacifista contro la guerra in nome dell'internazionalismo socialista. Ma ancora una volta, Cadorna, lungi dal riconoscere quelli che erano stati gli errori evidenti nella conduzione della guerra e nella sottovalutazione delle condizioni specifiche che avevano portato gli austro-tedeschi a sorprendere i soldati italiani a Caporetto, dimostrava di fatto il suo irrealismo e la sua rigidità. Ormai gli austro-tedeschi avevano sfondato le linee fino ad Udine per arrivare poi fino al Tagliamento e il fronte si arretrò sul Piave. La commissione d'inchiesta che si occupò del disastro di Caporetto emise un giudizio duro sul Generale Cadorna e, anche, sul Generale Capello. Colui che si salvò fu Pietro Badoglio e le censure riguardanti il suo operato vennero praticamente omesse nella relazione finale e ciò, si presume, per un intervento del Primo Ministro, Vittorio Emanuele Orlando. In realtà, la commissione d'inchiesta considerò che tutta la guerra venne condotta in modo non adeguato e, che, Caporetto rappresentò l'epilogo delle inadeguatezze del Comando Supremo. Cadorna inviò il bollettino, in cui tutte le responsabilità vennero scaricate sui soldati, ai comandi militari alleati senza però informarne le autorità di governo italiane. Cadorna per questo e altri gravi motivi venne quindi rimosso dal Comando Supremo e con la apparente promozione a rappresentante dell'Italia presso il Consiglio Supremo Interalleato di Versailles, in realtà venne scaricato dalla classe politica. Ci volle Caporetto per capire tre cose: 1) che il potere politico, anche se concentrato nell'esecutivo, doveva tornare ad avere voce in capitolo sulle questioni militari e sul coordinamento della strategia per la conduzione della guerra; 2) occorreva finalmente rilevare le deficienze, le inadeguatezze e le responsabilità del Comando Supremo; 3) si doveva presentare un atteggiamento e un volto più umani nei confronti dei soldati e dei loro congiunti di modo da ricostruire il clima di coesione nazionale. In effetti, dopo Caporetto la situazione non si presentò affatto facile se si pensa alle cifre del disastro: 300.000 uomini fatti prigionieri, 350.000 furono gli sbandati, 400.000 circa i profughi, 11.000 i morti e 29.000 i feriti(25). L'esercito austro-tedesco penetrò in profondità e ciò fece temere un'invasione di tutto il Nord-Italia, almeno fino a Milano, con la conseguenza paventata da molti che l'Italia sarebbe dovuta addivenire ad una pace separata. Allora fu chiaro che bisognava riorganizzare le forze armate, in particolare censire e recuperare le truppe sbandate e i disertori, rimettere in sesto la macchina dei richiami alla leva per i diciassettenni, che andarono di fatto a costituire la spina dorsale dell'esercito nel nuovo corso della guerra, ripianificare gli approvvigionamenti e recuperare il materiale bellico. Ma il paese era allo stremo, così come le truppe. In realtà, gli effetti psicologici di una guerra sentita come estranea da parecchi soldati, specie contadini e braccianti nonché appartenenti al ceto operaio, si fecero sentire e la disfatta di Caporetto per molti volle dire liberazione dall'ansia della morte, dall'angoscia di dover combattere, dalla rassegnazione cupa provata nelle trincee. Ecco cosa ne scrisse Ardengo Soffici della situazione che si verificò al fronte a proposito dello stato d'animo dei soldati italiani:

Ma ciò che colpiva di più (….) era la tranquillità di molti soldati(….) Sdraiati nel sole, alcuni di essi, supini con le braccia sotto la testa e la bocca aperta, o arrovesciati, il viso nell'erba, dormivano di un profondo sonno di adolescenti(….) Altri ancora, in maniche di camicia, appendevano agli alberi la loro giubba per farla asciugare agli ultimi raggi; o, girellando qua e là, esaminavano con attenzione la natura delle piante e dei terreni(…) Sono forse costoro dei vinti, dei disertori, dei rivoltosi, dei traditori? O sono, -diciamo la parola- dei vigliacchi? No.(….) Sono delle vittime. Sono degli incoscienti. Sono degli illusi. E il male non è qui. Noi siamo il fiore, oggi languente, di una pianta che ha le sue radici nella miseria. Il male è nelle radici. Il male è laggiù sotto di noi: nell'ignominia di chi divide, di chi mente, di chi mercanteggia. Di chi abbandona. Il male è dappertutto; ma non è qui. Qui si soffre soltanto. Non è la via dell'infamia, qui. È la via della croce(26).

Le parole di Soffici vanno in controtendenza con quanto era stato sostenuto dagli interventisti più accesi e dalle gerarchie militari fino a quel momento. E cioè che la cattiva conduzione della guerra era da addebitare ai disfattisti e allo scarso impegno dei soldati. Ardengo Soffici invece metteva in discussione coloro che avevano abbandonato il terreno dello scontro e che pensavano a dividere, a mercanteggiare, o possiamo dire, a non avere cognizione di cosa fosse la guerra. Era lo Stato, e, quindi, la classe politica che non aveva saputo indicare la direzione, l'obiettivo da perseguire, che non aveva saputo fornire motivazioni e sostegno. Curzio Malaparte descrisse una dissoluzione turbolenta da aria di festa e, anche, di crudezza. Saccheggi, danneggiamenti, incendi, ubriacature e stupri erano le cose che accaddero nel dilagare e retrocedere dei soldati sbandati che provennero dal fronte(27). Quello che accadde in quei giorni fece pensare realmente ad una dissoluzione dello Stato monarchico. Da un lato c'era chi paventava il pericolo di una invasione fin nel profondo del Centro-Nord e dall'altro, c'era chi sosteneva che da lì a poco sarebbe scoppiata una rivoluzione sul modello di quanto stava accadendo in Russia. Ma per come già detto precedentemente nel corso del 1917 ci furono i segnali di disagio dei ceti popolari, contadini, braccianti e operai. Le condizioni durissime imposte proprio ai ceti più disagiati e poveri e la galoppante inflazione armarono i protestatari che espressero la loro rabbia contro i padroni e una guerra che li aveva portati sull'orlo della disperazione. Perciò molti italiani la guerra non la sentirono come cosa loro. Fu evidente ancora una volta il distacco tra le masse popolari e il potere politico-statuale. Nella prima guerra mondiale vennero ad assommarsi i caratteri di un distacco che era andato accentuandosi già negli anni precedenti. I ceti intellettuali furono allarmati dalla situazione che si percepiva nel paese. Mentre in un primo tempo Giustino Fortunato aveva guardato al coraggio dimostrato dai contadini della sua terra nel partire per il fronte successivamente ebbe ad esprimere che "Io stesso, ero fino allo scorso anno, amato"(28). Lui stesso fu vittima di un'aggressione in quanto accusato di far parte della classe dirigente che complottava per fare fuori i contadini. Certamente ci fu circolazione di notizie esagerate sulle possibilità di una rivoluzione, secondo molti voluta e prefigurata dai socialisti. Fu allora che, anche per effetto del decreto contro il disfattismo, furono applicate norme severissime contro chi dissentiva e, in particolare, socialisti e sindacalisti furono sottoposti a sorveglianza continua. Anche il semplice reato d'opinione in realtà divenne pretesto per non permettere il dissenso. E molte persone vennero denunciate solo perché espressero parere contrario alla guerra o perché si lamentarono delle condizioni pesantissime a cui furono costrette. Ma furono esponenti dell'interventismo democratico a chiedere anche interventi duri contro il disfattismo. Basti pensare a quanto riporta Duggan:

secondo l'Unità, il giornale di Gaetano Salvemini(anche lui un appassionato fautore della guerra, che pensava avrebbe aiutato le masse ad accrescere il proprio ruolo politico, economico e sociale in seno alla nazione), Caporetto era un "rovescio morale" causato dal fatto che il governo "ha lasciato a tutte quelle forze ostili alla guerra"(i socialisti, i cattolici, i liberali giolittiani) la via libera per arrivare a poco a poco dall'interno del paese, dagli opifici, dalle case dei contadini alle trincee". E, in linea praticamente con l'intera opinione interventista, il giornale invocava un forte Presidente del Consiglio capace di schiacciare i "disfattisti" e di continuare la guerra con un'energia molto più grande di quella che si era vista fino allora(29).

Ciò fu in linea con quanto era stato predicato da Leonida Bissolati per una politica interna più dura contro i disfattisti. E così che le varie anime dell'interventismo trovarono un comune denominatore nella richiesta di una politica di polizia, della censura e della repressione più dura per quanto riguardò il dissenso interno. Allo stesso tempo però molti furono convinti della necessità di un atteggiamento più umano nei confronti dei soldati. Furono da allora predisposti turni più limitati per gli impiegati nei combattimenti, furono previste più licenze, di modo che i soldati poterono rivedere i loro familiari e, soprattutto, i contadini dare una mano nei lavori dei campi. Si previde anche di aiutare di più, per come si è visto sopra, i congiunti dei combattenti e vennero realizzati degli uffici di propaganda. Il pericolo paventato era la dissoluzione dello Stato monarchico, la rivoluzione o addirittura un ritorno per molte zone d'Italia al dominio straniero. Armando Diaz, che succedette a Cadorna nel Comando Supremo delle truppe, riferì al Primo Ministro, Orlando, che nel veronese, nel mantovano e nel padovano i contadini non erano affatto dispiaciuti da una occupazione da parte delle truppe austriache. Nella zona del milanese –riferì un testimone- che molti si ubriacarono e mangiarono bene per festeggiare l'arrivo degli austriaci. E Ferdinando Martini annotava nel suo diario che in Toscana molti contadini attendevano l'arrivo dei tedeschi. Così come anche nelle Marche si era soddisfatti della sconfitta(30).

È quindi chiaro che a livello popolare emersero delle tendenze non proprio favorevoli alla continuazione della guerra e uno scarso senso patriottico. Ma nonostante tutto la reazione ci fu, all'inizio in modo emotivo, poi più ragionata. Il nuovo comandante dell'esercito, Armando Diaz, fu più disponibile a collaborare con le autorità politiche e, allo stesso tempo, si mostrò più prudente. La strategia fu quella del mantenimento. Già nel giugno del 1918 gli austriaci portarono un attacco con una certa efficacia ma senza comportare per i soldati italiani un cedimento, come era accaduto a Caporetto. Così in seguito si poté contare su alcuni fattori decisivi. Innanzitutto, fu costituito tra le forze alleate un coordinamento delle operazioni e delle strategie militari, il Consiglio Supremo Interalleato. Questo fece sì che non si procedesse più in maniera autonoma e separata. In secondo luogo dalla primavera del 1918 l'Italia fu rifornita del carbone, delle materie prime, degli armamenti e dei capitali provenienti dalla Gran Bretagna, dagli Stati Uniti d'America e per i cereali in particolare dall'Argentina e questo fece sì, che il paese ridotto alla fame e allo stremo, poté risollevarsi. Infine, ci fu un apporto delle forze alleate in appoggio alle truppe italiane. Il 24 ottobre del 1918 il Generale Armando Diaz decise l'offensiva sul Grappa e sul Piave cedendo così alle pressioni del comando alleato, visto il cedimento della Bulgaria e anche il fatto che gli Imperi Centrali avevano richiesto la pace. Si trattò di dare il colpo di grazia sul piano militare all'Impero Austro-Ungarico in disfacimento. Le truppe italiane, dopo alcuni giorni di combattimento, riuscirono a sfondare le linee del nemico a Vittorio Veneto. Molti dell'esercito dell'Austria-Ungheria si arresero senza opporre più resistenza e furono circa 300.000 i prigionieri(31). Si giunse così a Trento e a Trieste e il 3 novembre venne firmato l'armistizio a Villa Giusti, presso Padova. Le ostilità cessarono di fatto alle 15.00 del giorno successivo, ovvero il 4 novembre. L'Italia vinceva così la sua guerra, ma con costi elevatissimi. Lo sforzo di una coesione nazionale aveva manifestato forti cedimenti e se alla fine si arrivò alla vittoria fu certamente per un recupero delle forze nel momento della disperazione. Forse un certo autoritarismo interno fu necessario, ma più di tutto contò certamente il modo diverso con cui Diaz intese la conduzione delle operazioni militari. Un fronte di ampiezza più piccola da salvaguardare, un atteggiamento più difensivo, l'intervento di aiuto logistico, economico-finanziario e di risorse da parte degli alleati contribuirono certamente alla vittoria. Ma ci fu un vero spirito nazionale? Forse! Ed è un punto su cui certamente occorrerebbero delle maggiori riflessioni da parte degli storici. Non è retorico dire che ci fu la determinazione dettata dallo spirito di corpo, di uno spirito di appartenenza umana al gruppo col quale si combatteva. Al fatalismo subentrò l'idea di una guerra condivisa nell'intimo delle coscienze individuali per divenire poi coscienza collettiva. Questa identificazione con uno spirito di gruppo, con una identità collettiva solidaristica, forse solo raramente poté essere autentico spirito nazionale, ma certamente contribuì in maniera determinante alla capacità di resistenza dei soldati e al conseguimento della vittoria finale. Ma la nazionalizzazione sperata non avvenne e, anzi, si rafforzeranno nel dopoguerra altre tendenze, di natura classista, partitica, corporativa. Tanto che oggi possiamo dire che lo sforzo bellico venne anche sopportato da determinate classi sociali soltanto perché dopo si sperava di trarne vantaggio o di averne un riconoscimento politico, sociale, economico o culturale. In altri termini, soprattutto i contadini e il ceto medio iniziarono a sperare su due fronti: l'uno sulla possibilità, specie nel Mezzogiorno, di una possibile redistribuzione delle terre, visto che ciò era stato lasciato presumere; l'altro invece che il proprio ruolo di intelaiatura sociale, esercitato tra impegno civile quotidiano e propagandistico a favore della guerra e l'azione di controllo del potere politico e dell'apparato amministrativo, potesse essere riconosciuto e ciò o sul piano di un avanzamento economico, o di inserimento nella macchina statuale o più compiutamente nell'ambito politico. Non bisogna dimenticare gli operai che avendo sostenuto il peso della Mobilitazione Industriale chiesero condizioni di vita e di lavoro migliori ma, soprattutto, avendo acquisito la consapevolezza della mobilitazione sindacale ed esprimendosi collettivamente nella cultura conflittuale si sarebbero qualificati sempre più come agenti del massimalismo rivoluzionario. È certo che un paese dalle etiche separate e dal corporativismo delle rivendicazioni collettive non poteva non presentare un vistoso problema di coesione nazionale e di unità etico-politica. Almeno su questo fronte, in prima approssimazione, i nazionalisti e gli interventisti persero la loro battaglia. Ma la nazione, in quanto entità ideale democratica e rivendicazione etico-politica di libertà dei popoli che aveva portato allo scoppio della guerra conosceva una sua vittoria. Come si vede un paradosso su cui occorrerebbe pur fare un ragionamento.

Note bibliografiche capitolo 3

1) In questo caso si veda quanto contenuto in Albert Soboul, La Rèvolution Francaise, Les èdition Arthaud, Paris, 1983 e pubblicato in Italia col titolo di Storia della Rivoluzione Francese-Principi-Idee – Società, Bur, Rcs Libri Rizzoli, Milano, 1988 e ulteriori edizioni dell'aprile 1997, maggio 2001.

2) Giuseppe Condello, Rivoluzione Industriale Comparata e il Caso Crotone, Youcanprint Edizioni, Tricase(Le) 2012.

3) Per una sintesi sull'imperialismo vedasi Giuliano Procacci, Storia del Mondo Contemporaneo. Da Sarajevo a Hiroshima, Editori Riuniti, Roma, 1999, pag.17 e per andare a ritroso con le pubblicazioni sul tema dell'imperialismo basta riferirsi a Hobson con la sua opera Imperialism, London, 1902 che era il risultato attento delle esperienze dirette che l'autore ebbe come corrispondente dal Manchester Guardian per la guerra che gli inglesi in quel periodo combatterono contro i Boeri in Sudafrica. In italiano tale libro è stato pubblicato col titolo L'Imperialismo, Milano, 1974. Sempre con riguardo al tema dell'imperialismo interessanti anche le riflessioni in casa socialista da parte ad esempio della Rosa Luxemburg, L'accumulazione del Capitale, Torino, 1960. Così come importanti furono le riflessioni di Joseph Scumpeter in Zur Soziologie der Imperialismen (1918-1919) e pubblicato in Italia col titolo Sociologia dell'Imperialismo, Bari, 1972.

4) Giuliano Procacci, Storia del Mondo Contemporaneo. Da Sarajevo a Hiroshima, op.cit., pag.15.

5) Il Manifesto del Futurismo venne pubblicato a Parigi il 20 febbraio del 1909 da Le Figaro e il redattore ne era Filippo Tommaso Marinetti. Anzi, nel Manifesto parigino del movimento futurista si scrisse anche: "Non v'è più bellezza se non nella lotta. Nessuna opera che non abbia un carattere aggressivo può essere un capolavoro" . Ciò la dice lunga sulle intenzioni bellicose e orientate alla guerra da parte dei futuristi. Per una rassegna sul futurismo si fa riferimento a Claudia Salaris, Storia del Futurismo. Libri, Giornali, Manifesti, Editori Riuniti, Roma, 1992; della stessa autrice: Marinetti, Arte e Vita Futurista, Editori Riuniti, Roma, 1997; Leonardo Tondelli, Futurista senza Futuro. Marinetti Ultimo Mitogrado, Le Lettere, Firenze, 2009; Luigi Tallarico,

Futurismo nel suo Centenario, la Continuità, Congedo, Galatina, 2009; AA.VV., Futurismo e Futurismi, Supplemento ad Alfabeta, n.84, 1986(Speciale tra Alfabeta e La Quinzaine Littéraire); AA.VV., Divenire 3-Futurismo, a cura di R.Campa, Sestante Edizioni, Bergamo, 2009.

6)	Mario Isnenghi, Cinque Modi di Andare alla Guerra, in Novecento Italiano, Editori Laterza, Roma-Bari, 2008, pag.33-62. Con riguardo a Cesare Battisti si vedano anche: Ernesta Bittanti Battisti, Con Cesare Battisti Attraverso l'Italia, Treves, Milano, 1938; Stefano Biguzzi, Cesare Battisti, Utet, Torino, 2008; Massimo Tiezzi, L'eroe Conteso. La Costruzione del Mito di Cesare Battisti negli anni 1916-1935, Museo Storico in Trento, Trento, 2007; Diego Leoni (a cura di), Come si porta un uomo alla morte: la Fotografia della cattura e dell'esecuzione di Cesare Battisti, Museo Storico in Trento, Trento, 2008; Klaus Gatterer, Cesare Battisti: ritratto di un Alto Traditore, La Nuova Italia Editrice, Firenze, 1975.

7)	Giovanna Procacci, L'Italia nella Grande Guerra, in Storia d'Italia, vol.7: Guerre e Fascismo. Dalla Grande Guerra al Regime Fascista, a cura di Giovanni Sabbatucci e Vittorio Vidotto, Laterza, Roma-Bari, 1997 e poi Il Sole 24 Ore, Milano, 2010, pag.7.

8)	Idem, pag.10-11.

9)	Idem, pag.19.

10)	Sul punto vedasi Giuliano Procacci, Storia del Mondo Contemporaneo. Da Sarajevo a Hiroshima, op.cit., pag.19-20.

11)	Giovanna Procacci, L'Italia nella Grande Guerra, in op.cit., Pag.19-20, in merito vedasi anche Cristopher Duggan, The Force of Destiny-A History of Italy Since 1796, Allen Penguin Books, London, 2007 e pubblicato in Italia col titolo de La Forza del Destino-Storia d'Italia dal 1796 a oggi, con traduzione di Giovanni Ferrara Degli Uberti, Laterza, Roma-Bari, 2008, pag.447.

12)	P.Monelli, La Nos tra Guerra,1915-1918 nel Cinquantennio, Touring Club Italiano, Milano, 1965, pag. 19 e riportato in Giovanna Procacci, L'Italia nella Grande Guerra, in op.cit., pag.29.

13)	G.Dohuet, Diario Critico di Guerra, Vol.1, 1915, Paravia, Torino, 1921, pag.4 e seguenti e riportato in Idem, pag.27-28.

14)   Idem, pag.37.
15)   Idem, pag.36.
16)   Idem, pag.36.
17)   Riportato in Idem, pag.39.
18)   Idem, pag.42.
19)   Idem, pag.43.
20)   Idem, pag.46.
21)   Giovanni Giolitti, Memorie della mia Vita, Garzanti, Milano, 1967 e Richiamato in idem, pag.67.
22)   Idem, pag.81-82.
23)   Cristopher Duggan, La Forza del Destino, op.cit., pag.447.
24)   Si fa riferimento a Caporetto Perché? Memoria difensiva del Generale Luigi Capello contenuta in Caporetto Perché? La II Armata e gli Avvenimenti dell'Ottobre 1917, a cura di R.De Felice, Einaudi, Torino, 1917. Dello stesso si ricordano Note di Guerra, 2 Vol., Treves, Milano, 1920.
25)   Giovanna Procacci, L'Italia verso la Grande Guerra, op.cit., pag.71.
26)   Ardengo Soffici, La Ritirata del Friuli. Note di un Ufficiale della Seconda Armata, Firenze, 1919, pag.138-139, 202 e riportato in Cristopher Duggan, La Forza del Destino, op.cit., pag.449.
27)   Curzio Malaparte, La Rivolta dei Santi Maledetti, Roma, 1923, pag.248 e riportato in Idem pag.448-449.
28)   Giustino Fortunato, Carteggio 1912-1922, a cura di Emilio Gentile, Roma-Bari, 1979,e in particolare pag.268,275-280, 282-283 e riportato in Idem, pag.450.
29)   Renzo De Felice, Mussolini il Rivoluzionario, 1883-1920, Torino, 1965, pag.378-379,(Unità 29 novembre 1917)e riportato in idem, pag.455.
30)   Giovanna Procacci, L'Italia nella Grande Guerra, in op.cit., pag.71.
31)   Idem, pag.86.

Capitolo IV La vittoria mutilata e la conquista fascista del potere

La vittoria mutilata

La prima guerra mondiale lasciava sul campo i costi umani, sociali ed economici che dovevano essere affrontati sia dalle autorità politiche che dalla comunità nazionale nel suo complesso. Uno dei rilevanti problemi che si apriva nell'immediato dopoguerra era il superamento di fatto del fronte interventista che si divideva tra "interventisti nazionalisti" e "interventisti democratici". Ciò fu palese con riguardo alle trattative di pace che si tennero a Versailles e all'atteggiamento mostrato in particolare dal fronte nazionalista. Il 9 e 10 gennaio Wilson, Presidente degli Stati Uniti d'America, fu in visita in Italia e venne accolto anche con un certo entusiasmo e rispetto. Wilson rappresentava il nuovo corso che avanzava, in quanto era uno dei vincitori della guerra in senso democratico e, anche, fautore del principio delle nazionalità. Ma l'11 gennaio alla Scala di Milano nel momento di un discorso tenuto da Leonida Bissolati, fautore delle trattative di pace di stampo wilsoniane e sostenitore di rinunce territoriali nel nome della democrazia, ci fu una rumorosa protesta dei nazionalisti e di appartenenti al movimento futurista(1). Ciò dava l'imprinting all'ormai divisione del fronte interventista e significava anche il tramonto delle possibilità di una unione nazionale di quanti avevano sostenuto l'entrata in guerra dell'Italia. Nel gennaio 1919 si aprirono a Parigi le trattative di pace e la delegazione italiana che era guidata dal Presidente del Consiglio, Vittorio Emanuele Orlando e dal Ministro degli Esteri, Sidney Sonnino, avanzò le precise richieste di vedere confermato il Patto di Londra per quanto riguardava le acquisizioni territoriali e in più venivano aggiunte le pretese, in base al principio di nazionalità, riguardo alle città di Fiume e di Spalato. È chiaro che rispetto a quattro anni prima erano cambiate le condizioni del quadro politico internazionale: gli Imperi Centrali si erano dissolti ed era entrata sulla scena europea, da protagonista, la nazione statunitense. Del resto, Wilson non si sentiva impegnato dagli accordi precedenti e certo avversava la diplomazia segreta. Il

Presidente statunitense poiché era propugnatore del principio di nazionalità e di un nuovo governo delle relazioni internazionali mal tollerava gli irrigidimenti da parte italiana. Ma poi vi erano altre motivazioni per le quali non potevano essere accolte le richieste italiane. Il Patto di Londra prevedeva per l'Italia l'assegnazione di una rilevante parte della Dalmazia e ciò era in linea con lo scenario anteguerra e prima che accadesse la rivoluzione russa, in quanto si riteneva che l'Italia dovesse avere una difesa portuale sull'Adriatico e, quindi, rispetto ai pericoli che potevano venire dalla parte orientale, dall'altro lato, si voleva impedire che la Russia, mediante la presenza di uno Stato slavo, da essa dipendente, potesse disporre di un insediamento militare minaccioso verso occidente. Una situazione del genere non era più nei fatti e, anche, la conseguente valutazione delle scelte pattizie veniva a cadere. In effetti, non vi era più un nemico come l'Austria che potesse minacciare le coste orientali italiane e la Russia zarista era diventata la Russia comunista che aveva ormai sottoscritto una pace separata e, che, difficilmente poteva nell'immediato costituire una potenza dotata di forza espansiva(2). Del resto, vi era una contraddizione nella richiesta italiana, poiché si invocava il principio di nazionalità per rivendicare ad esempio Fiume e, come detto, Spalato, ma per quanto riguarda la Dalmazia in realtà, essa era abitata in maggioranza da cittadini di origine slava. Gli jugoslavi invece si arroccavano a loro volta nel richiedere tutta l'Istria, le città di Trieste e Gorizia e Wilson, proprio per la rivendicazione del principio di nazionalità, non "intendeva sacrificare la nuova Jugoslavia, considerata come una sua creatura"(3). Né francesi e inglesi accettavano modifiche delle richieste da parte dell'Italia. Un ragionamento serio e ponderato avrebbe dovuto consigliare ai membri della delegazione italiana l'attenta analisi della realtà, sia di quella internazionale che era cambiata che di quella negoziale per come si andava profilando e manifestando. Ciò avrebbe sicuramente determinato una valutazione diversa delle richieste da portare all'attenzione dei negoziatori evitando l'isolamento nella quale di fatto si venne a trovare la delegazione italiana. Una richiesta plausibile sarebbe stata almeno quella di rinunciare alla Dalmazia in cambio della città di Fiume. Ciò sarebbe stato più in linea con la logica "della ragionevolezza della richiesta" in ossequio al principio di nazionalità e, d'altra parte, avrebbe tenuto conto del mutato scenario dei rapporti internazionali. Ma così non fu. A metà del mese di aprile il Presidente statunitense Wilson presentò una sua proposta che non includeva entro i limiti territoriali italiani la Dalmazia, una parte dell'Istria e per Fiume si ipotizzava un regime di autonomia. Ma in Italia le autorità governative fomentavano la stampa con toni nazionalistici e lo stesso nazionalismo, che aveva in D'Annunzio il suo vate, si manifestava in termini avversi ad una tale proposta. Del resto, Wilson cercò di perorare le sue ragioni motivandole direttamente agli italiani, anche in considerazione dell'accoglienza avuta circa tre mesi prima, ma un gesto del genere, del tutto inconsueto per quei tempi, venne accolto come un affronto dalla delegazione italiana. La delegazione italiana il 26 aprile abbandonò i negoziati e tale posizione venne affermata come legittima e come prova dell'orgoglio nazionale. Infatti, Orlando venne acclamato al suo rientro in Italia ed ebbe larghissimo consenso alla Camera. In realtà, ciò era un'evidente strumentalizzazione delle autorità governative italiane e, pure, di una certa stampa per mascherare lo scacco della diplomazia italiana che rimase del tutto isolata ai negoziati e, che, si manifestò incapace non solo di elasticità mentale e comportamentale, ma addirittura priva di qualsiasi capacità politica e tecnica di proposta. Infatti, il 7 maggio la delegazione italiana fece ritorno a Parigi e ciò per effetto della minaccia degli alleati di concludere, anche senza l'Italia, la pace con l'Austria. L'isolamento politico-diplomatico dell'Italia sul piano internazionale non faceva certo apparire l'Italia come un paese vincitore della guerra, ma come un paese sconfitto nelle sue pretese. La guerra se ebbe un senso sul piano politico e militare lo ebbe per la conquista delle terre irredente, ma niente di più l'Italia poteva ormai vantare. Ciò fu la conseguenza miope della conduzione politica e diplomatica delle trattative di pace da parte della delegazione italiana. L'eccesso di nazionalismo, la pretesa di vedersi accettare tutte le richieste senza un minimo intento a trattare dimostrarono nei fatti quanto ormai la cultura politica italiana al governo fosse fuori dalla realtà. Ed è sul terreno della concezione nazionalistica dello Stato, dell'esclusività dei propri diritti, espressi in chiave di diritti territoriali anche a discapito delle altre nazionalità, che vanno viste le cause di un atteggiamento così rigido e incomprensibile. Ancora una volta un nazionalismo fuori dalla realtà. L'Italia non ottenne il di più che era stato richiesto. Come scritto da Vivarelli: "D'Annunzio che aveva attivamente partecipato alla guerra e condotto alcune imprese eroiche, guadagnandosi il ruolo di vate nazionale, dichiarò solennemente che se le più estreme richieste di acquisizioni territoriali non fossero state soddisfatte la vittoria italiana sarebbe stata mutilata. In tal modo egli dava vita al mito della "vittoria mutilata"(4). Appunto le richieste dell'Italia furono estreme e non vennero soddisfatte. La campagna nazionalista anche in questo caso fu molto forte e certamente poteva contare su un forte appoggio da parte di molti di quegli ex combattenti che dichiaratamente si sentivano i veri protagonisti della vittoria, traditi dal potere politico italiano. Il mito della nazione eroica e redenta che si era celebrato dopo le vittorie nella guerra di Libia e del 1915-1918 veniva ora a cadere, ad essere sconfitto dai fatti e dalle ragioni che si erano andate sviluppando nel corso delle trattive di pace. La reazione di notevole parte dell'interventismo italiano, specie quello nazionalista, fu più di chi aveva perso la guerra che non di chi l'aveva vinta. Ancora una volta frustrazioni, inquietudini, vittimismo si impossessarono del movimento nazionalista e, anche, di quegli italiani che pensarono di avere combattuto per nulla. Ciò fu sicuramente un effetto dovuto sia all'esaltazione dei valori nazionali, intesi come esclusivi e preclusivi rispetto a quelli dei cittadini di altri paesi, e sia alla furibonda propaganda tesa a sostenere le ragioni italiane alla conferenza di pace. Ma in realtà pesarono le divisioni all'interno dell'interventismo e alle evoluzioni(o involuzioni) che interessò il quadro politico italiano. Chi predicava uno sbocco democratico del quadro internazionale, e in specie di quello europeo, dopo la guerra, in particolare a seguito dell'esito delle trattive di pace, veniva ad essere aggredito dalla propaganda nazionalista e etichettato come anti-nazionale. L'interventismo nazionalista e anti-democratico sempre più si caratterizzò come rivendicazionista, esasperato e aggressivo di cui in seguito sarà manifestazione l'occupazione di Fiume da parte di D'Annunzio; come ha però osservato Sabbatucci "...dall'altro la polemica retrospettiva dell'ex neutralismo rivoluzionario circa l'inutilità della guerra appena combattuta : polemica che sempre più si accompagnava alla violenta ostilità contro istituzioni, persone, simboli che alla guerra potessero essere associati e alla ribadita ripulsa di qualsiasi valore nazionale"(5). Di fatto ciò contribuiva a creare una profonda divisione politica con una estremizzazione radicale, foriera di future conseguenze nefaste per il paese, tra ormai ex interventisti nazionalisti e i radical-neutralisti-rivoluzionari. Se per i primi la nazione era nei simboli, nei miti e perfino nei martiri delle battaglie con esasperazione del culto di venerazione nazionale, per i secondi invece la nazione finiva con l'essere una creatura borghese, una sovrastruttura della borghesia e la guerra altro non era stata che la decisione di combattere dei governi borghesi e dei grandi capitalisti. Il mito della nazione eroica e redenta cedeva il passo alla nazione offesa dalla "vittoria mutilata". Ciò si tradusse in una radicalizzazione dello scontro politico interno. Se c'era chi aveva pensato, anche fra i più ferventi e illuminati democratici, che la guerra avrebbe potuto educare gli italiani al sentimento unitario e al sentirsi una vera nazione, adesso assisteva invece all'inesorabile e cruenta conflittualità che la stessa guerra aveva innescato.

Gli ex combattenti e la questione sociale

Uno dei punti sostenuti da molti autori è che proprio sullo spazio politico dell'interventismo, uscito pur vittorioso dalla guerra, si sono giocate le sorti del liberal-costituzionalismo dello Statuto Albertino. Ciò non è da scartare in quanto subito dopo la guerra venivano avanzate dichiarate esigenze di cambiamento sia per il rinnovo della classe dirigente che per quanto atteneva alle riforme sociali ed economiche. Del resto, il movimento interventista, per come s'è visto, finì col dividersi proprio a seguito della condotta da tenere e dell'esito che ne scaturì alla conferenza di pace di Parigi. Non era pensabile una sorta di unione sacra dell'interventismo italiano che in realtà altro non fu che un movimento composto con orientamenti politici opposti riguardo alla guerra. Del resto, una unione sacra poteva funzionare in un contesto di mobilitazione militare dettata appunto dalla guerra ma non era praticabile in tempo di pace proprio perché erano venute meno le ragioni del conflitto. In questo senso sarebbe più opportuno affermare che la vera questione rimaneva quella degli ex combattenti. Molti di loro si sentivano i reali protagonisti della vittoria a cui qualcosa andava concesso. Non dimentichiamo che la maggior parte dell'esercito fu costituito durante il conflitto da contadini e braccianti, in molti casi di origine meridionale. Non era pensabile poi che il paese si dimenticasse di colpo di chi la guerra l'aveva combattuta a rischio della propria vita. Molti persero l'abilità fisica e sensoriale. Certamente era sul terreno dell'antica questione sociale che si sarebbero dovute dare delle risposte serie. E la questione sociale inglobava vari aspetti. Il dualismo città campagna pesava in un paese a forte ritardo di industrializzazione, ma con un ceto operaio che nelle fabbriche durante la guerra aveva dovuto subire un regime di lavoro militarizzato e aveva del resto contribuito a mantenere la vitalità dell'apparato produttivo e delle città e un mondo contadino, che per quanto composto a livello sociale, si era privato dei suoi elementi più giovani e migliori. Il dualismo tra città e campagna, sarà uno degli elementi di riflessione successiva in chiave gramsciana, ma esso mostrava due cose fondamentali: 1) la fragilità economico-sociale del paese; 2) il ritardato processo di nazionalizzazione delle masse popolari(6). Al Sud queste due condizioni erano evidentissime, ma sarà guarda caso nel Settentrione d'Italia che i fermenti saranno maggiori e forieri di potenziali sbocchi ideologici secondo modalità violente e di contrapposizione rivoluzionaria. Del resto, non va sottovalutato il fatto che il ceto piccolo-borghese durante la guerra aveva preso coscienza delle proprie rivendicazioni, soprattutto a seguito del ruolo che esso giocò nella propaganda a favore dei valori nazionali(7). Ma per molti ex combattenti vennero meno i punti di riferimento esistenziali. Molti di essi erano giovani e giovanissimi, chiamati a combattere dopo la disfatta di Caporetto; quelli delle classi 1898-1899 rimasero segnati dalla tragica esperienza e con loro portarono non solo rivendicazioni ma, anche, la violenza e lo spirito cameratesco come strumenti per imporsi nella vita sociale. L'idea del ruolo di ex combattenti, specie se giovani, non solo li rendeva protagonisti della scena sociale, e legittimati per i sacrifici patiti a pretendere nei confronti del paese e dello Stato quanto pensavano che fosse loro dovuto, ma determinava una specifica predisposizione alla conflittualità. Molti ex combattenti infatti sposeranno la causa della "vittoria mutilata", finiranno con l'identificarsi con il retroterra ideologico del nazionalismo e con il romanticismo del gesto eroico e irrazionale di Dannunziana memoria. I sentimenti di precarietà esistenziale, di incertezza riguardo al futuro, di frustrazione e angoscia si vennero a coniugare con l'ansia di rivalsa sociale rispetto alle attese di cambiamento che rimasero deluse. L'elemento psicologico si estrinsecò nel duro scontro con la realtà e le delusioni. E le componenti politiche e delle organizzazioni sociali si trovarono del resto impreparate, non attrezzate o miopi nel cercare di mediare tra conflitto esistenziale e conflitto politico-ideologico. Quindi, lo spazio di potenziale consenso politico rappresentato dagli ex combattenti non trovò tra le forze liberal-costituzionali e democratico-riformiste una capacità di occupazione tale da arginare l'avanza nazionalista. Era ancora una volta sul terreno storico della mancata nazionalizzazione delle masse popolari che si giocava la percorribilità di uno Stato credibile e democratico agli occhi degli stessi cittadini, specie delle classi meno abbienti. Orientamenti diversi vi erano certamente tra i liberali, che chiedevano il mantenimento dello Statuto Albertino e la fedeltà all'istituto monarchico, e i partiti del riformismo democratico e che avevano sostenuto l'intervento in guerra. Infatti, i repubblicani, i socialriformisti e le componenti riformiste del sindacalismo pensavano che bisognava superare il modello costituzionale di matrice risorgimentale e a tal uopo rispolveravano l'idea della Costituente di mazziniana memoria. Proprio con riguardo all'esito del Risorgimento vi erano profonde divisioni culturali, politico-ideologiche ed etiche tra liberali statutari e le forze della sinistra riformista così definendo una distinzione ancora più profonda in termini storici e difficilmente sanabile. In questo senso era difficile ricomporre una unitarietà del fronte interventista e dare in conseguenza una unità al movimento degli ex combattenti, magari all'insegna di un concordato programma di riforme nazionali. Ma, come vedremo, le forze liberal-costituzionali e del riformismo democratico lungi dal tentare una soluzione di accordo strutturato di fronte all'emergere dei conflitti sociali continueranno a perpetuare la reciproca diffidenza ponendosi ciò come uno dei fattori che determinerà la crisi di legalità del sistema statuale.

Il quadro politico italiano prima delle elezioni del 1919

Nella riunione romana della direzione socialista del 7 e 11 dicembre 1918 si approvarono le linee politiche del partito in funzione massimalista. Ci si avventurava su un terreno di invocazione rivoluzionaria più che di reale pratica rivoluzionaria e ciò fomenterà ulteriori attriti ideologici nel primo dopoguerra. Gli obiettivi della Repubblica socialista, della dittatura del proletariato, della collettivizzazione dei mezzi di produzione non erano certo obiettivi che potevano incoraggiare un dialogo con la borghesia e con gli altri partiti e le fazioni sindacali che avevano espresso posizione favorevole all'intervento in guerra, ma che erano animati da ideali democratici. Una posizione preminente quella massimalista che determinò non solo un inasprimento del conflitto politico-ideologico, ma che portò pure a divisioni sia nello stesso campo socialista, tra gli stessi massimalisti e i socialriformisti, che nel più ampio schieramento delle forze democratiche. Un documento unitario quello socialmassimalista che si poneva in aperta linea con quanto era già avvenuto con la rivoluzione d'ottobre in Russia e determinava una chiusura rispetto a fasi intermedie di negoziazione politica che comprendessero l'invocazione e il perseguimento di una assemblea costituente, che sulla scia della tradizione mazziniana avrebbe potuto sollevare la questione istituzionale o un temperamento della forma monarchica dello Stato. In una situazione del genere per come osservato da Sabbatucci: "il Partito socialista si negava qualsiasi possibilità di alleanza e qualsiasi spazio di manovra politica, autoescludendosi in pratica da quel processo di rinnovamento democratico che tutti (o quasi) ritenevano allora inevitabile"(8). In effetti, dopo la guerra si respirava un'aria di speranza e, per come detto, in alcuni strati sociali si avvertiva la possibilità di qualche cambiamento. Certo si trattava dei primi fermenti del dopoguerra, soprattutto perché ipotesi di riforma all'insegna di un rinnovato spirito nazionale erano stati fatti trapelare dai canali politici. Ma poi vi era il fatto che l'Italia a seguito dell'esito vittorioso della guerra acquistava lo status di grande potenza sul proscenio mondiale avendo altresì contribuito alla dissoluzione del grande impero Austro-Ungarico. La realtà delle trattative di pace si mostrò ben diversa dalle speranze dell'establishment di governo e dei nazionalisti e i costi interni si presentarono così elevati che la situazione sociale si incancrenì ulteriormente. Come riportato da Antonio Ghirelli: "A nome dei riformisti, ridotti ormai a una esigua pattuglia del 25 per cento, Turati ha dovuto limitarsi a lanciare una lucida profezia ammonendo che, a insistere sulla propaganda in favore dell'espropriazione dei mezzi di produzione, si sarebbe costretta la classe dominante a passare al contrattacco(9). Ed invero Turati con la sua lucidità e capacità di lettura politica metteva in guardia i suoi compagni di partito rispetto all'abbandono del riformismo in nome di una posizione massimalista e oltranzista. Gli sviluppi del dopoguerra avrebbero invece dovuto suggerire una via diversa agli stessi socialisti rispetto al vento delle riforme democratiche pure invocate da larghi settori del mondo operaio e degli strati sociali rappresentati dai partiti di sinistra. Ma un altro evento politico si verificò, e che passato in sordina nel marzo 1919, segnò l'inizio del Mussolini fascista. Era per la precisione il 23 marzo del 1919 quando a Milano in Piazza San Sepolcro si tenne a battessimo il movimento poi divenuto il Partito della marcia su Roma, e questo tre anni dopo. Un movimento composto che raccoglieva futuristi, anarchici, comunisti, sindacalisti, repubblicani, cattolici, liberali, nazionalisti tra i più accesi. L'auspicio del movimento dei fasci era quello di superare il regime parlamentare. Come osservato dallo storico Denis Mak Smith: "Pochi dei presenti avevano idee chiare degli obiettivi che il movimento doveva porsi. Il Popolo d'Italia pretese che un programma era stato approvato all'unanimità. Ma Mussolini dichiarò tutt'al contrario, di non avere alcun programma"(10). L'orientamento del fascismo dei primordi è di chiaro stampo rivoluzionario con radicali riforme che comprendevano la terra ai contadini, il potere di gestione operaia nelle fabbriche, un inasprimento dell'imposta di successione, confisca dei sovraprofitti di guerra, un'imposta di chiaro carattere progressivo sul capitale, il minimo salariale fissato per via legale, la nazionalizzazione dell'industria delle armi. In più si proponeva sul piano delle riforme politiche: l'abolizione del Senato del Regno, il voto alle donne, ed il decentramento politico-amministrativo a favore degli enti locali. Successivamente Mussolini si orientò in senso conservatore nelle sue proposte politiche, anche perché, il movimento fascista sempre più ebbe l'aiuto della borghesia, specie terriera e industriale e, poi, sapeva che solo assumendo(come di fatto poi assunse) posizioni più rassicuranti in materia di questione istituzionale, di politica fiscale e di ripristino dell'ordine avrebbe potuto scalare la montagna del potere. Del resto, il fascismo sin dai suoi esordi si situa nel solco di quell'anti-parlamentarismo che era stato una costante delle posizioni conservatrici e autoritarie e, che, trovava conferma nelle posizioni del massimalismo socialista e dell'anarchismo sindacale di sinistra. Uno dei punti chiave dello Stato liberale fu sicuramente la poca credibilità e lealtà manifestata al parlamento, e la contestazione proveniva da parte soprattutto di chi criticava il trasformismo della classe politica, specie di quella liberale. Ed è sul terreno dell'anti-parlamentarismo che sicuramente vi è una convergenza tra massimalismo rivoluzionario e radical-nazionalismo. Per il primo movimento il parlamento era una entità istituzionale di stampo borghese sconfessata per il cinico trasformismo della classe politica, una sovrastruttura da superare con la dittatura del proletariato; invece per il secondo movimento il parlamento altro non rappresentava che la degenerazione dell'autorità e del prestigio dello Stato e non garantiva quella nazione forte e rispettata che solo un esecutivo solido guidato da un uomo carismatico poteva garantire. Quindi il parlamento veniva visto come organismo della degenerazione più che come istituzione sovrana. Un altro movimento prese corpo tra la fine del 1918 e l'inizio del 1919. Il movimento dei cattolici era rimasto intrappolato, a partire dalle vicende risorgimentali e dalla questione romana, tra il dover obbedire, in quanto cittadini italiani, alla dinastia sabauda, e l'adesione morale e comportamentale ai dettami dei successori di Pietro. Infatti il non expedit andava in questa direzione, ma come si è visto, nei fatti molti cattolici diedero il loro contributo alla vita sociale e politica, specie durante il primo conflitto mondiale. D'altronde, nello stesso mondo cattolico erano fiorite riflessioni e aperture sulla questione sociale e della rappresentanza politica. La modernità di massa e dello sviluppo industriale, la tecnologizzazione dei rapporti di produzione e dei metodi di governo con conseguente specializzazione delle conoscenze e delle strutture statali imponevano ai cattolici italiani di non rimanere indietro. In sostanza, le trasformazioni in atto determinavano l'esigenza di organizzare in maniera unitaria e concentrata i cattolici, contrapponendo, alla visione della lotta di classe dei comunisti, all'eterogeneità dei fini e al trasformismo laico dei liberali nonché all'aggressività dei nazionalisti conservatori, una linea politico-programmatica interclassista che tenesse conto sia degli ideali democratici che delle istanze tipiche del pensiero cattolico tradizionale. Rappresentanza in senso proporzionale, concessione del diritto di voto alle donne, elettività del Senato del Regno, una fiscalità progressiva, massima promozione e sviluppo del decentramento delle autonomie locali, rispetto del principio di nazionalità, multilateralismo e promozione della pace nei rapporti internazionali costituivano l'ossatura delle proposte democratiche del Partito Popolare. Accanto ad esse vi erano però come detto quelle più classiche del movimento cattolico quali: difesa della famiglia, libertà di insegnamento e, quindi, con un riconoscimento delle scuole private cattoliche, ampio riconoscimento delle organizzazioni sindacali, lasciando ampio spazio in questo senso al pluralismo della tutela sindacale dei lavoratori. Il programma politico del Partito Popolare venne reso noto il 18 gennaio del 1919 e un mese prima si era costituita la Confederazione Italiana dei Lavoratori, che era l'unione di tutte le organizzazioni sindacali cattoliche. Movimento sindacale e movimento politico si ricongiungevano nell'estrema funzione social-lavorativa e social-politico-istituzionale di dare rappresentanza al mondo cattolico così composito, specie per quanto atteneva alle condizioni economiche. L'avanzare del pericolo rivoluzionario con l'ateismo predicato dai rivoluzionari socialisti determinò nella gerarchia ecclesiastica un orientamento favorevole alla costituzione del Partito Popolare, benedicendo l'operazione politica di Sturzo(11). Nel bel mezzo del conflitto politico-ideologico emergeva un partito che però era guardato con ostilità sia da sinistra(compresi rivoluzionari massimalisti e socialriformisti) che dai liberali e nazionalisti. Del resto, il Partito Popolare si caratterizzava per essere aconfessionale e con un forte contenuto di indipendenza organizzativa. Ma ciò non inficia il fatto che la componente etico-politica dei popolari era all'insegna dei valori cattolici. Il quadro politico nell'immediato dopoguerra si presentava quanto meno in evoluzione e le tre caratterizzazioni fondamentali erano: 1) lo spostamento verso posizioni massimaliste del Partito Socialista e la radicalizzazione sempre più aspra del conflitto politico-ideologico; 2) l'avvento dei primordi del fascismo che inserisce una nuova componente di aggressività e violenza politica che si rivelerà decisiva nel mettere in scacco lo Stato liberale; 3) la riunificazione del mondo cattolico in un movimento sindacale, Cil e in quello partitico del Partito Popolare, che rompe definitivamente e in maniera ufficiale la contrapposizione politico-morale tra cattolici e Stato italiano. E soprattutto, cosa fondamentale, si va affermando il partito organizzato di massa. Di fronte a una pressante questione sociale, contadina e operaia, a una richiesta di rappresentanza politica sempre più pluralista, organizzata e massificata e a un conflitto politico-ideologico radicalizzatosi la classe politica liberale si mostrerà del tutto incapace di adattarsi seguendo un percorso unitario e convergente. Le divisioni leaderistiche che si manifesteranno nel campo liberale dimostreranno quanto lo stesso movimento fosse incapace di darsi un'organizzazione forte e concentrata.

Elezioni del 1919 e la nuova realtà della nazione dei partiti di massa

Vittorio Emanuele Orlando si dimise dopo un voto di sfiducia della Camera a seguito di una discussione sulla politica estera. Pesava la conduzione fatta da Orlando e dal suo Ministro degli Esteri, Sidney Sonnino delle trattative di pace a Parigi. Il terreno si preparava per la nomina a Presidente del Consiglio dei Ministri di Francesco Saverio Nitti. Un tecnocrate politico o politico tecnocrate con una forte impronta laicista e industrialista di ispirazione liberaldemocratica, questo era politicamente Nitti. Del resto, lo stesso Nitti era assertore di un forte intervento dello Stato nell'economia per la promozione dello sviluppo industriale(lui di fatto era stato l'ispiratore e l'estensore della legge speciale per Napoli nel 1904) e per il superamento degli squilibri territoriali. Il suo spirito riformatore era fuori discussione ma certamente pesavano le conseguenze della guerra e l'incertezza del panorama sociale. Il suo programma si condensava nelle parole: risanamento delle finanze pubbliche dissestate dalla guerra, rilancio della produttività, ripristino dell'ordine. I problemi più impellenti erano il carovita, la disoccupazione industriale, le proteste dei movimenti contadini nelle campagne, la smobilitazione dei soldati e l'approvvigionamento che era ancora un forte disagio per la popolazione. L'idea di produrre di più e spostare dal consumo alla produzione le risorse economiche e finanziarie non poteva trovare eco positivo nel movimento operaio. Ma tale proposta era in linea con la idea di combattere l'inflazione. Per quanto attiene alla smobilitazione essa fu di circa un milione di persone tra ufficiali e soldati e avvenne fra i mesi di luglio e agosto. Rimaneva sullo sfondo la irrisolta questione adriatica e del confine orientale. Nitti dichiarò di volersi impegnare per risolvere subito tale problematica, ma così accentuò su di sé l'ostilità dei nazionalisti. Il mito della "vittoria mutilata": il senso di sconfitta della nazione più che di vittoria dopo le trattative di pace a Parigi scatenava l'ira nazionalista. L'occupazione di Fiume, maturata nei circoli degli emigrati dalmati e giuliani, trovò una sponda in ambienti militari e i comandi territoriali promisero di non usare la forza. Gabriele D'Annunzio occupò Fiume nel settembre del 1919 e nei mesi successivi rifiutò qualsiasi ipotesi di arrendersi o di compromesso. Era evidente la motivazione nazionalistica dell'atto plateale di occupazione da parte di D'Annunzio, ma ciò è da inquadrare anche con riferimento a propositi di sovversione politica nei confronti di Nitti. Se vi erano le motivazioni nazionalistiche del non riconoscimento del trattato di pace sottoscritto a Parigi, appunto per le decisioni riguardo al confine orientale dell'Italia, d'altra parte vi era pure il tentativo esplicito di produrre una sfiducia nei confronti di Nitti indebolendone l'immagine e l'autorevolezza, ma anche la posizione politica. In una situazione del genere la posizione dei vertici militari si rivelò fondamentale. Ma in ballo non c'era solo la stabilità interna dell'Italia e la sua autorità ma, anche, i rapporti con gli alleati. Nitti, da politico navigato quale era, prima si consultò con i vertici militari dai quali ricevette rassicurazioni di lealtà, poi ottenne l'approvazione della sua linea da parte del Consiglio della Corona, che era un organismo consultivo costituito dalle più alte cariche dello Stato, infine ebbe il voto favorevole(anche se con una maggioranza risicata) della Camera. La linea Nitti era quella di non arrivare a contraccolpi ostili nei confronti degli alleati e di respingere l'atto sovversivo di D'Annunzio che mirava a metterlo fuorigioco. Sul piano politico Nitti vinse la partita al riguardo. Ma la questione fiumana rimaneva irrisolta e con essa si amplificava agli occhi di molti nazionalisti o, anche, sinceri patriottici, di cui molti ex combattenti, il "mito della vittoria mutilata". Il "mito della vittoria mutilata" altro non era che il mito della nazione offesa e vittima. Ed è in questo senso che non bisogna sottovalutare quanto la componente dei delusi, della generazione dei sacrificati alla guerra, specie la generazione dei giovani ex combattenti, intrisi di una cultura dell'irrazionale, fu la base d'urto e di diffusione del fascismo. Nel fascismo si iniettava la forte componente del patriottismo degenerato in nazionalismo e si amplificava la mobilitazione nel nome della nazione offesa e umiliata, da qui la rivendicazione e poi la costruzione di uno Stato-nazione autoritario; in sostanza dello Stato nazionalista-fascista. Uno dei passaggi cruciali del governo Nitti fu l'approvazione il 9 agosto del 1919 della nuova legge elettorale, proporzionale con voto di lista. In realtà, la nuova legge prevedeva anche un voto di preferenza, oppure la possibilità per gli elettori di votare un candidato diverso dalla lista a cui avevano dato assenso. Proprio con un sistema elettorale del genere veniva messa in crisi la classe politica liberale. Incapaci di darsi una funzione centralizzata e organizzativa come gli altri partiti di massa votarono una legge che ne segnò il declino. Proprio il nuovo sistema elettorale indicava l'esigenza di avere sempre più una organizzazione politica moderna quale era il partito di massa. Sulle motivazioni di una scelta così suicida si è detto e Sabbatucci ha messo in rilievo "sia il clima del periodo che motivava a decisioni di apertura in senso democratico, cosi che fu subita con evidente rassegnazione una tale decisione, e sia il fatto che molti liberali, specie le minoranze interventiste, visto il sistema proporzionale, pensavano di trarre vantaggio garantendosi un posto in parlamento. Del resto lo stesso Nitti pensava di poter avere un ruolo importante e di primo piano nel successivo parlamento"(12). Quanto tali previsioni si rivelarono sbagliate lo dimostrarono i fatti. Il nuovo sistema elettorale, fatto di collegi più ampi, non lasciava spazio al fenomeno delle vecchie clientele e dello scambio politico, cosi che riduceva la possibilità di influenzare a priori il voto degli elettori. In questo caso i notabili liberali si trovarono in una posizione di forte svantaggio. Le elezioni del 16 novembre 1919 sancirono un vero terremoto politico con i socialisti che passarono dal 17,7 % del 1913 al 32,3% e dai 52 ai 156 seggi e con i popolari che invece conquistarono 100 seggi e il 20,5% dei voti. I gruppi di tendenza liberaldemocratica passarono invece dal 67,6% di voti e 383 seggi del 1913 al 38,9% e 216 seggi. Essi non erano in grado di formare una maggioranza autonoma. Né i socialriformisti e gli eletti nelle liste dei combattenti potevano dare un consistente apporto numerico. In sostanza, si poteva contare appena su 248 voti disponibili, ma appunto non sufficienti a garantire una maggioranza governativa. Su 508 nuovi deputati 327 erano del tutto nuovi all'esperienza parlamentare e molti di essi erano giovani e avevano vissuto l'esperienza del primo conflitto mondiale. Del resto, le elezioni del 1919 sono importanti anche per il fatto che segnano il successo di due partiti non direttamente legati alla tradizione politica liberal-risorgimentale che, anzi, per molti aspetti sia popolari che socialisti avversavano. Il costituzionalismo liberale che cercò di adattarsi ai tempi con la nuova legge elettorale in realtà venne spiazzato e l'innesto dei partiti di massa nel quadro costituzionale dello Statuto albertino risultò alquanto problematico. Ma accanto a questi cambiamenti politico-istituzionali vi erano anche le questioni sociali che agitavano le classi dirigenti del paese. Già nell'estate del 1919 vi erano state delle forti agitazioni per il carovita. Le regioni interessate furono la Liguria, la Toscana, Romagna e Marche e, poi, a luglio ne vennero interessati i maggiori centri della penisola. Il movimento contadino si faceva sentire nelle campagne. Il costo sopportato durante la guerra, l'incremento dei prezzi, le difficoltà legate alla produzione agricola nonché la redistribuzione delle terre portavano piccoli proprietari terrieri, mezzadri, coloni, fittavoli, braccianti e salariati fissi a protestare con forme e intensità del passato, ma adesso i metodi e gli obiettivi erano ancora più radicali. Rafforzato nelle sue pretese per il costo sopportato con migliaia e migliaia di vite umane spedite al fronte il movimento contadino così composto sentiva la ragione di una sorta di risarcimento morale e materiale che gli spettava. L'area della Valle Padana, Toscana, Umbria, Marche, Lazio, Puglie e Sicilia furono interessate da tali fermenti. Nel mezzogiorno si arrivò all'occupazione delle terre e in seguito vi fu il Decreto Visocchi del 2 novembre che regolarizzava la occupazione delle stesse. Quindi, il movimento contadino era strutturalmente un movimento esteso sia geograficamente che a livello sociale e certo da regione a regione vi erano delle differenze nelle rivendicazioni e nelle piattaforme di lotta. Non è un caso che si manifestarono più volte divisioni. Si pensi alla rivalità insita tra le leghe e cooperative socialiste e le organizzazioni bianche di matrice cattolico-popolare. Come vedremo, queste proteste andranno a determinare in effetti paure, conflitti esacerbati anche al di là della reale situazione degli interessi in gioco. Anche i tentativi di composizione e ricomposizione si riveleranno effimeri. Nitti volle andare avanti nella sua esperienza di governo e per questo accettò come compagni di viaggio politico i popolari. Tra i gruppi liberaldemocratici e i popolari c'erano vedute diverse sia sui programmi economici che per quanto concerneva la natura dello Stato. Per i liberali ad esempio lo Stato era quello uscito dal Risorgimento e perciò si doveva caratterizzare in senso fortemente laicista, mentre per i popolari la libertà di insegnamento era un aspetto irrinunciabile. D'altronde, non era probabile una alleanza coi socialisti che nel loro XVI congresso nazionale, tenutosi a Bologna, assunsero ancora posizioni massimaliste e isolazioniste. Vinse l'ala dura del partito capeggiata da Giacinto Menotti Serrati e questo comportò la rinuncia a qualsiasi ipotesi di collaborazione coi partiti borghesi e l'invocazione della conquista violenta del potere nonché il superamento dello Stato liberale. In questo senso Nitti non poteva che ormai sperare di navigare a vista coi popolari e i socialriformisti non erano in grado di dare un apporto costruttivo, né si mostravano intenti a spaccare il loro partito. Ma il 1920 si presentò come l'anno cruciale per Nitti in quanto i nodi vennero al pettine. Nei primi dell'anno ci furono altri scioperi come quelli dei post-telegrafonici e dei ferrovieri. Tra marzo e aprile si scioperò a Torino per protestare contro il ripristino dell'ora legale che c'era stata durante la guerra. Detto sciopero che coinvolse i metalmeccanici fu detto perciò "sciopero delle lancette". Le fabbriche videro all'opera i consigli di fabbrica che espressero la rappresentanza delle avanguardie operaie. Lo scontro fra il capitalismo imprenditoriale e il sindacalismo operaista era nei fatti uno dei nodi strutturali, e non semplicemente contingente, di una nazione industriale. A fine aprile i popolari ritirarono la fiducia al governo a seguito delle violenze e delle discriminazioni subite dai sindacati della loro area politica. Nitti venne sfiduciato l'11 maggio e successivamente riebbe l'incarico dopo dieci giorni. A questo punto accettò le richieste dei popolari. In realtà, la caduta di Nitti avvenne perché il governo propose l'abolizione del prezzo politico del pane che venne avversata dai socialisti e dai liberali conservatori che vi votarono contro. Francesco Saverio Nitti non attese neanche il voto contrario della Camera nei suoi confronti e si dimise annunciando che ritirava il provvedimento che era stato proposto. A succedergli venne chiamato Giovanni Giolitti.

Il ritorno di Giolitti, la soluzione della questione fiumana e l'occupazione delle fabbriche

Al posto di Francesco Saverio Nitti subentrava quindi Giovanni Giolitti. Il vecchio leader liberale ebbe consensi quasi unanimi per il suo ritorno in scena, tranne da parte dei socialisti. In passato Giolitti era stato visto come un politico privo di etica e fautore del trasformismo parlamentare che tanto fece irritare sia esponenti della sinistra che i nazionalisti conservatori. Non era certo un personaggio autoritario, quindi per i nazionalisti era privo di quel mordente carismatico che potesse incarnare uno Stato forte e deciso, mentre per i socialisti e i sindacalisti rivoluzionari Giolitti realizzava il disegno egemonico della borghesia ed era una persona priva di scrupoli. Ma adesso veniva invocato dalle classi dirigenti come l'unico in grado di ridare ordine ad un paese preda delle agitazioni e degli scioperi di operai e dei contadini. In altre parole, ciò che agitava il sonno della grande e media borghesia industriale, dei circoli e dei partiti liberali e moderati, nonché dei nazionalisti era il pericolo rappresentato dall'onda rossa dei movimenti socialista e operaio più radicali. Gli echi della rivoluzione russa contribuivano a determinare un rafforzato sentimento di classe tra il ceto operaio e, anche, tra i ceti contadini più poveri. Del resto, già si è detto dello spostamento del Partito Socialista verso le posizioni massimaliste a partire dal 1918. Ma

Giolitti si presentava al parlamento con un programma che comprendeva da un lato la rinata centralità parlamentare, specie nelle questioni di politica estera e dall'altro, azioni incisive in materia fiscale, quali la nominatività dei titoli azionari, l'avocazione statale per i sovraprofitti di guerra e l'imposizione progressiva sulle successioni e le donazioni. La legge sulla nominatività dei titoli azionari venne approvata il 24 luglio ma per la subentrata crisi economica non ebbe corso. Ma un altro dei punti urgenti che Giolitti si trovò a dover affrontare fu la questione adriatica. L'occupazione di Fiume pesava ancora sulla credibilità e l'autorevolezza dello Stato e il vecchio leader piemontese cosciente di ciò passò subito all'azione. Per prima cosa annunciò il ritiro del contingente italiano dislocato in Albania, e questo contribuì a ridare slancio ai negoziati con la Jugoslavia grazie anche all'apporto del nuovo Ministro degli Esteri, Carlo Sforza. Il 12 novembre venne firmato il trattato di Rapallo che determinò per l'Italia l'acquisizione dell'Istria e la città di Zara, mentre la restante parte della Dalmazia andò alla Jugoslavia. La città di Fiume ebbe invece lo status di città libera, con buona pace dei nazionalisti(nel 1924 sarebbe stata acquisita dall'Italia sulla base di un nuovo trattato). La Camera ratificò con larghissimo consenso il trattato di Rapallo e ciò dal punto di vista politico significava la recuperata autorevolezza del governo nel chiedere a D'Annunzio di ritirarsi con la sua truppa da Fiume se no si sarebbe proceduto all'uso della forza militare. E così avvenne. Nel dicembre del 1920 le truppe italiane comandate dal Generale Caviglia compirono l'operazione di sgombero dei dannunziani dalla città di Fiume e senza troppi sforzi. Così si chiudeva una delle pagine che più avevano infiammato la retorica nazionalista. Ma il mito della vittoria mutilata rimaneva e come vedremo andò di fatto a incanalarsi con tutti i risentimenti nel movimento fascista. Ma il fronte caldo per Giolitti e il suo governo rimaneva quello interno. Se, per come già detto, vi fu lo sciopero delle lancette, con il padronato imprenditoriale che rivendicò di riprendere il controllo delle fabbriche, ciò però non aveva esaurito la spinta sindacale, specie dei consigli di fabbrica, e bastò la vertenza sindacale dell'estate del 1920 a dimostrarlo. La Federazione Italiana degli Operai Metallurgici avanzò una serie di richieste salariali e di modificazioni normative che gli imprenditori respinsero, visto che in quel momento stavano facendosi evidentemente già sentire i venti di crisi economica. Nel mese di agosto, viste che le resistenze imprenditoriali continuavano a permanere, si decise da parte del sindacato che gli operai rallentassero i ritmi di lavoro pur rispettando i regolamenti disciplinari della fabbrica. Contemporaneamente si decise pure l'occupazione delle fabbriche come ritorsione per eventuali serrate padronali. Il 30 agosto, come reazione alla serrata da parte di un industriale milanese, si effettuò l'occupazione delle fabbriche, prima in Lombardia e poi via via in tutto il settore metallurgico e meccanico dell'Italia. Questo atteggiamento, prima ancora che sindacale appariva dall'evidente significato politico, produsse ulteriori tensioni nel ceto dirigente, soprattutto con riferimento alla possibilità di esportare la lotta operaia fuori dalle fabbriche e tale da innescare una mobilitazione sociale di tipo rivoluzionario in tutto il paese. In realtà, vuoi per la diffidenza che i dirigenti riformisti del sindacato e quelli del partito socialista nutrivano verso le radicalizzazioni del movimento operaio, vuoi per la incapacità politica della corrente massimalista di mettersi a capo del movimento operaio e magari di congiungerlo col movimento dei contadini poveri operante con le sue proteste in quel periodo nella Valle Padana, le paure per uno sbocco rivoluzionario si dimostrarono infondate. Infatti, il Consiglio Nazionale della Confederazione Generale del Lavoro e la Direzione Socialista si riunirono il 10 e 11 settembre del 1920 ma non manifestarono nessuna intenzione o coraggio di porsi alla guida della mobilitazione. Significava quindi che una mobilitazione sindacale rimase tale e non si trasformò in una mobilitazione politica rivoluzionaria. Cosi che ci fu uno spazio per la trattativa con gli industriali e ripresero quota i dirigenti riformisti della Confederazione Generale del Lavoro. Giolitti, da sempre incline al non intervento nei conflitti di lavoro, decise di intervenire per evidenti motivazioni politiche. In questo vedeva la possibilità sicura di ridare spazio politico di azione al riformismo socialista e potendo poi contare sugli stessi socialisti riformisti per fare riacquisire ai liberali la posizione di forza arbitrale e di mediazione garante degli equilibri parlamentari e senza stravolgere lo Statuto Albertino. Proprio questa mossa l'avrebbe potuta giocare contro i popolari, mal digeriti dai liberali e dallo stesso Giolitti. Lo statista piemontese riuscì a convincere gli industriali ad accogliere le richieste della FIOM e si progettava pure la cogestione delle imprese per effetto di una commissione paritetica tra rappresentanti sindacali e datoriali che vi avrebbe lavorato. L'accordo fu firmato il 19 settembre 1920 al Viminale. Nelle assemblee delle fabbriche tale accordo ottenne un largo consenso da parte degli operai. Il progetto di cogestione in realtà non ebbe manco attuazione sia per il clima politico che in seguito mutò, ma anche per la incombente crisi economica. I nazionalisti sembravano essere stati battuti dopo la firma del trattato di Rapallo e lo sgombero della città di Fiume, le tensioni rivoluzionarie della sinistra operaista e socialista si sgonfiarono e in questo Giolitti spiccava come il vincitore; vincitore del momento, ma in seguito perdente. Lo stesso Giolitti pensava ad una possibile scissione del Partito Socialista con l'ala riformista come possibile forza collaboratrice del suo ministero. Ma così non fu e altra scissione, come vedremo, avvenne tra i socialisti. La crisi avanzava e col crollo dei prezzi dei cereali Giolitti poté decidere l'abolizione del prezzo politico del pane che tanto aveva gravato sulle casse dello Stato. Insomma, tutto sembrava a favore di Giolitti e delle sue possibilità di vincere ancora una volta la sua partita politica. Ma altri fatti si andavano consumando e una trattazione a parte meritano sicuramente gli avvenimenti collegati alla questione agraria che avrà il suo epicentro nella Valle Padana. In sostanza, l'ideologismo, nella sua forma di contrapposizione violenta, metteva in crisi lo Stato liberale di matrice risorgimentale. La non soluzione del malessere sociale e delle disuguaglianze nelle campagne determinò la mancata nazionalizzazione dei ceti popolari rurali. E infatti la nazionalizzazione delle masse popolari avrebbe potuto essere antidoto alle striscianti orde di violenza ideologica di rigurgito e contro-rigurgito anti-nazionale e nazionalistico.

Questione agraria e genesi dello squadrismo fascista. La fine del centrismo mediatore di Giolitti

Come si può bene argomentare ormai, in base a precisi studi storici molto approfonditi, il fascismo fu il prodotto di linee di tendenza non riconducibili solamente alla contingenza ma che avevano iniziato il loro corso già nel secolo precedente. Una nutrita cultura nazionalista, ansiosa di affermare la grandezza della nazione e lo Stato autoritario custode severo dell'ordine, si era sviluppata e aveva preso piede nelle sue forme violente e contestatrici fino all'edificazione del mito della "vittoria mutilata". Alla degenerazione del patriottismo in nazionalismo(lo si è già visto) si può ricondurre il culto della grandezza della nazione che sola giustifica il sacrificio delle vite e di tutti gli altri diritti individuali e collettivi. In secondo luogo, una irrisolta questione sociale, specie contadina, non aveva determinato il processo di nazionalizzazione delle masse popolari e con ciò si era radicato un forte sentimento di avversione da parte soprattutto dei contadini più poveri nei confronti dello Stato. Né un sentimento di devozione era dato ritrovare verso l'autorità statuale, semmai erano più diffusi gli atteggiamenti di paura o di ostilità. Il sentimento di identificazione collettiva dei contadini poveri si andava così spostando verso la militanza ideologica e le mobilitazioni per l'occupazione delle terre, come avvenne in rilevante parte del Mezzogiorno. Del resto, le fazioni più radicali degli ex combattenti, come ad esempio gli ex arditi, tornati a casa si ritrovarono senza protezione per un pronto reinserimento nella vita sociale e con ciò il sentimento di rivalsa si accrebbe. Poi vi erano i giovanissimi che la guerra non l'avevano combattuta ma che si erano formati coi miti della irrazionale scelta e del mito della violenza, spronati in questo dall'esempio dannunziano. Un certo costume piccolo-borghese di rivendicazione, di aspirazione all'ascesa sociale, specie in chiave gerarchica, la voglia della stessa piccola borghesia di far contare di più il peso che essa aveva esercitato durante gli anni della prima guerra mondiale e per la devozione mostrata agli ideali nazionali incisero nel creare un blocco di militanza a favore fascismo. Cosi che possiamo oggi affermare che gli studi più recenti, anche in chiave revisionista, hanno dimostrato, come rilevato da Sabbatucci, "che non fu la caduta di tensione del ceto operaio a seguito della fine delle occupazioni delle fabbriche e né tanto meno la fine della paura da parte del padronato nei confronti del ceto operaio a provocare la rivalsa borghese"(13). È invece nel contesto delle lotte agrarie, e in specie di quelle che si ebbero nella Valle Padana, che si può riscontrare l'avanzata del fascismo. La cultura nazionalista dell'ordine e dell'autorità si congiunse con l'ideologia della violenza, della irrazionalità dell'azione e con le contrapposizioni determinatesi a seguito della irrisoluzione della questione contadina. Come rilevato da Roberto Vivarelli "le agitazioni nelle campagne furono assai continue, con obiettivi differenziati a seconda dei modi di conduzione diversi nelle varie zone"(14). Certamente la zona della Valle Padana fu quella maggiormente interessata dalle proteste e più intensa fu la lotta, ma mano a mano le agitazioni interessarono altre zone del paese, comprese la Toscana, le Marche, il Lazio, l'Umbria, Sicilia e le Puglie. Del resto, il sistema delle leghe e delle cooperative rosse che si era radicato nelle campagne emiliano-romagnole si presentava organizzato in maniera rigida e si era saldato con l'attività politico-amministrativa dei Comuni. Basti pensare che il Comune di Bologna era retto da un'amministrazione socialista. Questo garantiva alle amministrazioni locali di sinistra di imporre fiscalmente il pagamento delle imposte ai ceti abbienti e di poter poi occupare molte persone nei lavori pubblici, mentre leghe e cooperative distribuivano il lavoro tra i braccianti e, comunque, tra gli associati. Le leghe e le cooperative rosse, pertanto, non erano semplicemente entità di produzione ma vere e proprie entità di distribuzione e redistribuzione del lavoro. Il sistema di distribuzione delle giornate lavorative, atto a favorire i braccianti, permetteva di controllare l'eccesso di forza lavoro. La duplice azione di queste organizzazioni da un lato, si rivolgeva sul piano delle rivendicazioni verso il padronato e dall'altro, verso i ceti contadini intermedi, come mezzadri e piccoli proprietari che difficilmente potevano accettare imposizioni, sia sul fronte delle giornate lavorative che in riferimento a chi assumere. Del resto, la divergenza esisteva anche con riguardo all'obiettivo politicamente ed economicamente pregnante delle leghe e delle cooperative rosse che era quello della collettivizzazione della proprietà terriera. Il padronato, i piccoli proprietari e mezzadri si sentirono minacciati anche nella loro esistenza sociale di classe. Pertanto i risentimenti furono sia dei grandi che dei medi e piccoli proprietari terrieri che non accettavano limitazioni al loro potere di proprietà e né tanto meno volevano perdere i loro vantaggi connessi alla posizione sociale ed economica che occupavano.

Una esasperazione che si sarebbe manifestata non appena fosse stata accesa la miccia. I medi e grandi proprietari iniziarono a finanziare i fasci e ad appoggiarli, molti, appartenenti ai ceti intermedi delle campagne, iniziarono a militare nei fasci. Il 21 novembre del 1920 i fascisti bolognesi cercarono di impedire, in modo violento e rumoroso, l'insediamento della giunta socialista e per tutta risposta i socialisti reagirono facendo partire dei colpi da Palazzo D'Accursio che provocarono la morte di dieci persone e una cinquantina di feriti tra gli stessi sostenitori socialisti. Ciò fu un fatto che ebbe risonanza sulla stampa nazionale, ma furono molto aspre le critiche nei confronti dei socialisti, rei di avere reagito in maniera spropositata alle provocazioni fasciste. Comunque, i fatti bolognesi segnarono un punto a favore dei fascisti che videro aumentare i loro aderenti e nei giorni successivi iniziarono vere e proprie spedizioni punitive contro gli esponenti e le strutture delle leghe e cooperative rosse, non sempre coordinate tra di loro e incapaci, nonché veramente impreparate, a fronteggiare quella ondata di violenza. Un mese dopo a Ferrara, dal Castello Estense partì una sparatoria contro un corteo dei fascisti. La reazione non si fece attendere e nei giorni successivi molte sedi di leghe e cooperative rosse vennero attaccate. Il vento stava cambiando e molti passavano dalle leghe e cooperative nei fasci. Il numero dei fasci si accrebbe notevolmente passando dal centinaio di un anno prima ai mille e più. Ben presto lo squadrismo fascista si estese in diverse zone, comprendendovi tutta la parte meridionale della Lombardia e del Piemonte nonché le regioni delle Marche, dell' Umbria , della Toscana(che erano regioni a vocazione mezzadrile) e della Puglia, e specificatamente nel territorio barese e foggiano. Lo squadrismo fascista, nato come reazione nell'ambito dei sommovimenti in atto nelle campagne, iniziò ad essere il vero inedito animale politico e militare nell'Italia dello Statuto Albertino. Si invocavano ordine, sentimento nazionale, rispetto della tradizione e uno Stato autoritario e forte, ma le squadre fasciste erano unità di base sovversive e che puntavano a minare l'ordine costituito. In sostanza, si poneva un problema di legalità e, quindi, di affermazione dello Stato di diritto, ma nei decenni passati in molti settori dell'establishment italiano si era diffusa la convinzione e il dogma della ragion di Stato che prevaricava l'esercizio dei diritti da parte dei singoli. Se uno Stato di diritto è tale difende   il valore della legalità in quanto ripristino dell'ordine, ma l'ordine è subordinato alla tutela dei diritti e delle libertà dei singoli. Se l'ideologismo della sinistra rivoluzionaria e anti-nazionale aveva creato tensioni e ostilità, altresì non sembra giustificabile che lo Stato non esercitasse la sua autorità per imporre il rispetto del diritto all'esistenza della libertà sindacale e cooperativistica nonché del diritto di rappresentanza politica nelle assise comunali. Uno Stato mancò, come mancò una classe politica. Mancò l'esercizio di una volontà politica e, soprattutto, di una autorità responsabile che sapesse far valere i diritti e l'ordine contro la violenza e la contrapposizione ideologica. Il progetto politico di Giolitti di ricongiungersi ai socialisti riformisti naufragò. Il 1921 segnò la scissione tra i socialisti e il gruppo comunista che aderì ai dettami della II internazionale e i socialriformisti si presentarono sempre più isolati nel loro partito e privi di una reale forza. Questo evento spiazzò lo stesso Giolitti che però non poteva tollerare un eccessivo peso politico e negoziale dei popolari. E allora capì che i fascisti potevano tornargli utili in una successiva coalizione parlamentare. Giolitti pertanto decise che si sarebbe andati ad elezioni e ciò ufficialmente venne motivato con la annessione compiuta delle terre irredente. Così a febbraio del 1921 venne sciolta la Camera dei Deputati. Si formarono le liste dei blocchi nazionali che compresero candidati liberali e fascisti. Così i liberali poterono contare di fatto sulla organizzazione coesa e militare dei fascisti per raccattare voti al Nord e Centro-Italia. I socialisti a seguito delle elezioni conquistarono 122 seggi e i comunisti 15 e ciò era un indietreggiamento rispetto ai 156 delle elezioni del 1919, i popolari passarono da 100 a 107 seggi, e le forze dell'arco costituzionale liberale ebbero un certo miglioramento, ma non utile per poter arrivare alla maggioranza assoluta. Cosi che Giolitti dipese sempre più dai 31 Deputati fascisti. Ma Mussolini fece capire che non era disponibile ad appoggiare lo statista piemontese rivendicando la natura repubblicana e di massa del movimento fascista. Il 27 giugno Giolitti prese atto del consenso risicato avuto alla Camera e decise di dimettersi. Sperava così di poter essere forse richiamato di nuovo alla Presidenza del Consiglio dei Ministri, ma così non fu.

Giolitti aveva sottovalutato Mussolini e i fascisti che non manifestarono disponibilità nei suoi confronti, ma aveva forse sperato di riassorbire la violenza fascista nel parlamentarismo, un pò come aveva cercato di fare in passato coi socialisti. Niente di tutto ciò. Aveva permesso la legittimazione politica e la costituzionalizzazione del movimento fascista. In una politica diventata ormai di massa il liberalismo costituzionale e albertino mostrava le sue crepe, la sua incapacità di adattarsi e scaricava sulla stabilità del sistema politico e costituzionale i suoi anacronismi, anche di leadership. I liberali, lungi dal concepirsi come partito organizzato e centralizzato, cementato da precisi ideali e dal lealismo costituzionale, continuarono a essere frammentati in singoli gruppi. Si pensò ancora a fare la politica dei notabili, ma i tempi erano cambiati. Il campo politico liberal-costituzionale rimase profondamente scoperto. La scissione tra ideale liberal-costituzionale e la condotta politica determinò egoismi e divisioni contingenti tra le fila dei liberali. Crisi di autorità dello Stato, carenza di una coscienza politica unitaria di fronte al pericolo fascista tutto ciò fu il risultato di quanto fino adesso raccontato.

Il fascismo al potere

Il superamento del progetto politico giolittiano dopo quello di Nitti determinò l'assunzione dell'incarico, per la formazione di un governo, da parte di Ivanoe Bonomi. Politico di antica ispirazione socialriformista era stato interventista e riusciva a mantenere buoni rapporti con molti dell'area socialista. Del resto, anche i nazionalisti manifestavano potenzialmente un'apertura nei suoi confronti. Era da considerarsi una figura che poteva situarsi nel mezzo della lotta politica e tentare una sorta di mediazione. Il suo impegno lo direzionò subito alla risoluzione del conflitto politico-ideologico tra fascisti e forze socialiste e sindacali. Il patto del 2 agosto 1921, che aveva come obiettivo la pacificazione tra i fascisti da una parte e i socialisti e la Confederazione Generale del Lavoro dall'altra, in realtà si risolse in un nulla di fatto. Pur di fronte all'impegno inizialmente assunto da Mussolini di tendere alla pacificazione gli eventi successivi contribuirono a far smentire quanto era stato sottoscritto. Sicuramente era un errore rimettere alle parti in causa nel conflitto politico-ideologico la soluzione che andava riaffermata nella legalità statuale. Ciò sicuramente rassomigliava più ad una resa delle autorità statuali rispetto alle funzioni che esse avrebbero dovuto esercitare di ripristino della forza della legge e di tutela e mantenimento dell'ordine pubblico. E in secondo luogo, si sottoscrisse un patto senza tenere conto che ci sarebbe voluto un negoziato preliminare per raggiungere regole chiare e un percorso condiviso. Così non fu. Certo anche nel movimento di sinistra qualcosa si muoveva. Si erano costituiti gli Arditi del Popolo, che altro non erano che formazioni non regolate di militanti della sinistra, che iniziarono a reagire su base volontaria e non pianificata alle scorribande squadriste. Tali organizzazioni, che non erano appoggiate e legittimate né dai vertici del Partito Socialista né da quelli della Confederazione Generale del Lavoro, iniziarono a far pensare Mussolini su un'eventuale risposta alle violenze squadriste. Ma i capi squadristi, come Grandi a Bologna, Farinacci a Cremona e Balbo a Ferrara, rivendicarono la natura primigenia del fascismo come movimento di violenza, di contrapposizione e di sovversivismo. Lo squadrismo era la natura essenziale di un movimento che, quindi a un certo punto, Mussolini voleva convertire in un partito con una maggiore connotazione politica e centralizzatrice. Ma non doveva togliere potere ai capi fazione, soprattutto su base territoriale. Si raggiunse un punto di discordia allorché Mussolini si dimise dalla Commissione Esecutiva dei Fasci di Combattimento e sembrava disposto ad arrivare ad un allontanamento definitivo dai suoi compagni d'avventura, ma poi la crisi rientrò. Nessuno dei capi dello squadrismo fascista era in grado di sostituire Mussolini alla leadership del movimento. In effetti, Mussolini aveva una grande visibilità ed era conosciuto negli ambienti politici nazionali e, del resto, non gli difettava il carisma. Così si raggiunse un compromesso: da un lato, Mussolini decise di abbandonare il patto di pacificazione nazionale e, quindi, di riconoscere la libertà di azione delle squadre fasciste e dall'altro, i capi squadristi accettarono la trasformazione del movimento in un partito con un vero e proprio vertice politico. Così i Fasci di Combattimento divennero un moderno partito di massa, organizzato rigidamente e gerarchicamente e con un forte capo come Mussolini. Si costituì ufficialmente il Partito

Nazionale Fascista nel congresso del 7-11 novembre del 1921. Il fascismo così manteneva la sua anima militare e rafforzava la sua natura politica nella leadership ormai indiscussa di Mussolini. Si trattava di un partito ormai massificato con circa 200.000 iscritti e che aveva sconfitto il movimento rosso, in ispecie sul terreno dello scontro sociale nel mondo contadino. Infatti, Federterra passò dal milione di iscritti ad appena 200.000, mentre la Confederazione   Nazionale   delle   Corporazioni Sindacali(organizzazione fascista) arrivò ai 450.000 aderenti e molti provenivano dal vecchio sindacalismo contadino di sinistra. La possibilità di rendere il movimento fascista un movimento in linea con le ragioni della legalità fallì dunque e ciò segnò una sconfitta del governo Bonomi. La situazione si complicò ulteriormente, anche, per la crisi che attanagliò il settore siderurgico con il fallimento dell'Ilva e dell'Ansaldo che determinò conseguenze disastrose per la Banca Italiana di Sconto. Il legame tra tali imprese e la banca su menzionata era molto forte e l'intervento dello Stato sarebbe stato molto oneroso. Bonomi preferì non operare il salvataggio dei soggetti economici che erano in fallimento, e in particolare della Banca e si attirò l' ostilità dei gruppi interessati: dei nazionalisti nonché dei liberaldemocratici che nel Mezzogiorno avevano diversi elettori che erano anche risparmiatori della Banca Italiana di Sconto. Nella parte moderata del liberal-costituzionalismo si avevano insofferenze verso Ivanoe Bonomi. Il suo feeling più attento verso i popolari non era ben gradito a chi invece invocava il ritorno di un Giolitti. Cosi che l'1 febbraio del 1922 una sessantina di deputati del gruppo denominato Democrazia, la fazione liberaldemocratica più numerosa e più forte in ambito parlamentare con i suoi 150 componenti, approvò un orientamento di sfiducia al Presidente del Consiglio. Bonomi rassegnò immediatamente le dimissioni senza neanche essere stato sfiduciato dal parlamento e la stessa cosa era accaduta anche a Nitti e a Giolitti. Ciò dimostra quanto oramai gli equilibri parlamentari fossero fragili e quanto fosse difficile creare coalizioni di sostegno a qualsivoglia governo che fossero stabili e durature. Successivamente però il gruppo parlamentare dei popolari approvò una mozione che implicava il veto nei confronti di Giolitti. Come ha giustamente fatto osservare Sabbatucci:

"Quello che fu definito il "veto di Sturzo a Giolitti"….non esprimeva solo la legittima reazione del Ppi nei confronti di un leader dichiaratamente ostile. Rappresentava anche lo scontro fra due mondi e fra due concezioni della politica- l'una basata sulla centralità del Parlamento e sul ruolo del singolo leader, l'altra fondata sul primato del partito e dei nuovi programmi-che non riuscivano a trovare un accettabile punto di incontro"(15). La partita era tra i liberali e i popolari, ma in effetti si era lungi dal raggiungere una concordia ideale e programmatica. Alla fine di febbraio la crisi conobbe una soluzione con l'affidamento dell'incarico a Luigi Facta, un giolittiano di secondo piano e perciò poco autorevole. Il veto sturziano aveva partorito un topolino e il risultato fu più disastroso del previsto. Si trattava fra l'altro di un governo appoggiato dagli stessi fascisti in parlamento e la virata a destra appariva evidente. Cosi che ciò costituì una legittimazione ad agire per le squadre fasciste che ripresero i loro raid e ci furono le occupazioni di Bologna e Ferrara in maggio e in seguito nel mese di luglio le incursioni si ebbero nelle province di Ancona, Novara, Ravenna e Cremona. Ormai a sinistra, specie i socialriformisti, sentivano minacciata l'esistenza della loro base sociale. Gli attacchi squadristi, senza l'intervento risolutore dello Stato per la tutela delle libertà di lavoro e sindacali e per riaffermare la valenza della libertà politica, avrebbero potuto determinare la distruzione dell'avversario socialista. Fu così che l'1 giugno 1922 il gruppo parlamentare del Partito Socialista approvò un documento che apriva al collaborazionismo con le forze politiche liberali all'insegna di un ripristino dell'ordine pubblico e della legalità. Ciò era in contrasto con le chiusure manifestate dalla direzione del partito. E il gruppo parlamentare così si manifestava sganciato rispetto allo stesso partito di provenienza. Ma ormai le condizioni politiche e sociali erano cambiate. I fascisti venivano ritenuti i veri detentori del monopolio della mobilitazione delle piazze e i liberaldemocratici, specie di orientamento giolittiano, pensavano che una attenzione maggiore dovesse andare ai fascisti e questo avrebbe alla lunga, secondo molti, riportato alla normalità sul piano della sicurezza e dell'ordine pubblico. Del resto, l'ala moderata dei popolari seguiva ormai gli indirizzi della Santa Sede di avversione ad una ipotesi di apertura verso i socialisti, specie per la loro professione di ateismo. L'episodio del luglio suscitò una reazione da parte del parlamento che approvò la sfiducia a Facta. Un'impresa, quella dello squadrismo fascista a Cremona, che aveva portato alla devastazione della casa di Guido Miglioli, parlamentare del PPI. Una tale mozione di sfiducia, espressa a larga maggioranza, dava un segnale politico contro la violenza fascista che non poteva essere disatteso, ma ancora una volta le cose si svolsero diversamente da come sarebbe stato opportuno che si svolgessero. L'incarico di formare un governo venne prima affidato a Vittorio Emanuele Orlando che fallì il suo tentativo, successivamente subentrò Ivanoe Bonomi. Ma ad impedire una intesa più ampia intervenne la pubblicazione, sulla Tribuna, di una lettera di Giolitti diretta a Malagodi, ove l'ex Presidente del Consiglio criticava un'intesa larga che comprendesse socialisti, popolari e una parte dei liberaldemocratici. Egli pensava da un lato di ritagliarsi ancora uno spazio di manovra politica per tornare a guidare il paese in un momento di difficoltà(e alcuni sostenevano la necessità di un suo ritorno) e dall'altro, che arrivare ad una intesa antifascista per la formazione di un governo significava spianare la strada ad una guerra civile con evidente rischio per la sicurezza e l'ordine pubblico. Insomma, Giolitti si candidava ad essere mediatore con la controparte fascista. Troppa fiducia aveva di sé Giolitti e troppo sottovalutava i capi fascisti, certo non disinteressati nel voler far fuori la classe dirigente liberale. L'ala moderata dei popolari frenò la soluzione della crisi rifiutando un'apertura a sinistra. E così i fautori della crisi di governo che invocarono una soluzione anti-fascista finirono per non accettare un'alleanza coi socialriformisti. L'apertura della sinistra socialriformista ormai veniva superata dai veti e dagli eventi e ciò non contribuiva a risolvere la crisi ma la aggravò. Lo sciopero indetto dall'Alleanza del Lavoro(che metteva insieme i diversi sindacati di sinistra e la stessa Confederazione Generale del Lavoro) per la tutela delle libertà sindacali, del lavoro e di quelle politiche si trasformò in una controreazione. Il Re, Vittorio Emanuele III, richiamò al governo Luigi Facta. L'azione delle squadre fasciste riprese a ritmo sostenuto e Livorno, Parma ed Ancona subirono attacchi, nonché furono coinvolte anche Milano e Genova. Soltanto a Parma l'offensiva squadrista venne respinta. Nel congresso di Roma dell'ottobre del 1922 i socialisti ebbero un'altra scissione, con l'ala socialriformista che si distaccò da quella massimalista. La sinistra socialista ormai risultava scissa in tre tronconi: quella massimalista, l'altra socialriformista e infine il Partito Comunista. Una divisione che ormai rendeva sconfitto il movimento operaio e contadino di sinistra e certamente la pregiudiziale massimalista di chiusura a qualsiasi forma di collaborazione politica con le altre forze, espressa all'indomani della fine della guerra, aveva ridotto le possibilità di risoluzione della grave crisi politica e legalitaria. I liberali, vecchio stampo del notabilato politico, pensavano di cooptare i fascisti all'interno di una compagine governativa ove essi avrebbero potuto mantenere l'egemonia, ma così non fu. I fascisti dichiaratamente puntavano a conquistare il potere e lo volevano conquistare per via rivoluzionaria. La natura violenta e non legalitaria del fascismo appariva a tutti, ma per pregiudizi e preconcetti politici e per la scarsa considerazione dei valori e princìpi costituzionali dello Stato di diritto non si raggiunse quell'accordo e quella coesione nazionale che invece avrebbe dovuto animare i partiti non fascisti. La politica, intesa anche come lotta di potere, richiede una reale considerazione del senso di responsabilità verso la coesione e l'integrità istituzionale, così come il richiamo ad una superiore etica costituzionale o legalitaria, che però in quel momento in Italia non vi fu. Ciò comportò la tendenza all'egoismo, non certo ideologico, ma puramente di calcolo dei leaders liberali. Come osservato da Mak Smith: "La maggior fortuna dei fascisti fu che i parlamentari liberali, incapaci di mettersi d'accordo, si davano tutti un gran da fare a promuovere ciascuno la propria carriera inserendola in una combinazione governativa, ed erano non meno ansiosi di demolirsi a vicenda di quanto lo fossero di impedire la rivoluzione fascista. Orlando e Amendola pensavano che la soluzione migliore fosse una coalizione che includesse i fascisti; e Nitti che sperava nella presidenza del Consiglio, riteneva ora un'alleanza con Mussolini il mezzo migliore per mettere fuori gioco il suo nemico Giolitti. Persino alcuni ministri del Gabinetto Facta erano in contatto con i fascisti; il che dava a Mussolini il vantaggio di sapere che cosa si diceva di lui in seno al governo"(16). In sostanza, Mussolini fu abile a giocare la sua partita su due fronti: da un lato, manteneva il linguaggio delle origini e, quindi, di ostilità nei confronti della vecchia classe dirigente dall'altro, dava parvenza di negoziare con i notabili liberali e così poteva raccogliere molte informazioni sulle intenzioni dei suoi interlocutori. Ciò gli dava la possibilità di giocare in anticipo. Le squadre fasciste furono organizzate in una milizia unificata e sotto un comando centralizzato. Ciò dimostra la centralizzazione delle decisioni all'interno del movimento ma, anche, la natura paramilitare e potenzialmente insurrezionale dei fascisti. Ci fu un attacco dei fascisti contro Bolzano e Trento e questa volta venne preso come bersaglio lo stesso governo. Fu allora che Mussolini comprese che poteva avere una reale possibilità di successo se solo avesse forzato la mano, anche perché all'interno dell'establishment aveva degli appoggi. Il 16 ottobre del 1922 si iniziò a parlare di un piano insurrezionale nel corso di una riunione tenutasi a Milano. Nel congresso che si tenne a Napoli il 24 e 26 ottobre, segretamente si approntarono i dettagli operativi per l'insurrezione. Lo stesso Mussolini parlò di rigore e austerità, di ordine e rigorosa applicazione della legge. Mack Smith riporta le seguenti parole di Mussolini: "O ci daranno o lo prenderemo, calando su Roma a prendere per la gola la miserabile classe politica dominante"(17). Gli ordini erano chiari per il movimento fascista: il comando delle operazioni sarebbe stato assunto dai comandanti della milizia e dal Segretario del partito, Michele Bianchi e si sarebbe proceduto all'aggregazione degli uomini per poi occupare punti strategici, quali edifici pubblici e amministrativi nonché le stazioni e in seguito avviarsi alla marcia su Roma. Insomma tutto lasciava presagire un vero e proprio colpo di Stato. Ma Mussolini sapeva di giocarsi il tutto per tutto. Ormai il governo Facta non poteva considerare il fascismo come un movimento col quale interloquire, in quanto i fascisti procedevano a porsi contro le istituzioni e i poteri costituiti. Si trattava del punto di attacco frontale all'ordine costituzionale albertino. Come ha sottolineato Sabbatucci: "La mobilitazione squadrista rappresentava dunque, più che una minaccia reale in termini militari, una forma particolarmente violenta di pressione esercitata sui poteri costituiti per ottenerne la resa preventiva"(18). Certo è che pure il solo scopo di minaccia costituiva un affronto politico alla legalità costituzionale. Mussolini continuò a condurre trattative con i capi liberali e i circoli conservatori pensavano a un governo Salandra-Mussolini.

Del resto, Facta era deciso ad avviare un rimpasto già nella data del 26 ottobre, ma nella notte tra il 26 e il 27 le cose stavano cambiando. Il Re, Vittorio Emanuele III, rientrò a Roma d'urgenza su sollecitazione di Facta e in un primo momento sembrava propenso a firmare lo stato d'assedio. Del resto, lo stesso Facta la sera del 27 ottobre si era rifiutato ancora di sottoscrivere la richiesta del Generale Pugliese che era comandante della zona di Roma. Successivamente Facta fece preparare il decreto per la proclamazione dello stato d'assedio ma Vittorio Emanuele III si rifiutò di firmarlo. Sembra che sulla decisione del sovrano sabaudo pesarono informazioni, non del tutto disinteressate, da parte di alcuni gruppi di pressione, quali capi delle forze armate, circoli conservatori, massoneria. Tra l'altro, secondo alcuni, una importanza forse la ebbe la paura di un colpo di stato concertato tra militari e fascisti per portare sul trono il Duca d'Aosta, suo cugino e comandante d'armata. Forse più plausibilmente Vittorio Emanuele III non fu lontano dalle opinioni di molti dell'establishment moderato-conservatore: non arrivare ad uno scontro frontale ed evitare spargimenti di sangue, in altri termini, una guerra civile. E considerava che la forza dei fascisti nelle piazze e il ruolo di Mussolini erano fattori che potevano contribuire al ripristino dell'ordine. Del resto, molti gruppi sociali, come i grandi agrari e gli industriali, sostenevano una svolta con un governo fascista al fine di contrastare e domare il movimento operaio. Ma le paure per una rivoluzione operaia, come si è visto, erano ormai infondate. Il Re si assunse una grossa responsabilità non firmando la proposta di stato d'assedio e legittimando sul piano politico-istituzionale il ruolo di Mussolini e dei fascisti. Ciò era una resa di fronte al movimento fascista. L'incarico venne conferito a Salandra che cercò di convincere Mussolini ad entrare nel governo accettando un ministero importante. Ma Mussolini sapeva ormai di avere acquisito una credibilità e un'abilitazione politica tali da poter rifiutare l'invito di Salandra e allo stesso capo liberale disse che non avrebbe mai appoggiato un suo gabinetto. Ormai Mussolini sapeva di avere messo fuorigioco la classe politica liberale che usciva sconfitta dalle sue stesse divisioni. Il 28 ottobre il Re, Vittorio Emanuele III, conferiva l'incarico di formare il governo a Mussolini. La corona aveva dimostrato una reale incapacità di porsi come garante e riaffermatore di ultima istanza di una legalità costituzionale violata. Anzi, Vittorio Emanuele III avallò la salita al governo di un movimento anti-costituzionale. Così facendo rinunciò al ruolo di protettore e ripristinatore del sistema legalitario violato. E il Re, di fronte alla incapacità delle classi dirigenti di opporsi al fascismo si rivelò un baluardo del tutto effimero.

La legge Acerbo e la definitiva sconfitta della classe politica liberale

Arrivato al potere il fascismo(e ciò si è visto per cedimento delle classi dirigenti e del Re, Vittorio Emanuele III) tentava ora di inoltrarsi nelle istituzioni dello Stato. Del resto, Mussolini sapeva benissimo che in prima istanza doveva avvalersi degli alleati moderati, liberaldemocratici e popolari. Per tale motivo nei primordi del fascismo al potere non c'era ancora stata la svolta autoritaria che ci sarebbe stata invece di lì a poco. Però è chiaro che Mussolini si muoveva nella direzione di incorporare il suo partito nelle istituzioni statali e cercava di farlo usando gli strumenti legalitari a disposizione. Servirsi degli strumenti di uno Stato costituzionale per costruire qualcosa che ne mina le fondamenta non è stato infrequente nella storia contemporanea e sicuramente il fascismo una volta entrato nelle istituzioni trovò terreno fertile in una larga parte del ceto dirigente per volgere le regole istituzionali a proprio favore. Il fascismo era nato nello spirito della mobilitazione permanente e rivoluzionaria, ma adesso si trattava di addomesticarlo rispetto alla sua natura squadrista e per fare questo occorreva dare potere alle strutture del Partito Fascista all'interno delle istituzioni dello Stato. In altre parole, si trattava di fascistizzare lo Stato. Non è chiaro se agli inizi Mussolini avesse in mente e in maniera lucida come strutturare questa fascistizzazione, ma è certa una cosa: poté operare nell'assoluta fase declinante del parlamento e del pluralismo politico. Una cosa questa spesse volte dimenticata dagli stessi storici. Perché se è vero che Mussolini poté agire per vie legalitarie è, altresì, da considerare l'assoluta incapacità del parlamento di funzionare in maniera oppositiva rispetto al fascismo. Come s'è già detto, se ciò era da ricollegare alla crisi delle classi dirigenti e, anche, da mettere in rilievo quanto il parlamento era stato considerato, sia sul piano politico che dalla dottrina costituzionalistica, come articolazione funzionale dello Stato e non come organismo rappresentante le anime pluraliste della nazione. Una concezione funzionale e non di natura rappresentativa del parlamento che cozzava con la svolta politica apertasi con le elezioni del 1919 che avevano decretato l'avvento dei partiti di massa. Ma permanendo una concezione appunto funzionale del parlamento prevalse l'idea della politica come lotta per il potere in favore solo dei numeri e del più forte e senza una logica, democraticamente corretta, del rispetto- che pur sarebbe stato dovuto- delle minoranze. Ed è sul terreno della crisi delle classi dirigenti e della concezione funzional-statalista del parlamento che Mussolini poté contare per portare avanti un obiettivo di preminenza del fascismo nella macchina statale e, infine, eliminando i concorrenti, ossia gli altri partiti politici, nella fascistizzazione assoluta dell'entità statuale italiana e in seguito pure della società. Nel dicembre del 1922 vi fu la creazione del Gran Consiglio del Fascismo che aveva rilievo consultivo, ma che vista la presenza delle persone rilevanti(quali personaggi del Partito Fascista, esponenti del sindacalismo fascista, ministri del governo e soggetti appartenenti all'alta burocrazia) e per l'importanza delle questioni trattate non era un semplice organismo di derivazione partitica, ma un soggetto istituzionalmente in grado di contare rispetto alle scelte di governo. Del resto, fu proprio dal Gran Consiglio del Fascismo che partì la proposta di formare una Milizia Volontaria per la Sicurezza Nazionale(MVSN). Ciò avrebbe dovuto rappresentare per gli alleati moderati del Fascismo un grido d'allarme, ma lungi dal considerare gli effetti negativi della stabilizzazione del fascismo stesso nella istituzione statale ne salutarono anzi il buon avvio come uno strumento per il ristabilimento dell'ordine e la possibilità per Mussolini di mettere sotto controllo lo squadrismo. Una realtà di fatto invece era che una milizia para-militare di un partito entrava nello Stato venendo legalizzata e addirittura veniva posta alle dipendenze dello stesso Presidente del Consiglio. Ciò pur essendo legalizzato era in contrasto evidente con i princìpi costituzionali dello Statuto Albertino. Mussolini, pure intenzionato a superare l'estremismo squadrista, non esitava a potersene servire quando e come sarebbe stato necessario. Quindi, si trattava di una spada di Damocle piantata nel cuore dello Stato contro gli altri partiti politici. Se nel 1923 vi furono travagli e contrasti nello stesso Partito Fascista si può dire anche che Mussolini vi operò cercando di superare gli estremismi. Forni, Sala e Padovani, leader e dissidenti intransigenti, vennero fatti espellere dal partito, Misuri, Corgini e Rocca, che invece sostenevano la revisione in senso costituzionale del fascismo, subirono pure la reazione mussoliniana. Ma quale moderazione poteva offrire il Partito Nazionale Fascista? In effetti, la fusione con l'Associazione Nazionalista nel gennaio del 1923 era un segnale della piena adesione del fascismo ad una svolta autoritaria. La concezione autoritaria dello Stato perorata dai nazionalisti si incontrava con quella fascista, ed essi erano coerenti con l'intenzione di un progetto di Stato autoritario altrettanto radicale quanto quello formulato da Mussolini e i suoi. Le violenze squadristiche comunque non cessarono immediatamente con l'avvento al potere di Mussolini, ma altri episodi sanguinosi e violenti si verificarono. Nel dicembre del 1922 una ventina di militanti della sinistra vennero uccisi a Torino, nel 1923 venne ucciso il parroco di Argenta, don Giovanni Minzoni, e poi le bastonature contro Alfredo Misuri, dissidente fascista e Giovanni Amendola, che era capo della opposizione liberale. Come rilevato da Sabbatucci: "Ma, anche a prescindere da questi e da altri gravi episodi, era l'intera prospettiva della normalizzazione a fondarsi su un colossale abbaglio collettivo circa le vere intenzioni di Mussolini e circa la capacità del fascismo di farsi Stato: non nel senso di adottare valori e comportamenti compatibili con le istituzioni liberali, ma in quello, opposto, di stravolgerle e di piegarle a un disegno intimamente autoritario"(19). Quindi, in nome della normalizzazione, intesa come restaurazione dell'ordine, la vecchia classe dirigente liberale e, anche, i popolari sottovalutavano quelle che erano le capacità, le intenzioni e le reali valutazioni di Mussolini rispetto alla fascistizzazione dello Stato. Ancora una volta un suicidio delle classi dirigenti, stavolta moderate, e l'impossibilità di richiamare l'attenzione sulla integrità costituzionale dello Stato. In altre parole, stava avvenendo una discontinuità storica nel tessuto politico-istituzionale dello Stato-apparato che avrebbe condotto in seguito, con la fascistizzazione completa dello Stato, all'attuazione di una determinata concezione autoritaria dello Stato-nazione. Ma la vera vittoria di Mussolini sul piano politico fu sicuramente l'approvazione parlamentare della legge elettorale Acerbo(infatti Acerbo, Sottosegretario alla Presidenza del Consiglio, fu l'estensore del testo legislativo). Dapprima il leader fascista ebbe il parere positivo della commissione alla cui presidenza vi era Giolitti. Il testo di proposta legislativa era presentato come suscettibile di modifiche, ma una volta arrivato alla Camera dei Deputati Mussolini si impuntò a non negoziare e ciò sia con riguardo al quorum per far scattare il premio di maggioranza che alla quantità dello stesso premio maggioritario. Infatti, il testo legislativo prevedeva che la coalizione che avesse avuto il 25% dei voti avrebbe conquistato i due terzi dei seggi parlamentari. Già in partenza la proposta era iniqua, in quanto si permetteva ad una maggioranza non ampia di poter avere un premio di maggioranza esorbitante. Ma, come vedremo, di ciò non ce ne fu neanche bisogno. I popolari si divisero e i liberali invece diedero placet all'operazione. Ancora una volta le minacce squadristiche ebbero la meglio nel produrre l'assenza di molti parlamentari ai lavori di discussione e approvazione del testo. Nel novembre del 1923 la nuova legge venne definitivamente approvata al Senato. Ma Mussolini era stato abile ancora una volta e giocando sulle complicità incontrate nel sistema. Da un lato, isolò i popolari e arrivò a far arrivare messaggi positivi direttamente al Vaticano. Con ciò ebbe la positiva impressione che l'appoggio delle gerarchie ecclesiastiche al Partito Popolare era del tutto strumentale. Sia l'aver salvato il Banco di Roma che l'avere inserito nella riforma della scuola, voluta dal filosofo Giovanni Gentile, l'insegnamento della religione nelle scuole elementari e l'esame di Stato per ogni termine del ciclo di studi, e in quest'ultimo caso gli studenti delle scuole private potevano accedere al diploma, permise al governo fascista di dare segnali positivi al Vaticano su una certa disponibilità a soddisfare determinate richieste andando oltre quanto poteva ottenere o fare il Partito Popolare. A metà aprile del 1923 si tenne il IV congresso del Partito Popolare a Torino. Nell'occasione i popolari espressero la posizione di aderire in maniera condizionata al governo coi fascisti. Mussolini procedette alla richiesta di dimissioni da parte dei ministri popolari e tale richiesta egli ottenne. Ma ad un'azione del genere, come sarebbe dovuto essere normale in determinate circostanze politiche, non seguì un ritiro della fiducia dei popolari al governo. Il che significa che Mussolini sapeva fin dove poteva permettersi di chiedere determinate cose ai suoi alleati e, addirittura, anche fin dove li poteva sfidare senza pagarne conseguenze. Infatti, manco tre mesi passarono e Sturzo si dimise dalla segreteria del Partito Popolare in seguito alle aggressioni della stampa fascista e alle pressioni che esercitò il Vaticano. I liberali pensarono da parte loro di poter rientrare nella lista di blocco nazionale, ma ormai i fascisti detenevano le chiavi per le candidature. Cosi che si procedette a nominare in seno al Partito Fascista un comitato di cinque persone che in seguito definì le liste per le candidature nelle 15 circoscrizioni elettorali previste dalla legge. I fascisti erano coesi, solidali, militanti rispetto ai liberali, che invece rimanevano dei vecchi notabili. Col nuovo sistema elettorale la partita non si giocava durante il voto ma al momento della decisione delle candidature. In questo il Partito Fascista sapeva di essere forte e piazzò per la maggior parte i suoi candidati. I raggruppamenti politici di Giovanni Amendola e Ivanoe Bonomi rimasero isolati e diedero vita a liste autonome di opposizione. I seguaci di Giolitti diedero invece vita, in circoscritti collegi, a liste non concorrenti con quelle governative. Orlando, De Nava, Salandra, De Nicola entrarono invece nella lista nazionale governativa. I candidati fascisti delle liste littorie erano 250 contro il centinaio di candidati di altra provenienza, cosiddetta moderata. Mussolini s'era assicurato anzitempo la vittoria. Le opposizioni non riuscirono a trovare l'accordo e ancora una volta la fecero da padrone risentimenti e divisioni ideologiche profonde senza che venisse considerata la necessità di unirsi, almeno moralmente contro i fascisti. Ciò dimostra quanto in effetti la pregiudiziale ideologica tra popolari, comunisti, socialisti massimalisti e democratico-sociali fosse tale da prevalere anche sulla necessità di un contrasto unitario del fascismo. La nascita di un movimento anti-fascista era già una necessità nei fatti, ma sarebbe rimasta per molto tempo disattesa. Le elezioni del 6 aprile del 1924 decretarono la strabordante vittoria delle liste littorie con circa il 65% dei voti che andavano al di là del quorum richiesto. In sostanza, venne conquistata da parte delle liste littorie una percentuale di voti più o meno corrispondente al numero di seggi assegnato col premio maggioritario. Come ha osservato Denis Mack Smith: "Intimidazioni a parte, queste elezioni vennero manipolate in una maniera spudorata come mai in passato. I fascisti sequestrarono i certificati elettorali degli avversari, utilizzandoli quindi essi più volte; il segreto dell'urna fu violato nei modi più svariati; gli analfabeti furono illegalmente iscritti nelle liste degli elettori, e così pure i nomi dei morti; circolari ufficiali inviate ai Fasci locali impartirono istruzioni particolareggiate circa il come distruggere nelle urne le schede che recavano un voto di opposizione, e suggeriscono altre maniere ancora di manipolare i risultati. I fascisti ebbero la possibilità di metter le mani sulle urne prima dello scrutinio, e forse questo spiega come mai in certe zone risulti aver votato oltre il cento per cento degli elettori iscritti. Cose del genere non erano nuove, ma stavolta il fenomeno sembra avere assunto dimensioni incomparabilmente più grandi del passato"(20). Quindi intimidazioni, controllo manipolativo delle schede nelle urne e delle iscrizioni nelle liste elettorali ci furono e contribuirono comunque a dare man forte alle liste fasciste, ma per alcuni autori non sembra che un consenso elettorale così ampio al fascismo si possa spiegare solo con certe azioni di manipolazione e di disturbo. In sostanza, il ritorno all'ordine e la normalizzazione fascista sembravano essere gradite a quel blocco conservatore e borghese che in passato aveva votato per i notabili liberali. Ma a monte c'era forse la consapevolezza che il quadro politico era cambiato e, che, vinse il Partito Nazionale Fascista come partito di governo: solo così si possono spiegare le adesioni delle classi dei possidenti terrieri e della notabilità borghese del Mezzogiorno al fascismo. Con le elezioni del 1924 il Partito Nazionale Fascista ebbe il pieno controllo della Camera spodestando di fatto la classe politica liberale e, anzi, quest'ultima ormai si presentava residuale rispetto alla preponderanza fascista. Da qui il fascismo, dopo avere conquistato il governo, poté arrivare a fascistizzare il paese. Ormai ne aveva la forza.

La vicenda Matteotti e la nascita della dittatura

Giacomo Matteotti, Deputato socialista, nel discorso del 30 maggio del 1924 affrontò direttamente i fascisti e Mussolini e denunciò pubblicamente e audacemente il clima di paura, le intimidazioni e le manipolazioni che si erano avute durante le elezioni. Arrivò a minacciare di presentare al più presto un dossier contro Mussolini e i fascisti a proposito dei loro misfatti. Il 10 giugno del 1924 Giacomo Matteotti venne sequestrato e ucciso. Gli esecutori furono Dumini e Volpi, ma essi dipendevano da Giovanni Marinelli che era Segretario Amministrativo del Partito Nazionale Fascista e Cesare Rossi che era invece il Capo Ufficio Stampa della Presidenza del Consiglio. Il cadavere di Giacomo Matteotti venne ritrovato nell'agosto dello stesso anno. Si è sempre discusso delle responsabilità di Mussolini riguardo a tale omicidio e, sicuramente, non si può dire che a delitto avvenuto non ne sapesse nulla. Come riportato da Denis Mack Smith: "La sera del 10 giugno, poche ore dopo il delitto, Dumini si recò nell'ufficio di Mussolini per riferire sull'accaduto. Non mostrava né ansietà, né agitazione. Segno che contava sull'approvazione del suo capo. Portava con sé un frammento della tappezzeria insanguinata dell'automobile in cui Matteotti era stato pugnalato a morte: solo un frammento, segno che la sua intenzione non era di distruggere le prove del delitto, ma di comprovare l'avvenuta esecuzione di un ordine"(21). Mussolini in quei giorni tra la fine del 1924 e gli inizi del 1925 cercò di mantenersi in sella nonostante il momento difficile e certo non era felice delle reazioni che il delitto Matteotti aveva suscitato. Lungi dal considerarlo, in mancanza di prove certe, mandante materiale dell'omicidio di Matteotti, certamente si deve considerare la sua responsabilità morale e politica che lui stesso in seguito, nel suo discorso alla Camera, si assunse. Del resto, una cosa che viene sostenuta è che Mussolini difficilmente avrebbe potuto avallare una operazione del genere che l'avrebbe messo nell'occhio del ciclone dei suoi avversari politici e, anche, di chi lo fiancheggiava. In sostanza, non sembrava essere così sprovveduto da sacrificare la sua popolarità e il suo potere per eliminare un suo avversario politico, per quanto ostico. Così come non appare accettabile l'idea "dell'omicidio preterintenzionale",(22) mentre secondo altri l'atto omicida sarebbe da ricondurre al presunto dossier che lo stesso Matteotti stava preparando in quei giorni. Infatti, con tale dossier Matteotti, secondo alcuni, intendeva denunciare affari illeciti tra i palazzi del Viminale e della Presidenza del Consiglio(23). Certo è che la opposizione si dissociò dai lavori parlamentari, ma né la decisione di riunirsi in sede separata, e che portò all'approvazione di una mozione che era di sfiducia nei confronti di Mussolini e che comprendeva la richiesta di abolizione di qualsiasi milizia di partito e la formazione di un governo che ripristinasse la legalità(24), né l'appello per una mobilitazione di piazza, sostenuto specie dai comunisti(la Confederazione Generale del Lavoro indisse uno sciopero di dieci minuti senza nessun reale impatto pratico a livello politico e sociale), né la speranza di un intervento del Re, Vittorio Emanuele III, che sconfessasse Mussolini, si rivelarono risolutori. In primo luogo, l'appello alla piazza era improponibile forse, date le condizioni storiche perché ormai il movimento operaio era stato fiaccato e, d'altronde, il Partito Nazionale Fascista era ben organizzato militarmente con la sua milizia. Arrivare ad uno scontro di guerra civile nelle piazze con un esito incerto non era la migliore delle soluzioni. In aggiunta vi è da dire che la possibilità di manovra parlamentare era risicatissima data la maggioranza schiacciante a favore di Mussolini. Forse il Re, Vittorio Emanuele III, in quelle condizioni era l'unica autorità morale e istituzionale, che data l'eccezionalità della situazione, avrebbe potuto sconfessare Mussolini e aprire ad un'altra soluzione di governo. Avrebbe potuto invocare come presupposto di legittimazione del suo intervento la violazione della legalità costituzionale, in quanto era stato ucciso un parlamentare. Ma ciò sicuramente non sarebbe stato esente da una reazione fascista. Per tale motivo il Re, avrebbe dovuto accordarsi preventivamente con le forze armate per impedire insurrezioni della milizia fascista. Quali erano gli spazi di manovra della monarchia dei Savoia nel contesto storico di allora rimane sicuramente un punto di domanda, ma è certo che il Re, Vittorio Emanuele III, avallò le crescenti illegalità fasciste. Solo 19 anni dopo, e a seguito del disastro della guerra, il Re sabaudo si sarebbe deciso a revocare l'incarico a Mussolini. Ancora una volta però vi furono indecisioni con i liberali, pure di matrice giolittiana, che accettarono gli intenti di normalizzazione e di ripristino autoritario dell'ordine da parte di Mussolini e i due esponenti salandriani, Casati e Sarrocchi entrarono nel governo. Venne posto in esecuzione un decreto legge che impose seri limiti alla libertà di stampa e, anzi, la Milizia rimaneva una istituzione imprescindibile nel sistema di potere disegnato dal leader fascista e per questo si rifiutò di scioglierla. Alla riapertura dei lavori della Camera, dopo quattro mesi, si formò una opposizione che aveva il suo leader in Giolitti e raccoglieva anche alcuni esponenti delle associazioni combattentistiche. Ma tale opposizione mai si coordinò con quella dell'Aventino. I comunisti rientrarono in parlamento. La loro proposta di mobilitare la piazza e fare dell'opposizione una forza politica anti-parlamentare a tutti gli effetti si infranse contro il no delle altre forze aventiniane. Eppure, secondo alcuni autori, i giorni dell'Aventino portarono alcuni fascisti di orientamento moderato a considerare la possibilità di sostituire Mussolini come Primo Ministro, visto che oramai egli sembrava compromesso. Ma la reazione mussoliniana non si fece attendere . Dopo un incontro avuto con alcuni capi dell'ala dura della Milizia, Mussolini il 3 gennaio 1925 partì all'attacco e in un discorso parlamentare si assunse la responsabilità morale e politica di quanto era avvenuto e minacciò direttamente le opposizioni. Come riportato da Denis Mack Smith: "Se-disse Mussolini- il fascismo era stato non già un grande movimento idealistico di rinnovamento nazionale, ma una volgare sommossa di manganelli e di olio di ricino, ebbene, egli solo ne portava la colpa. Ed egli solo si assumeva la responsabilità di raddrizzare il paese; un compito che non poteva essere assolto se non attraverso una dittatura personale"(25). In seguito, Mussolini procedette a neutralizzare i personaggi dell'ala dura del suo partito, tanto che Roberto Farinacci, capo della contestazione dura e pura all'interno del movimento, nel marzo del 1925 divenne Segretario del Partito Nazionale Fascista. Mussolini, poi, non aveva rivali in parlamento e, anche, all'interno dello Stato poteva contare sull'appoggio consolidato della burocrazia e degli apparati di pubblica sicurezza. Era spianata la strada alla dittatura. Una legge del 24 dicembre del 1924 stabilì che al Presidente del Consiglio dei Ministri spettassero quasi tutti i poteri. Con la legge sulla stampa del 31 dicembre 1925 fu sancito il controllo politico e, quindi, la censura sulle pubblicazioni. Nell'aprile del 26 si sanciva il tramonto della libertà sindacale. La legge del 25 novembre del 1926 per la difesa dello Stato stabilì la costituzione del Tribunale Speciale, competente a giudicare dei reati politici e si reintroduceva anche la pena di morte. Vennero sciolti i partiti politici e dichiarati decaduti i Deputati delle opposizioni, e venne anche prevista la confisca dei beni e la perdita della cittadinanza per i fuoriusciti che osassero fare propaganda contro il regime. Nel 1928 entrò in vigore una nuova legge elettorale e si ebbe l'assunzione da parte del Gran Consiglio del Fascismo della qualifica di organismo inserito pienamente nella carta costituzionale dello Stato. Lo Stato liberale risorgimentale, che aveva avuto delle evoluzioni in senso democratico fino alla riforma elettorale del 1919 che segnò appunto l'avvento dei partiti di massa, veniva stravolto e si aveva pertanto l'involuzione autoritaria, ossia la nascita della dittatura. Lo Stato-apparato italiano ormai si poteva dire fascista. Da qui Mussolini avrebbe cercato di edificare anche una società nazionale fascista.

Note Bibliografiche capitolo 4

1)   Giovanni Sabbatucci, La Crisi dello Stato Liberale, In Storia d'Italia, vol.7, Guerre e Fascismo. Dalla Grande Guerra al Regime Fascista, a cura di Giovanni Sabbatucci e Vittorio Vidotto, Laterza, Roma-Bari, 1997 e poi, Il Sole 24 Ore, Milano, 2010, pag.107.

2)   Roberto Vivarelli, Profilo di Storia Contemporanea, La Nuova Italia 1996, pag.291.

3)   Giovanni Sabbatucci, La Crisi dello Stato Liberale, In op.cit.,pag.107.

4)   Roberto Vivarelli, Profilo di Storia Contemporanea, op.cit., pag.291.

5)   Giovanni Sabbatucci, La Crisi dello Stato Liberale, In op.cit., pag.108.

6)   A proposito della nazionalizzazione delle masse popolari vedasi: Condello Giuseppe, Storia di un'Italia Incompiuta, Csa Editrice, Castellana Grotte, (Ba), 2009 così come il richiamato studio compendiato in Rosario Romeo, Risorgimento e Capitalismo, Laterza, Roma- Bari, 1969 e poi ripreso nella iniziativa editoriale della Biblioteca Storica de Il Giornale e, in particolare, pag.51-84.

7)   Giovanna Procacci, L'Italia nella Grande Guerra, In op.cit., pag.85-91.

8)   Giovanni Sabbatucci, La Crisi dello Stato Liberale, in idem, pag.105.

9)   Antonio Ghirelli, Aspettando la Rivoluzione, Cento Anni di Sinistra Italiana, per la collane Le Scie, Arnoldo Mondadori Editore, Milano, 2007, pag.134.

10)   Denis Mack Smith, Mussolini, pubblicato in diverse edizioni, nel 1981, 1983, 1990 dalla RCS Libri S.p.a., Milano; nel 1994 dalla RCS Libri e Grandi Opere S.p.a., Milano; sempre dalla RCS Libri, Milano nel 2000 per la collana le Grandi Biografie; nel 2002, dalla RCS Collezionabili, S.p.a., Milano. L'edizione a cui si fa riferimento è Le Grandi Biografie-Età Contemporanea della Fabbri Editore, pag.63.

11)   A tal proposito vedasi ancora Giovanni Sabbatucci, La Crisi dello Stato Liberale, idem, pag.109-111, così il richiamato in idem, pag.111, Federico Chabod, L'Italia Contemporanea,(1918-

1948), Einaudi, Torino, 1961, e in particolare pag.43, ove si parla da parte dello storico con riferimento alla formazione del Partito Popolare Italiano "dell'avvenimento più notevole della storia italiana del XX secolo".
12)   Giovanna Sabbatucci, La Crisi dello Stato Liberale, in idem, pag.115.
13)   Giovanni Sabbatucci, La Crisi dello Stato Liberale, in idem, pag.123.
14)   Roberto Vivarelli, Profilo di Storia Contemporanea, op.cit., pag.294.
15)   Giovanni Sabbatucci, La Crisi dello Stato Liberale, op.cit., pag.136.
16)   Denis Mack Smith, Mussolini, op.cit., pag.87.
17)   Idem, pag.95.
18)   Giovanni Sabbatucci, La Crisi dello Stato Liberale, pag.142.
19)   Giovanni Sabbatucci, La Crisi dello Stato Liberale, pag.146.
20)   Denis Mack Smith, Mussolini, op.cit., pag.127.
21)   Denis Mack Smith, idem, pag.131-132.
22)   Giovanni Sabbatucci, La Crisi dello Stato Liberale, In op.cit., pag.155.
23)   Idem, pag.155.Sopratutto Sabbatucci riprende quanto avanzato come tesi da Cesare Rossi in "Il Delitto Matteotti nei Procedimenti Giudiziari e nelle Polemiche Giornalistiche, Ceschina, Milano, 1965 e poi ripresa parzialmente da Renzo De Felice in "Mussolini il Fascista", I, La Conquista del Potere.1921-1925, Einaudi, Torino, 1966, pag.622-624.
24)   Vedasi sul punto Giovanni Sabbatucci, La Crisi dello Stato Liberale, in idem, pag.156.
25)   Denis Mack Smith, Mussolini, op.cit., pag.144.

Capitolo V fascismo e i suoi passi verso la svolta totalitaria

Introduzione alla fascistizzazione

Il fascismo, una volta salito al potere, si manifestò nelle tendenze culturali, nelle linee di pensiero politico, in un sentire collettivo profondo che si erano andati formando nei decenni precedenti. In particolare, proprio tra il finire dell'ottocento e i primi due decenni del novecento conobbe il suo generarsi, svilupparsi, rafforzarsi e radicarsi il movimento nazionalista, pur nelle sue varie forme(1). Di questo, di cui si è già dato conto, occorre però fare un'aggiuntiva riflessione. Se è vero che la nazione da patria diventa mito(e in particolare mitologia della forza, della bellicosità, della potenza nel nome della sopravvivenza e del trionfo del più forte) vi è, altresì, da affermare che in Italia questo passaggio non fu controbilanciato da un processo molto più profondo. La nazionalizzazione delle masse popolari, che si sperava di raggiungere mediante l'educazione degli italiani alla lotta e al senso solidaristico, in realtà ebbe due fallimenti consistenti. Uno in parte con la prima guerra mondiale. Di fatto, durante il conflitto del 1915-1918 si ebbe prova della impopolarità della guerra presso molti soldati, e perlopiù dei ceti popolari, in quanto considerata inutile e sacrificante, soprattutto perché tale guerra era stata voluta dai potenti. Tale impopolarità si manifestava nel dissenso rispetto all'ideale nazionale, visto come astratto e lontano da quelle che erano le reali condizioni di vita delle classi povere. Certo, poi la reazione ci fu e la guerra venne vinta, ma resta il dato di fatto che la nazionalizzazione del popolo nel nome della grande prova guerriera non si ebbe. Il secondo fallimento, invece, è connesso al dopoguerra e alle divisioni laceranti che si vennero a manifestare e sviluppare con intensità sul piano politico-ideologico. Ed è sul terreno di una invocazione autoritaria del potere statuale, soprattutto da parte dei ceti degli agrari, dei grandi industriali e della piccola borghesia, che trova una sua dimensione sociale e di azione politica il fascismo. Nel fallimento della nazionalizzazione delle masse popolari e, quindi in sostanza, in una mancata inclusione del ceto contadino e bracciantile nell'ambito di una dimensione sociale ed economica di giustizia va ricercata una delle ragioni alla conflittualità prima e all'avvento del fascismo poi. Il mondo contadino e bracciantile, non incluso nello spirito della modernità e nella modernizzazione della proprietà e della produzione, poco manifestava fedeltà ad uno Stato centrale che sentiva indifferente se non ostile. La questione contadina, con tutto il corollario della questione meridionale e cattolica e dell'avanzante strutturazione delle cooperative rosse in Valle Padana, non poteva che simmetricamente determinare lo sgretolamento dal basso di tutte le idee riguardo allo spirito nazionale e al dovere di obbedienza verso lo Stato. Il nazionalismo non è altro che una reazione, anche in termini degenerativi, di una parte del ceto dirigente e dell'intellettualità rispetto alle fragilità sociali ed economiche dell'Italia dell'epoca. Del resto, i nazionalisti non argomentavano di cose reali, né delle condizioni serie riguardo alla vita economica e sociale del paese, ma si preoccupavano di dare la spinta ad una visione talvolta irrazionale del sentimento nazionale e talvolta di etica assoluta nella devozione alla nazione. Non è un caso che il fascismo elabori una sua cultura dell'aggressione, della violenza e del mito della guerra in riferimento all'antecedente culturale e politico del nazionalismo non realista, ma che concepisce la missione storica dell' entità nazione e dello Stato nazionale. Ecco, che Stato e nazione si congiungono perfettamente sino a determinare le linee di convogliamento istituzionale e sociale dell'autoritarismo con venature totalitarie. Ed è l'individuo, sia nella sfera spirituale e mentale che nella sua dimensione fisica, che viene ad essere oggetto della politica di assoggettamento. La nazionalizzazione fascista è una nazionalizzazione illiberale. Il fatto che i liberali non lo capirono certamente fu dovuto ad una scissione tra princìpi etico-politici del liberalismo e prassi politica, intesa la seconda come lotta di potere e convergenze di alleanze(2). Non è un caso che al nazionalismo prima, al movimento squadrista e all'aggressività comunicativa di Mussolini nonché al fascismo poi non venne opposta una cultura delle istituzioni e dell'evoluzione democratica in linea con quei princìpi che si andavano affermando nel mondo occidentale. Ed erano princìpi liberaldemocratici. L'autoritarismo aveva quindi una sua base formidabile nella cultura della maggior parte del ceto politico e intellettuale italiano e né l'avvento di una società di massa, pluralista nelle sue forme organizzative e ideologiche, riuscì a far capire l'importanza che le istituzioni statutarie andavano tutelate e semmai rafforzate ponendo il principio della protezione giuridica della individualità. Ecco, che allora lo sviluppo del fascismo si ha sotto due profili: 1) come dittatura e Stato di polizia; 2) e in quanto Stato etico deciso a dominare la società. Nel secondo caso, quelle che erano state aspirazioni proprie dei patrioti italiani dell'ottocento e, poi, dei nazionalisti della grandeur nazionale a favore dell'educazione morale degli italiani trovavano una realizzazione nella politica statalista e autoritaria fascista.

Contro il parlamento sovrano e rappresentativo della nazione e realizzazione del disegno istituzionale autoritario

Uno dei punti che chiaramente ci balza all'attenzione è che Mussolini considerava imprescindibile il completamento della nazionalizzazione delle masse popolari così come in passato molti esponenti della classe dirigente e intellettuale avevano predicato. Del resto, nei disegni di Mussolini e del fascismo non era la libertà individuale al primo posto e né tanto meno una concezione democratico-parlamentare del potere. "La verità(…..) è che gli uomini sono forse stanchi di libertà. Ne hanno fatto un'orgia. La libertà non è oggi più la vergine casta e severa per la quale combatterono e morirono le generazioni della prima metà del secolo scorso. Per le giovinezze intrepide, inquiete ed aspre che si affacciano al crepuscolo mattinale della nuova storia ci sono altre parole che esercitano un fascino molto maggiore, e sono: ordine, gerarchia, disciplina"(3). La libertà- nelle parole di Mussolini- poteva essere considerata superata dal suo stesso abuso e né tanto meno la libertà individuale trovava eco nelle sue parole, ma solo un riferimento alla libertà come "vergine casta e severa", connessa semmai al combattimento. Ecco allora farsi spazio le parole conservatrici dell'autoritarismo: "ordine, gerarchia, disciplina". E ancora: "Da venti anni, forse da trenta anni, la classe politica italiana andava sempre più corrompendosi e degenerando. Simbolo della nostra vita e marchio della nostra vergogna era diventato il parlamentarismo con tutto ciò che di stupido e demoralizzante questo nome significa. Non c'era un Governo; c'erano degli uomini sottoposti continuamente ai capricci della cosiddetta maggioranza ministeriale. Chi dominava erano i capi della burocrazia anonima, i quali rappresentavano l'unica continuità della nostra vita nazionale. Il popolo, quando poteva leggere i cosiddetti resoconti parlamentari ed assistere al cosiddetto incrocio delle ingiurie più plateali fra i cosiddetti rappresentanti della nazione, sentiva lo schifo che gli saliva alla gola"(4). L'attacco al parlamentarismo era netto e chiaro e le parole di "ordine, gerarchia, disciplina", espressione dell'autoritarismo, richiedevano non l'istituto della democrazia parlamentare, ma altro, e questo altro era la dittatura. Come riportato da Adrian Lyttelton, Alfredo Rocco ebbe ad affermare:

La funzione della pubblica sicurezza non è più considerata come una funzione eccezionale, contrastante col dogma della libertà individuale, fondamento e scopo della società. Al contrario, essa è valutata come una delle funzioni fondamentali dell'attività statale(....) Essa è dunque un'attività, il cui esercizio non può essere ostacolato da assurdi preconcetti(5).

Queste parole di Alfredo Rocco segnano sostanzialmente la premessa di quello che è destinato a diventare uno Stato di polizia. L'apparato autoritario di repressione viene legittimato almeno su tre piani: 1) la legittimazione della pubblica sicurezza come funzione fondamentale non subordinata alle ragioni della libertà individuale che, invece, se agisse come valore primario la renderebbe funzione di extrema ratio; 2) vi è in maniera evidente una impostazione della centralità dello Stato e delle ragioni di tutela dell'ordine pubblico rispetto ai diritti individuali; 3) viene chiusa la porta a qualsiasi possibilità di confronto sul tema e per questa via si lascia spazio all'autoritarismo statale. Era il fascismo una tipologia nuova di movimento politico, ma che dava attuazione a spinte che erano maturate decenni prima e, che, avevano sferrato un attacco severo alle libertà individuali e alle istituzioni democratiche. Molte perplessità vennero espresse da Gaetano Mosca, un famoso costituzionalista e politologo:

Il Capo del Governo non corrisponde all'antico Cancelliere germanico e(....) non resta al potere finché piaccia al Re di farvelo restare. Ed è detto pure che il Capo dello Stato lo manterrà al potere finché quel complesso di forze economiche politiche e morali che lo hanno portato al Governo non lo abbandonerà. Ora fino a quando questo complesso di forze politiche e morali(....) si manifestava coi voti del Parlamento, la cosa era chiara. Ma se questo complesso di forze non è più rappresentato dal Parlamento, allora si domanda da chi è rappresentato? In fondo non si vuole accordare al Re la libera scelta del suo Governo e non si vuole che questa scelta sia influenzata dai voti del Parlamento. Tutto questo sarebbe un rebus indecifrabile se non si sapesse leggere attraverso le righe della relazione e del disegno di legge(6).

Era sia il superamento del parlamentarismo e, anche, in parte dello Statuto Albertino e apriva la strada ad una soluzione dittatoriale. Come ha osservato Lyttelton: "In altre parole, si cercava di legittimare la dittatura di partito senza offendere troppo apertamente la monarchia"(7).   Nell'esecutivo, d'altronde, venivano sempre più a concentrarsi poteri normativi molto estesi. E ciò era in linea con la nuova tendenza all'accentramento dei poteri e alla estensione degli stessi a favore del governo e, quindi, nelle mani di Mussolini. Il 31 gennaio del 1926 era stata emanata la legge che consentiva al governo di adottare norme con una certa efficacia formale e sostanziale sul piano giuridico e in maniera molto estensiva nei campi della difesa dello Stato, di tutela dell'ordine pubblico, della sanità pubblica, della pubblica finanza e della pubblica economia e in ragione di necessità urgenti. Ma era stato dato all'esecutivo anche il potere di modificare le leggi di pubblica sicurezza sulla base di una legge speciale del 31 dicembre del 1925. Del resto, si riconosceva allo stesso Mussolini il diritto di veto rispetto alle questioni da sottoporre all'ordine del giorno nel dibattito parlamentare. Ne risultava fortemente indebolito il ruolo di discussione e controllo parlamentare. Quindi, una prima linea d'azione fascista fu quello di porre in indebolimento le Camere e rafforzare i poteri del Presidente del Consiglio. Talché, sarebbe stato d'ora in poi più facile, per molti aspetti, far coincidere lo Stato-apparato con il potere esecutivo del capo del governo. Il Consiglio dei Ministri dipendeva da Mussolini, ma ormai era solo un organo consultivo e i Ministri venivano nominati e revocati dallo stesso Mussolini. La perdita di centralità politica del Consiglio dei Ministri, sia con riferimento alla responsabilità collegiale che al ruolo di direzione politica, permise la crescita della oscura e intricata burocrazia. Vennero rafforzati i poteri e l'apparato della Presidenza del Consiglio a discapito anche di altri Ministeri. Mussolini poteva variare il numero e le competenze dei Ministri e spesso concentrava per sé diverse attribuzioni. Ciò comportava che in realtà Mussolini non era in grado di controllare la massa di informazioni e apparati ministeriali e da questo derivava anche che i vertici dell'alta burocrazia riuscivano ad avere un loro accentramento privilegiato, cosicché nella macchina operativa si manifestavano difficoltà di coordinamento e di individuazione esatta delle responsabilità. La frammentazione burocratica aumentava rispetto alla deficienza o impossibilità di coordinamento dall'alto. Se in effetti la prima linea d'azione politico-istituzionale da considerare è proprio la centralità data al capo del governo e al superamento del ruolo di controllo del parlamento, un'altra linea d'azione fu sicuramente quella di garantire il primato del Partito Nazionale Fascista. Del resto, la costituzione della Milizia Volontaria per la Sicurezza Nazionale rispondeva proprio all'esigenza di cooptare gli squadristi nel tessuto statuale legalizzandone la posizione. In sostanza, e senza esagerare, si può dire che il Partito Nazionale Fascista si militarizzava nello Stato. Ma l'accentramento statuale interessò anche il sistema degli enti locali che conobbe un forte ridimensionamento rispetto al sistema elettivo ereditato dall'ottocento. Si fece spazio la concezione amministrativistica dell'ente locale rispetto alla natura di ente rappresentativo del medesimo. Per reggere i Comuni si istituiva la figura del Podestà, visto come soggetto che poteva rappresentare pienamente l'autorità statuale al di là del fazionismo locale. I Podestà non erano beneficiari di una retribuzione per il servizio svolto e, quindi, lo potevano svolgere con più sicurezza coloro che già avevano una posizione sociale ed economica consolidata. I grandi e medi proprietari terrieri ripresero potere, così come la vecchia aristocrazia in alcune zone, come la Toscana e il contado romano. A Milano, Roma, e Napoli a volte si scelsero Podestà di provenienza aristocratica. Era frequente nei piccoli Comuni che il

Podestà fosse espressione di una congrega di interessi contraria ad un'altra fazione. E la posizione di vertice dell'ente locale consentiva il controllo delle risorse e già questo costituiva un vantaggio rispetto a tutti gli altri competitori. Si venne anche a costituire in alcuni casi un corpo dei Podestà che non aveva attinenza con la militanza originaria nel PNF e, quindi, non era certo comprovato che gli appartenenti fossero di vera e propria fede fascista. Ciò alimentò di sovente dispute tra la figura del Podestà e quella di Segretario del Fascio, anche se vi è da dire che nelle Province che avevano un maggiore seguito fascista i Podestà erano espressione originaria del PNF e accumulavano tale carica con quella di Segretario del Fascio. Comunque, la corruzione negli enti locali fu molto diffusa e, anche, le Consulte che avrebbero dovuto coadiuvare l'attività dei Podestà si rivelarono poco efficaci sotto il profilo amministrativo. Il Gran Consiglio del Fascismo, che esisteva ormai sin dal 1924, venne ad ampliare le sue prerogative con la legge del 9 dicembre del 1928. Si riconosceva a tale organismo addirittura il diritto di espressione del parere in merito alla successione al trono d'Italia. Come ha detto Lyttelton: "Doveva secondo le concezioni di Alfredo Rocco, assicurare la continuità del regime e della sua élite di governo oltre la vita di Mussolini stesso, ma il suo funzionamento restava soggetto alla volontà del Duce, che aveva il diritto esclusivo di convocare le sue riunioni e di fissarne l'ordine del giorno"(8). Ciò che si voleva raggiungere era ormai la trasformazione del PNF in Stato e, quindi, in regime. Del resto, al Gran Consiglio venivano date prerogative come la redazione dell'elenco dei successori di Mussolini e molti dei suoi componenti si prevedeva che rimanevano in carica a vita. In realtà, Mussolini non tenne mai conto di queste due limitazioni e, anzi, non solo l'elenco dei successori non venne mai alla luce, ma con una legge del 1929 i soli componenti a vita furono indicati nei quadrumviri. Il Gran Consiglio aveva scavalcato come ruolo istituzionale quello del Consiglio dei Ministri: le discussioni vertevano sempre sulle proposte di Mussolini che venivano sempre accettate, si poteva discutere di temi afferenti alla politica interna e alla politica estera e militare. La legge sul Gran Consiglio non trovava posizione favorevole nella monarchia e Mussolini per non urtare la suscettibilità del Re tendeva ad interpretazioni ambigue. Un altro punto centrale della fascistizzazione dello Stato fu il disegno corporativo che fu annunciato da Mussolini il 26 maggio del 1927 nel cosiddetto "discorso dell'Ascensione"(9). Del resto, permettere la rappresentanza delle categorie tecniche per alcuni dava origine ad una evidente distorsione in senso materialistico(10). Il Gran Consiglio del Fascismo, nella riunione tenutasi il 10 novembre del 1927, prendeva posizione sulla materia, ritenendo che non fosse maturo passare all'ordinamento dello Stato corporativo. In effetti, la penetrazione del PNF nei sindacati non era stata molto estesa e capillare. L'ipotesi, in un primo momento avanzata, di prevedere un Senato corporativo venne presto abbandonata essendo che altrimenti si sarebbero lese le prerogative della Corona. Alla fine per la Camera dei Deputati venne previsto che i sindacati avrebbero avuto diritto alla designazione della maggioranza dei candidati, ma poi sarebbe stato il Gran Consiglio di fatto a determinare la costituzione della lista finale. E le scelte andarono effettivamente a rafforzare le categorie intellettuali rispetto a quelle produttive. La categoria dei professionisti e degli artisti venne di molto rappresentata e i datori di lavoro risultarono maggioritari rispetto ai lavoratori(125 contro 89). Quindi, all'atto della votazione i cittadini potevano solo dissentire o aderire alla lista proposta. Per cui il voto che si tenne nel 1929, e che vide il plebiscito per il PNF e per Mussolini con una partecipazione del corpo elettorale dell'89,6% e con un dissenso minore del 2%, nelle intenzioni dei giuristi del regime-e segnatamente di Alfredo Rocco- non era più a favore di un candidato o di un partito, ma era di consenso o dissenso rispetto al governo, con ciò superando di fatto e, ancor, di più in maniera definitiva la centralità politico-istituzionale-rappresentativa del parlamento: la centralizzazione governativa e dittatoriale si poteva dire a questo punto compiuta. Il senso corporativista però trovava una sua ulteriore specificazione con la creazione nel 1930 del Consiglio Nazionale delle Corporazioni che avrebbe dovuto essere l'organismo di punta, di natura consultiva, per le questioni economiche. Infatti, le competenze tra la Camera, uscita dalle elezioni del 1929, e il Consiglio Nazionale delle Corporazioni non furono mai realmente ben distinte. La istituzione parlamentare declinò dopo il plebiscito del 1934 fino alla creazione nel 1939 della Camera dei Fasci e delle Corporazioni. Con tale nuovo organo si modellava il superamento della elezione plebiscitaria e si addiveniva ad una costituzione della Camera con componenti del Partito Nazionale Fascista e dei Consigli Nazionali delle Corporazioni. Il che determinava: che se uno perdeva la carica direttiva nel partito o nella corporazione di provenienza decadeva anche dal ruolo di componente della Camera. In sostanza, si trattava di una Camera non elettiva, ma basata sulle funzioni dei soggetti che la componevano. Se tramontava definitivamente nell'Italia monarchica l'idea del parlamento quale organo di natura elettiva allo stesso tempo, però, bisogna dire che le tendenze più radicali in materia corporativista non vennero assecondate. Infatti, i corporativisti più intransigenti richiedevano un maggiore ruolo della Camera dei Fasci e delle Corporazioni nel processo di decisione legislativa, ma questo non avvenne e molto più forte si rivelò l'azione degli apparati burocratici.

La dialettica tra Partito e Stato

Il fascismo non poteva essere solo un disegno in chiave di Stato autoritario a livello istituzionale ma, soprattutto, doveva sostanziarsi, agli occhi di Mussolini e dei più avveduti gerarchi fascisti, nel dominio sulla società. Così, scalzate le opposizioni politiche e sindacali, ottenuto il controllo o, comunque, l'accomodamento sulla stampa(Luigi Albertini e Alfredo Frassati non furono più comproprietari rispettivamente del Corriere della Sera e della Stampa e prevalsero i capitali dei Crespi e degli Agnelli), Mussolini poté dedicarsi all'altra finalità, ossia di fascistizzare la società. In effetti, il fascismo grazie a questa via liberticida, percorsa con determinazione e coerenza, non doveva più preoccuparsi di avere contro i giornalisti dell'opposizione liberale e, quindi, con le disposizioni legislative sulla carta stampata Mussolini realizzava un notevole punto a suo favore. Penetrando nei gangli dello Stato le attenzioni di Mussolini e dei suoi seguaci si spostavano su due aspetti fondamentali: 1) procedere ancora di più con la fascistizzazione dello Stato; 2) determinare delle organizzazioni ausiliarie per il controllo attivo di segmenti importanti della società italiana, come i giovani, le donne casalinghe, il mondo contadino e del lavoro. Sul primo punto, già lo si è visto sopra, l'avvento della dittatura e la fascistizzazione statale erano ormai un dato di fatto, ma chiaramente una volta affermato il suo potere personale Mussolini propendeva per contenere, seppure entro le strutture statali, il PNF. E uno strumento quale quello dello Statuto venne riformato prevedendo che le nomine dei quadri del partito erano decise dai vertici centrali e non potevano più essere elettive. Una disposizione del genere tagliava le gambe ai potentati locali, residui del vecchio squadrismo. Già si era avuto, il 30 aprile del 1926, l'allontanamento di Roberto Farinacci dalla Segreteria nazionale del Partito Nazionale Fascista e gli succedette Augusto Turati che prima era stato ras di Brescia. In tal senso, non solo l'estremismo veniva sconfitto e ridimensionato, ma si centralizzava il partito rendendolo un organismo di tipo piramidale. Un ulteriore contenimento del potere del PNF rispetto alle strutture statali si può riscontrare nella disposizione che obbligava i segretari federali del fascio di sottomettersi all'autorità dei Prefetti e ciò per dare l'apporto ad una soluzione unitaria e statalista del potere. Mussolini si preoccupò del resto di riorganizzare le forze di polizia. A capo dei servizi di polizia venne posto Arturo Bocchini che in passato era stato collaboratore dell'intransigente Farinacci. Nel momento in cui arrivò all'incarico di capo della polizia Bocchini non era ben visto dai fascisti. Ma si guadagnò le attenzioni di fiducia di Mussolini per la sua capacità di intervento senza creare drammatizzazioni o enfasi eccessiva sui mezzi utilizzati. Gli Uffici di Polizia Politica(UPI) erano invece degli organismi della Milizia e molte volte facevano a gara con gli stessi uffici di indagine e informazione della polizia. Esistevano poi altri servizi di informazione, come il Servizio Investigativo Militare e vari servizi informativi dipendenti dalla Presidenza del Consiglio dei Ministri e dalla Segreteria personale del Duce. Si trattava dunque di un sistema di polizia, di indagine e di acquisizione delle informazioni molteplice e con ovvi rischi e vantaggi. I rischi erano quelli della mancanza di coordinamento delle informazioni che talvolta potevano essere contrastanti e frutto anche di interessate ingerenze, gelosie, competizioni tra gli stessi servizi informativi. Ciò in un settore come quello della sicurezza pubblica e della difesa dello Stato era molto pericoloso. I vantaggi erano quelli di avere più informazioni, e se riguardavano uno stesso oggetto ed erano della stessa fonte o di diverse fonti potevano essere confrontabili. Il metodo della confrontabilità, quindi, permetteva di avere anche un sistema di attendibilità delle informazioni e, allo stesso tempo, i diversi servizi agivano a peso e contrappeso, come nel caso degli UPI che a livello locale permettevano di fatto un controllo di molte attività, anche della stessa polizia statale e dei Prefetti. Quindi, da un lato una politica aperta di fascistizzazione, nel senso che ormai il PNF era l'unica entità politica legalizzata in Italia e atta a reggere lo Stato ma, dall'altro lato, si cercava di contenerne l'azione sia mediante una centralizzazione interna e sia mediante l'assoggettamento alla macchina statale. Ma i fascisti ormai erano entrati nello Stato. Mussolini sapeva di avere bisogno del partito per poter continuare ad esercitare il suo potere. Nel PNF c'era la base del suo consenso e la massima fede in lui ma, d'altronde, non voleva che all'interno del suo stesso partito crescessero tendenze autonomiste poi difficilmente gestibili. Ad esempio l'espulsione dei membri dal partito non poteva più essere decisa dai segretari federali, ma doveva essere determinata dai vertici centrali. Si passò poi per questa via ad una ripulitura del partito, specie dei soggetti irriducibili del vecchio squadrismo, e, anche, per i dissidenti rispetto alla linea ufficiale. Se i tesserati passarono dai 637.454 ai 934.977 e, anche, vero che le espulsioni si accrebbero, in quanto si stima che negli anni 1927-1929 gli espulsi arrivarono a 100.000(11). L'organizzazione centralizzata del PNF e la sua statalizzazione di fatto comportavano maggiore efficacia nelle decisioni dei vertici ma indeboliva il movimentismo. Se l'anima del fascismo era stato il movimento, la mobilitazione adesso si poneva nei termini   della istituzionalizzazione statalista del PNF, e ciò si raggiungeva sia con la centralizzazione statutaria all'interno del partito e sia con la preminenza degli organi statali sullo stesso Partito Fascista. Come rilevato da Adrian Lyttelton: "Un dilemma centrale per tutti i regimi monopartitici è come conciliare la militanza e la fede ideologica coll'aspirazione a inquadrare tutta la società. Questo determina una caratteristica oscillazione tra espansione e contrazione, tra campagne di reclutamento ed epurazioni di massa. Come ha ben visto Hannah Harendt (che non considerò però il caso italiano) si ottenne una parziale soluzione di questo dilemma attraverso lo sviluppo di organizzazioni ausiliarie che mediavano tra il partito in senso stretto e la società"(12). Un esempio ulteriore della dialettica tra partito e Stato si ha se si fa riferimento alla politica economica e sindacale. La crisi del 1926-1927 aveva portato alla rivalutazione della lira e per questa via si cercava di contenerne gli effetti inflattivi all'interno del paese. Così si mise in campo un' attenta e capillare attività di propaganda per agire sia sul contenimento dei prezzi e degli affitti(che riuscì solo in parte) che su quello dei salari. Le apposite organizzazioni che erano i Comitati Intersindacali, espressione del Partito Fascista, ebbero un ruolo importante in merito alle questioni riguardanti i rapporti lavorativi. Tale azione era di invadenza rispetto ad una sfera di attribuzione che ricadeva nell'ambito di intervento delle istituzioni corporative. Cosicché si coalizzarono il Segretario del PNF, Turati e Bottai, responsabile del Sottosegretariato delle Corporazioni contro Edmondo Rossoni che era il capo del sindacalismo fascista. Così alla fine del 1928 Mussolini riuscì ad avere le dimissioni di Rossoni e la Confederazione Nazionale dei Sindacati Fascisti fu segmentata in sei organizzazioni al fine di delimitarne il potere. Segmentare là dove vi erano concentrazioni di potere e centralizzare là dove esistevano tendenze frammentatrici e localistiche, due strategie che si inquadravano appunto nella dialettica tra Partito Nazionale Fascista e Stato. Ma questa dialettica in effetti andava spostandosi su un altro versante che poi era quello di monopolizzare la vita sociale. Non ci sarebbe stata una completa fascistizzazione dello Stato e una statalizzazione del fascismo se non si fosse proceduto alla formazione delle nuove leve. Acquisiva in questo senso forza e vigore il disegno della nazionalizzazione delle masse popolari e, in particolare, dei giovani. Come è stato precisato: "la chiusura delle iscrizioni al PNF dal 1927 al 1932 faceva eccezione per i membri delle organizzazioni giovanili"(13).

La nazionalizzazione fascista della società: questione educativa, questione vaticana, questione contadina

L'impostazione della nazionalizzazione fascista non poteva che trovare gli antecedenti nelle aspirazioni alla grandezza nazionale e all'educazione del popolo italiano al senso dello Stato nonché al sentimento di comune appartenenza di matrice patriottica e nazionalista: un sentimento, quello dell'appartenenza nazionale, che secondo autorevoli intellettuali e politici italiani dell'ottocento e dei primi del novecento mancava. Ciò aveva ad esempio trovato vasta eco nel movimento nazionalista con la predica della guerra prima e dell'autoritarismo repressivo interno dopo. Il fascismo, nelle parole di Mussolini, voleva adempiere alla missione storica della nazionalizzazione degli italiani mediante il dispiegamento di una forte energia organizzativa di inquadramento dei vari ceti sociali. In particolare, l'azione rivolta verso i giovani era centrale per formare l'italiano nuovo. Un altro punto decisivo, come vedremo, era la concorrenzialità con la Chiesa cattolica. Il disegno espansivo Mussoliniano quindi raccoglieva in sé sia le argomentazioni proprie del nazionalismo che la mitologia dell'essere nazione. Ecco cosa Mussolini ebbe a pronunciare in un suo discorso:

(….) ci occorre del tempo, moltissimo tempo, per compiere l'opera nostra. Non parlo di quella materiale, ma di quella morale. Noi dobbiamo scrostare e polverizzare, nel carattere e nella mentalità degli italiani, i sedimenti depositivi da quei terribili secoli di decadenza politica, militare, morale, che vanno dal 1600 al sorgere di Napoleone. È una fatica grandiosa. Il Risorgimento non è stato che l'inizio, poiché fu opera di troppo esigue minoranze; la guerra mondiale fu invece profondamente educativa. Si tratta ora di continuare, giorno per giorno, in questa opera di rifacimento del carattere degli italiani. Si deve, ad esempio, al costume di quei tre secoli la leggenda che gli italiani non si battessero. Ci volle il sacrificio e l'eroismo degli italiani, durante le guerre di Napoleone, per dimostrare il contrario. Gli italiani del primo Rinascimento, infatti, gli italiani dei secoli XI, XII,XIII, erano nature ferrigne, che nel combattimento portavano tutto il loro coraggio, il loro odio, il loro furore. Nessun popolo ha, come l'italiano, il coraggio di rischiare la vita. Ma l'eclissi dei secoli della decadenza pesa ancora sul nostro destino, poiché ieri, come oggi, il prestigio delle nazioni è determinato in linea quasi assoluta dalle loro glorie militari, dalla loro potenza armata. (….) quest'opera(….) è il mio tormento e la mia mèta(14).

Quindi Mussolini si accollava la missione di cambiare gli italiani e di portare l'Italia alle glorie militari, alla potenza armata. Secoli di decadenza e, soprattutto, la leggenda che gli italiani non si sapevano battere erano elementi che dovevano essere soppiantati da una nuova inversione di tendenza: l'ottica era quella di lavorare all'uomo nuovo, al nuovo italiano in funzione della gloria armata e della potenza militare della nazione. Un preconcetto finalistico di natura anacronistica che aveva, come detto, radici lontane. In sostanza, nelle parole di Mussolini riecheggiano gli argomenti dei patrioti italiani dell'ottocento. Ma c'è l'evidente affinità col nazionalismo con riguardo alla grandezza militare della nazione. E' in questi solchi di argomentazioni ottocentesche e nazionalistiche che si persegue l'esigenza di fascistizzare la società e rendere il cittadino obbediente allo Stato. Un primo punto fu quello di creare delle organizzazione ausiliarie capaci di determinare una irreggimentazione degli italiani. Ad esempio l'istituzione dell'Opera Nazionale Balilla in seguito alla legge 3 aprile del 1926 andava nella direzione di plasmare menti e corpi fascisti. Vi erano, infatti, i Balilla che comprendevano la fascia d'età maschile degli 8-15 anni e le Avanguardie Fasciste che invece comprendevano la fascia d'età maschile dei 15-18 anni. Renato Ricci ne era a capo e per essere molto più autonomo rispetto al PNF accettò che l'ONB fosse sottoposta all'autorità del Ministero per l'Educazione. Del resto, lo stesso Ricci ottenne la nomina a Sottosegretario all'Educazione Fisica e Giovanile. Col tempo l'Organizzazione Nazionale Balilla inquadrò pure le Piccole Italiane e le Giovani Italiane. Un potere enorme venne quindi accumulato dall'ex ras di Carrara che era in diretto rapporto col Duce. L'ONB non comprendeva invece i Giovani Universitari Fascisti. L'educazione del corpo e, anche, l'educazione dottrinaria costituivano strumenti importanti sia per l'obbedienza a Mussolini che al regime. Uno strumento quello dell'educazione giovanile allo sport che certo creava un monopolio forte per i fascisti. Ma l'educazione fisica e sportiva, l'azione diretta del regime verso i giovani erano anche speculari alla finalità primaria di garantire dei buoni combattenti, virili e disciplinati. Il concetto di forza e disciplina ricorrerà sempre nei discorsi di Mussolini e dei gerarchi. Il problema che si manifestò inizialmente riguardò la crescita dell'adesione al fascismo che non fu molto ampia tra gli studenti, sia delle scuole superiori che delle università. Successivamente venne creata la organizzazione dei Fasci Giovanili di Combattimento che raccoglieva i giovani non universitari e a dirigerli vi era Carlo Scorza, ex ras di Lucca, a costui venne affidata anche la direzione dei Giovani Universitari Fascisti(GUF). Così si creò una concorrenza tra Scorza e Ricci nell'arruolamento dei giovani. Ma ancora una volta ci fu la dialettica tra Stato e partito. Cesare Maria De Vecchi nel frattempo era diventato Ministro dell'Educazione e cercò di far rientrare i Littoriali della Cultura, che erano organizzati dai Giovani Universitari Fascisti, sotto la sua egida, ma Achille Starace si fece promotore della linea per cui doveva essere il partito ad occuparsi dell'educazione dei giovani. Quando invece al Ministero dell'Educazione arrivò Bottai venne messa in discussione la posizione di Ricci. In effetti, il progetto di quest'ultimo di volere estendere il suo predominio su tutte le scuole elementari venne ritenuto eccessivo. Starace si mosse quindi contro Ricci e convinse Mussolini che era meglio se fosse stato il partito ad occuparsi dell'educazione giovanile. Alla fine tutte le organizzazioni giovanili furono riunite nella Gioventù Italiana del Littorio(Gil) che venne posta sotto la responsabilità del Segretario del PNF, Starace. La valenza educativa fascista era nelle forme di aggregazione e dei riti. Si trattava di far crescere generazioni di buoni cittadini, ma per i maschi si pensava alla virilità, al combattimento, al futuro da soldati ed eroi della patria, mentre per le donne l'impostazione educativa era soprattutto con riferimento ai ruoli di madre, di casalinga e specialità come il cucito, il ricamo, la danza per i fascisti e la morale cattolica dominante meglio si confacevano allo spirito femminile. Ad esempio le giovani donne erano poste in fila e venivano visionate per verificare come tenevano le bambole in braccio e ciò in relazione all'attitudine di essere buone madri per il futuro. L'addestramento con le armi o, comunque, abituare i bambini e i ragazzi alla loro presenza era ritenuto fondamentale per educarli a una sorta di normale necessità dell' essere armati. D'altronde, secondo la concezione fascista i giovani ben addestrati sarebbero stati effettivamente in grado un giorno di combattere contro qualsiasi nemico. Così Ricci, il patron dell'ONB, chiese che tutte le palestre dei Balilla fossero fornite di fucili. Un altro rito era quello in cui una Giovane Italiana donava un fucile ad un Avanguardista, poi seguivano un Balilla e un Figlio della Lupa: l'idea, trasposta in tutte le piazze d'Italia, era quella di una trafila nel passaggio delle armi e nell'uso di esse. Le armi nel loro passaggio da una generazione all'altra dovevano significare la grandezza della nazione mediante la lotta e la predisposizione al combattimento. Un'educazione che significava soprattutto testimonianza. Un altro dei punti importanti di svolgimento delle attività educative verso i giovani erano i campeggi. Il governo fascista arrivò a dichiarare l'esistenza di almeno 5.805 campi che erano frequentati da quasi un milione di ragazzi. Si svolgevano in questi campi, oltre a discussioni di indottrinamento, esercizi fisici, tra cui la ginnastica, e anche preghiere e invocazioni per i caduti fascisti. Due volte al giorno si doveva fare il saluto al Re e a Mussolini. A questi campeggi era obbligatorio che partecipassero tutti gli appartenenti all'ONB, ma vi si dava precedenza ai figli dei poveri e dei caduti in guerra. Il più imponente dei campi di raduno giovanile era quello Dux, nel nome del Duce quindi. Ai campi Dux aderivano gli Avanguardisti e per una settimana si impegnavano in diverse attività. Si trattava di un vero e proprio avvenimento politico e propagandistico: basti pensare a tal proposito all'importante partecipazione di 450 membri della gioventù hitleriana nella parata del 1937. Diversi documentari furono girati sui campi Dux e furono proiettati nelle sale cinematografiche. Ma con riguardo al monopolio educativo dei giovani, specie nel campo sportivo e della socializzazione, ci fu uno scontro tra il Vaticano e lo Stato fascista. I rapporti tra il mondo cattolico e lo Stato italiano si erano dimostrati alquanto travagliati ma sembrava certo che dopo tante diffidenze e ostilità si aprivano nuove possibilità. D'altro canto, Mussolini si rendeva conto che esistevano dei poteri paralleli coi quali comunque doveva cercare di mediare più che di imporsi a furia di squadrismo. Il Vaticano sapeva che Mussolini sarebbe stato disposto a molto pur di ottenere un accordo che determinasse una sua popolarità agli occhi dei cattolici. Il Duce, poi, comprendeva il forte ruolo spirituale, morale e culturale che la chiesa cattolica esercitava sulla maggior parte del popolo italiano. Specie il ceto piccolo e medio borghese e quello contadino erano molto sensibili alla fede di Santa Romana Chiesa. Così, dopo i primi avvicinamenti l'8 agosto del 1926 iniziarono le trattative che approdarono alla sottoscrizione dei Patti Lateranensi. Si trattava sia di risolvere la questione della sovranità della chiesa cattolica ma, anche, le situazioni riguardanti la posizione delle prerogative del clero e della religione nei confronti dell'ordinamento giuridico statale. Papa Pio XI arrivò a definire Mussolini, "l'uomo che la Provvidenza ci ha fatto incontrare"(15). Con i Patti Lateranensi, innanzitutto, nella prima parte si sottolineava il reciproco riconoscimento tra la Santa Sede e lo Stato italiano, col correlativo riconoscimento alla prima della sovranità sulla città del Vaticano. Nella seconda parte si stabiliva un indennizzo da parte dello Stato a favore della chiesa cattolica. Infine la terza parte sanciva il predominio della religione cattolica come religione dello Stato. In particolare bisogna sottolineare due articoli. L'articolo 36 del Concordato che prevedeva "che la dottrina cristiana era fondamento e coronamento dell'istruzione pubblica" e l'insegnamento della religione era introdotto nelle scuole secondarie superiori . L'insegnamento della religione era posto sotto la rigida direzione del clero. L'articolo 43 prevedeva che "lo Stato italiano riconosceva le organizzazioni dipendenti dall'Azione Cattolica in quanto esse(….) svolgano la loro attività al di fuori di ogni partito politico e sotto l'immediata dipendenza della gerarchia della Chiesa"(16). Soprattutto, in questi due articoli vi era la consapevolezza da parte dello Stato fascista di dover riconoscere il ruolo etico-spirituale della chiesa cattolica, ma in effetti dopo i Patti Lateranensi i rapporti non furono così chiari. Se la firma dei Patti Lateranensi fu sfruttata dal regime fascista per un chiaro intento propagandistico di ulteriore legittimazione politica, viste poi le notevoli adesioni dei cattolici al plebiscito elettorale del 1929, in realtà Mussolini era sempre più dell'idea che la sfera religiosa dovesse limitarsi all'educazione verso i sentimenti di pietà e di devozione e, anzi, apprezzava il senso del sacrificio, la disciplina, il rispetto della famiglia e della tradizione nonché l'obbedienza che la religione cattolica poteva infondere nei cittadini. Ma, d'altro canto, lo stesso Mussolini non voleva che l'educazione dei giovani fosse in mano alla chiesa cattolica perché ciò da un lato, minava il monopolio di educazione etico-politica fascista e, dall'altro, portava a valori, quali i sentimenti di pace e di non violenza, che non collimavano con l'obiettivo del fascismo di voler creare il nuovo italiano basato sulla virilità, la forza e lo spirito guerresco. L'Azione Cattolica era molto dinamica e concorrenziale con le organizzazioni giovanili fasciste. Anzi, l'opera dell'Azione Cattolica nel campo sindacale delle problematiche del lavoro era vista con sospetto dalle organizzazioni sindacali fasciste. Già nella primavera del 1931 la stampa dei sindacati fascisti si scagliò contro l'Azione Cattolica accusata di intromettersi nelle questione professionali e del lavoro(17). Ciò che preoccupava di più era proprio il dinamismo concorrenziale dell'Azione Cattolica in riferimento al campo dell'educazione giovanile. Soprattutto nei settori della istruzione superiore fu difficile la penetrazione delle organizzazioni giovanili fasciste. Si pensi ad esempio allo sviluppo che invece ebbe la Federazione Universitari Cattolici Italiani(FUCI) che era diretta da Iginio Righetti ed assistita da Monsignor Montini(futuro Papa Paolo VI). Si stava sviluppando un attivismo dell'Azione Cattolica e della FUCI teso a formare le future classi dirigenti e privando del monopolio le organizzazioni giovanili fasciste. Il 29 maggio del 1931 Mussolini decretò lo scioglimento di tutte le organizzazioni associative cattoliche che operavano nel campo dell'educazione dei giovani e venne pure stabilita la chiusura delle loro sedi. Successivamente Pio XI prese posizione contro tale provvedimento con la enciclica "Non abbiamo bisogno" in cui affermò di condannare: "il proposito (....) di monopolizzare interamente la gioventù, dalla primissima fanciullezza fino all'età adulta, a tutto esclusivo vantaggio di un partito, di un regime, sulla base di una ideologia, che dichiaratamente si risolve in una vera e propria statolatria pagana, non meno in contrasto coi diritti naturali della famiglia, che coi diritti soprannaturali della Chiesa"(18). Una posizione tesa a riaffermare i diritti della chiesa e la libertà degli individui e delle famiglie rispetto alle tendenze inglobatrici del regime fascista. Del resto, lo stesso Pio XI si scagliò contro il giuramento fascista in quanto incompatibile con la fede cattolica. Però il Papa raccomandò ai cattolici di prestare giuramento con riserva mentale, anche perché ciò era collegato alle esigenze lavorative e famigliari. Alla fine si raggiunse un compromesso, in quanto conveniva sia alla chiesa non ingaggiare una battaglia coi fascisti e Mussolini e sia allo stesso Mussolini di non trovarsi contro i cattolici. Venne ripristinata la legalità dell'Azione Cattolica a condizione che non esercitasse nessuna attività politica e le sedi della stessa organizzazione poterono essere riaperte. Si stabilì che l'Azione Cattolica venisse sottoposta alla gerarchia ecclesiastica e, quindi, i vescovi ne esercitarono la direzione e il controllo. Si persero gli slanci di discussione e di idee del movimento cattolico giovanile, l'Azione Cattolica si adeguò al clima di accondiscendenza col regime e financo di conformismo. Anzi, si può dire che la FUCI ne venne colpita sino a determinare l'allontanamento di Monsignor Montini dalla carica di Assistente Ecclesiastico della stessa organizzazione. I gruppi dei giovani esploratori cattolici vennero sciolti perché il monopolio dell'attività fisica e di educazione allo spirito di corpo spettava al regime. Ma la nazionalizzazione coercitiva proseguiva, così che l'intento moralistico conformistico si rafforzava se si pensa che l'articolo 36 del Concordato veniva interpretato in maniera favorevolmente esclusiva alla chiesa cattolica(19). Nel regime fascista il culto della campagna e della ruralità fu molto accentuato. Venne diffusa una visione edulcorata che non teneva conto realisticamente delle condizioni di vita dei ceti contadini e del dualismo città-campagna. La questione contadina di fatto si presentava irrisolta nella struttura sociale, economica e demografica italiana e non venne affatto compresa nei termini moderni e a nulla potevano servire le bonifiche, come nel caso delle "Paludi Pontine". L'idea era quella che l'urbanesimo imborghesiva i costumi favorendo il calo della natalità e la propensione all'individualismo. Ma il mondo contadino non era stato nazionalizzato, non nei termini di acquisizione di un vero e proprio sentimento nazionale o di un'etica di fiducia nelle istituzioni. Ciò tanto era più vero nel Mezzogiorno. Ma nel nome del perseguimento della natalità Mussolini era disposto a favorire il costume di radicamento contadino e a legare i contadini alle campagne. Ecco cosa disse Mussolini a tal proposito:

Si tratta di vedere se l'anima dell'Italia fascista è o non è irreparabilmente impastata di edonismo, borghesismo e filisteismo. Il coefficiente di natalità non è soltanto l'indice della progrediente potenza della patria non è soltanto, come dice Spengler, "l'unica arma del popolo italiano", ma anche quello che distinguerà dagli altri popoli europei il popolo fascista, in quanto indicherà la sua vitalità e la sua volontà di tramandare questa vitalità nei secoli. Se noi non rimonteremo la corrente, tutto quanto ha fatto e farà la rivoluzione fascista, sarà perfettamente inutile perché, ad un certo momento, campi, scuole, caserme, navi, officine, non avranno più uomini(20).

Ci si mosse allora a creare l'Ente Radio Rurale per effettuare trasmissioni a favore dei contadini, ma in realtà c'era molta più attenzione alla propaganda politica. Tra l'altro, la stragrande maggioranza dei contadini non avevano, perché non se lo potevano permettere, un apparecchio radiofonico, e vi erano anche forti tassi di analfabetismo. Si cercò anche di scoraggiare il trasferimento dei contadini nelle città,   fino ad arrivare all'emanazione di due leggi che impedivano il cambio di residenza dai centri di campagna alle città, salvo che i contadini non dimostrassero di avervi già trovato un lavoro. Del resto, come da più parti rilevato, molti contadini continuarono a trasferirsi dalla campagna alle città, specie nei centri industriali di Torino, Milano e Genova. Si pensava di adottare una politica di controllo demografico, mediante le statistiche, per incoraggiare l'aumento della popolazione. Non a caso, fu istituito l'Istituto Centrale di Statistica per rilevare l'andamento materiale, soprattutto demografico della nazione. Fu introdotta anche una tassa sui celibi per incoraggiare evidentemente i matrimoni. Nel 1933 si stabilì di creare la Giornata della Madre e del Fanciullo che si doveva svolgere ogni anno alla vigilia di natale. Le coppie con molti figli ricevevano le medaglie in bronzo, argento e oro. Ciò al fine di incoraggiare la procreazione. Un altro fronte di lotta fu quello contro la mortalità infantile e sin dal 1925 venne creata l'Opera Nazionale Maternità e Infanzia(ONMI) che si sarebbe dovuta prendere cura delle madri povere e dei figli non accettati. Si arrivò a spendere 100 milioni per questa organizzazione e nella seconda metà degli anni trenta i risultati non furono eccellenti. È vero, che per la fascia d'età tra o e 12 mesi, la mortalità diminuì fino a 100 per mille nati, ma tale calo, registrato tra la fine degli anni venti e la prima metà degli anni trenta, si mantenne poi costante e il dato era doppio rispetto a quello inglese. Si pensi che nel Mezzogiorno per il decennio 1930-1940 la situazione era molto più grave essendo che il tasso di mortalità infantile era di

140 per mille nati(21). Un'altra organizzazione fascista operante nel mondo rurale fu la Federazione delle Massaie Rurali, la cui fondatrice fu Regina Terruzzi. Tale organizzazione venne fondata nel 1933. All'interno dell'organizzazione le donne venivano mobilitate all'insegna della propaganda, della socializzazione e del mito della ruralità. Si garantivano alle donne- massaie svaghi, momenti in cui potevano stare insieme ed esse continuamente erano impegnate nei soliti riti fascisti dell'esaltazione della ruralità. La tessera di adesione all'organizzazione recava un simbolo che consisteva nell'immagine di una massaia che teneva sulla propria testa la cesta di pane e, che, era accompagnata dalla scritta "Alma Parens". Di solito le componenti di questa organizzazione, specie nei cerimoniali, portavano intorno al collo un fazzoletto color avorio con su scritto "Duce" e recante immagini di spighe di grano, fasci e fiori. La Federazione delle Massaie Rurali contava negli anni trenta un milione e mezzo di iscritte e la maggior parte erano residenti nel Nord dell'Italia. Si esaltava il mito della donna rurale prolifica e madre di famiglia, volta alla fatica e al mantenimento della vita domestica. Uno stereotipo che non teneva conto delle condizioni di disagio della donna in un mondo chiuso, come quello della campagna italiana. Il fascismo, nel suo tentativo di nazionalizzazione, cercò di rivitalizzare il mito della civiltà rurale senza concepire però quel disegno di ricucitura dei tessuti urbani con l'entroterra delle campagne che solo avrebbe potuto contribuire a favorire un vero incremento demografico. Ma la speranza di un aumento demografico fu frustrata. In realtà, la mancanza di lavoro per i giovani delle classi medie, la difficoltà per molti nelle campagne di avere una sistemazione come si deve portarono a posticipare il matrimonio e a non osare l'idea della grande famiglia. Del resto, i costumi per effetto dell'urbanizzazione tendevano a modificarsi: la borghesia e il ceto operaio urbani erano più allettati dall'idea di uno stile di vita di coppia e famigliare più orientato ai piaceri e all'emancipazione. Come ha affermato Duggan: "Il tasso di natalità continuò a diminuire almeno fino al 1936, scendendo in certe parti del Nord e del Centro al di sotto del livello di sostituzione. Per una (lieve) risalita bisognò attendere la fine del decennio"(22). Con l'Opera Nazionale Dopolavoro, invece, si preferì soprattutto dare assistenza ai lavoratori.   La

nazionalizzazione coercitiva del fascismo, pur all'interno della dialettica tra partito e Stato, si muoveva nella direzione di imporre un modello educativo che accoglieva istanze che si prefigurarono già ai patrioti italiani dell'ottocento e che poi si rafforzarono negli intenti dell'antecedente nazionalismo. Del resto, nei decenni precedenti schiere di intellettuali e politici si erano lamentati della scarsa disciplina, della mancanza di solidarietà e di spirito di gruppo tra gli italiani nonché della scarsa attitudine a combattere degli stessi italiani. Ma con riferimento all'esaltazione della ruralità e all'accento posto sull'incremento demografico oggi ci risulta chiaro l'intento fascista di disegnare un modello di nazionalizzazione delle masse contadine basato su un forte sentimento d'identificazione emotiva e propagandistica. Ma come si è già detto, ciò non risolveva le problematiche di carattere economico e sociale che storicamente impedivano l'inclusione dei contadini nella vita politica nazionale. Con riguardo ai rapporti tra fascismo e cattolicesimo bisogna pur dire che la questione romana conosceva una sua soluzione, e questa avrebbe trovato la sua consacrazione con l'inserimento dei Patti Lateranensi nell'articolo 7 della Costituzione Repubblicana del 1948. Ma questa soluzione non faceva cessare i paradossi e le contraddizioni esistenti nel rapporto tra Stato fascista e il Vaticano. In seguito la svolta totalitaria avrebbe portato alle leggi razziali del 1938 e all'entrata in guerra due anni dopo: e tutto ciò fu il presupposto, nell'Italia del dopo 8 settembre 1943, di una vera e propria lacerazione.

Il fascismo nel suo estremismo totalitario

Non può essere misconosciuto il fatto che il fascismo ha avuto diverse fasi. Queste fasi corrispondono ai diversi periodi storici della creatura mussoliniana. Certamente, le diverse fasi storiche del fascismo sono da ricollegare alle circostanze interne e internazionali che si ebbero nel periodo 1922-1945, ossia dal momento della presa del potere con la marcia su Roma sino alla fondazione e sconfitta della Repubblica Sociale di Salò. Penso che si debba parlare di fasi storiche del fascismo e della tendenza del Partito Nazionale Fascista a esercitare determinati atteggiamenti politici a seconda dei suoi obiettivi, e di quelli prettamente mussoliniani; così come pure una certa importanza l'hanno avuta a tal riguardo le necessità del contesto storico. La prima fase è caratterizzata dalla mobilitazione, dal movimentismo squadrista e va sicuramente dal 1921-1922 fino al 1925-1927. Poi subentra la dittatura, o Stato autoritario, ossia l'assunzione prevalente del potere nelle mani di Mussolini con la inclusione del Partito Nazionale Fascista nelle strutture statali, anche se non sempre tale disegno riuscì. Il terzo periodo dello Stato autoritario-tendente totalitario si ha soprattutto negli anni trenta e, in particolare, nella seconda metà di tale decennio. Infine, la quarta caratterizzazione è quella che potremmo definire del fascismo declinante che coincide con l'entrata in guerra dell'Italia e ha il suo culmine con la Repubblica Sociale Italiana di Salò. Soprattutto sulla terza fase, di caratterizzazione del fascismo in senso totalitario, si deve ora puntare l'attenzione. Mussolini aveva più che altro manifestato la tendenza a convivere con i cosiddetti poteri paralleli, come la monarchia, l'esercito, la chiesa cattolica, la grande industria. Ad esempio non fu certamente un caso che il Ministero delle Finanze venne retto per molto tempo da uomini che erano o espressione o in vicinanza degli ambienti della grande industria. E del resto, non sempre le normative in materia corporativa e l'avvento dei sindacati corporativi furono bene accettati dalla grande proprietà industriale, dagli artigiani, dai piccoli commercianti ed esercenti. Se da un lato, il Partito Nazionale Fascista e Mussolini cercavano di tendere alla corporativizzazione dell'economia dall'altro, si cercava da parte dello stesso Mussolini di tenere conto delle necessità di profitto della grande industria, soprattutto in settori legati alla militarizzazione. Nonostante i tentativi di Italo Balbo di penetrare nell'esercito, di Giuseppe Bottai di far prevalere il Ministero delle Corporazioni come organismo faro nei rapporti tra le categorie produttive i sindacati e lo Stato e di Arrigo Serpieri per favorire le opere di bonifica il PNF e con esso lo Stato fascista non riuscì ad avere la meglio sull'esercito, la grande industria e i proprietari terrieri. Questo dimostra che c'era una tendenza forte all'autoconservazione da parte dell'esercito, visti anche i sentimenti anticamente monarchici di tale istituzione, così come anche dei ceti della grande borghesia economica. Ad esempio il tentativo fascista di portare alla designazione di Capo dello Stato Maggiore Generale dell'esercito italiano Italo Balbo fallì. Ciò avvenne sia per le resistenze avutesi presso gli alti gradi dell'esercito che per il potere accumulato dal Maresciallo Pietro Badoglio e, soprattutto, perché Mussolini non fu del tutto convinto della soluzione avanzata in quanto cozzava col suo desiderio di primeggiare come capo indiscusso dello Stato fascista. Pertanto, viste le gelosie che egli nutriva verso la popolarità di Balbo diede a quest'ultimo l'incarico di Governatore della Libia. Né i successivi tentativi di introdurre delle regole per favorire l'adesione degli ufficiali al fascismo sembra che abbiano avuto successo. Infatti, con successive disposizioni si stabilì che l'avere la tessera del PNF costituiva requisito per l'avanzamento di grado, ma la realtà dell'esercito era molto composita: gli ufficiali mal tolleravano i volontari e gli ufficiali di complemento e né potevano tollerare lo stabilimento di quadri fascisti all''interno dell'organizzazione militare. Così, i fascisti cercarono di costituire dei corpi militari paralleli, corpi di camicie nere, che vennero impiegati nella guerra dell'Etiopia, ma quello che di fatto difettava ai fascisti era la presenza di comandanti qualificati, così che tali corpi dovettero essere sottoposti allo Stato Maggiore e ai comandi dell'esercito regolare. Corpi di camicie nere vennero impiegati anche nella guerra di Spagna, ma allora sembrava avere maggiore presa la lotta ideologica contro il nemico comunista e bolscevico. La questione dell'economia invece era molto complicata sul fronte interno e gli effetti della crisi del 1929 si fecero sentire, seppure con un certo ritardo, in Italia. Specie i ceti contadini furono quelli maggiormente colpiti da una situazione economica che non solo erodeva i posti di lavoro ma che comportava anche dimezzamenti della capacità di spesa. Né tanto bene le cose poterono andare per gli operai a fronte del fatto che molte imprese si ritrovarono in crisi. Si trattò soprattutto di una crisi di liquidità e che interessò il settore bancario. Dov'era la prosperità per tutti? Dov'era il tanto sbandierato funzionamento efficiente e coesivo del sistema corporativo? La rivalutazione della lira a quota novanta aveva di fatto determinato un incremento dei prezzi interni e i ceti popolari, specie contadini ,ne subirono le conseguenze. Certamente, si può pensare a quanta presa ebbe sui ceti popolari e medi la propaganda della guerra in Etiopia. Si trattò delle solite promesse sulla conquista dello spazio vitale per favorire la colonizzazione italiana a tutto vantaggio dei contadini. Ma finita la guerra molti che vi avevano creduto si posero la realistica domanda se d'ora innanzi ci sarebbe stato il benessere tanto auspicato dal regime. In realtà, i salari continuavano a non tenere il passo rispetto all'aumento dei prezzi e il dualismo, che l'urbanizzazione creava nei confronti della campagna, rimaneva un forte problema del tutto trascurato. Ma, anche, nell'economia si dispiegò la statalizzazione a fronte di quanto avvenne nei paesi colpiti dalla crisi del 1929. L'idea di Mussolini era ancora più dirigista e, soprattutto, lo stesso Mussolini segnalava la fine di un certo modello economico. Una svolta di Mussolini verso l'economia socialista? Certamente si trattava di una svolta imposta sia dalla crisi economica che dalla necessità di salvare l'apparato industriale e finanziario nazionale, ma pesò anche l'ambizione del fascismo a farsi regime totalitario al fine di poter imporre delle regole ai grandi industriali. Insomma, la forza del fascismo avrebbe potuto dispiegarsi su un altro potere parallelo, ma ai vertici delle aziende e dei consorzi pubblici si affermò un management che solo in parte aveva rinunciato al proprio lato tecnocratico e alla propria autonomia decisionale. Un grande fascista era sicuramente Oscar Sinigaglia che però venne allontanato nel 1938 perché ebreo, ma che era un grande manager nel settore siderurgico. Alberto Beneduce faceva parte di quella scuola nittiana che caldeggiava l'intervento pubblico nell'economia e, che allo stesso tempo, riteneva necessaria una certa autonomia dei quadri tecnici rispetto alla politica. Ciò non significa che questi manager tecnocratici non scendessero a patti con gli scopi imperialistici del potere fascista, ma nonostante tutto, e vista la deficienza dei quadri fascisti nel settore economico e finanziario, riuscivano a mantenere una loro sfera di autonomia e di potere, specie nell'impostazione degli strumenti di intervento. Nel novembre del 1933 Mussolini rivolse un discorso al Gran Consiglio del Fascismo nel quale sostenne che:

è una crisi nel sistema o del sistema?(…) oggi rispondo: la crisi è penetrata così profondamente nel sistema che è diventata una crisi del sistema. Non è più un trauma, è una malattia costituzionale. Oggi possiamo affermare che il modo di produzione capitalistica è superato e con esso la teoria del liberalismo economico(23).

Era la svolta che però si era discussa soprattutto negli anni precedenti e, che, risentiva dell'esperienza politica di intervento pubblico, specie meridionalista, di matrice nittiana. L'intervento pubblico nell'economia o la statalizzazione di vari settori produttivi trovavano orma il terreno fertile e le banche e la grande industria erano in condizioni tali che non vi potevano opporre resistenza. Ecco cosa riportai a tal proposito in Storia di un'Italia Incompiuta:

In sostanza vi era una insufficienza del capitale di finanziamento e vi era la necessità di intervenire con strumenti di azione e di controllo persino più efficaci. In realtà era già stato costituito l'IMI(Istituto Mobiliare Italiano) che doveva garantire il credito industriale, ma tale strumento risultava non sufficiente a risolvere la crisi finanziaria. Con legge del 1933 veniva costituito l'IRI (Istituto per la Riconversione Industriale) che secondo quanto stabiliva l'atto costitutivo, avrebbe dovuto procedere "alla riorganizzazione tecnica, economica e finanziaria delle attività del paese". In sostanza, come primo passaggio previsto, l'IRI ereditò tutte le situazioni giuridiche ed economiche tanto attive che passive dell'Istituto di Liquidazioni, e come secondo passaggio venne previsto che lo stesso ente divenisse titolare del portafogli di crediti e di azioni che la Banca Commerciale, il Credito Italiano e il Banco di Roma vantavano con riguardo alle aziende industriali. L'IRI si impegnava direttamente a procedere per venti anni alla ricostituzione del capitale e delle riserve delle suddette banche, che a loro volta erano impegnate ormai a rinunciare al credito e alle partecipazioni azionarie verso le aziende industriali.

In altre parole avrebbero avuto la possibilità di operare solo con riferimento al credito ordinario(24) .

L'azione dell'IRI si concentrò soprattutto nei settori produttivi dove erano maggiori sia la presenza delle società anonime che le dimensioni aziendali nonché il rapporto tra il capitale e il prodotto. Tali settori ne furono interessati e con determinate percentuali di controlli: 100% dell'industria siderurgica bellica, dell'industria di costruzioni di artiglieria e di quella di estrazione del carbone; circa il 90% dell'industria delle costruzioni navali; oltre l'80% delle società di navigazione marittima; l'80% della potenzialità costruttrice di locomotori e locomotive(oltre al 30% di veicoli ferroviari); oltre il 40% dell'industria siderurgica comune; circa il 30% della capacità produttiva di energia elettrica; il 20% dell'industria del rayon; il 13% dell'industria del cotone; oltre a ciò l'IRI controllava industrie meccaniche e di armamento, tutti i servizi telefonici dell'Italia Settentrionale e Centrale e di parte dell'Italia Meridionale, un notevole patrimonio immobiliare e, alla fine, i tre principali istituti di credito"(25). L'economia italiana finì col presentarsi sempre più come statalista e ciò però mise sicuramente lo Stato in condizione di esercitare una forza notevole rispetto alla finanza e alla grande industria privata. Un simile potere statuale nell'economia sarà però decisivo nel secondo dopoguerra per favorire economie infrastrutturali, complementari e aggiuntive rispetto a quelle del settore privato. Nell'immediato la grande borghesia industriale e finanziaria vedeva i vantaggi del salvataggio ma, anche, il pericolo di una ulteriore tendenza verso la statalizzazione con la militarizzazione dell'economia e una conseguente ideologizzazione dell'intervento statuale, al pari del nazionalsocialismo tedesco e del comunismo russo. E, del resto, le attenzioni del fascismo verso tendenze di predominio culturale e sociale nonché economico venivano mal sopportate dalla borghesia. La tendenza ruralista del fascismo, la politica delle nascite, l'austerità nei costumi non potevano essere accettati dalla borghesia urbana che, anzi, rivendicava una propria libertà sociale, culturale e morale. In sostanza, il fascismo, pur avendo avuto un consenso ampio, specie tra le giovani generazioni e il ceto rurale non scolarizzato(si pensi alle massaie), non riuscì del tutto a far prevalere la propria tendenza al predominio sociale, che infatti non si realizzò nelle forme complete che Mussolini e i gerarchi avevano auspicato. E l'avvicinamento alla Germania, le posizioni filoguerresche, la tendenza alla militarizzazione non potevano trovare eco presso il ceto borghese e imprenditoriale, conservatore sì, ma attento a salvaguardare se stesso. Il regime fascista entra così nel pieno della sua fase totalitaria. È stato fatto risalire al dopoguerra etiopico la "svolta totalitaria"(26). L'accentuazione della critica alla borghesia divenne una continuità dell'oratoria mussoliniana, tanto che "Processo alla borghesia" (27) fu il titolo di una pubblicazione del 1940. E si trattò di un vero e proprio processo sociale, morale e culturale alla borghesia. Gli atteggiamenti borghesi, quali edonismo, egoismo, mancanza di moralità e salubrità nei costumi, specie sessuali, nonché una vita non orientata sempre alla famiglia e alla procreazione e una tendenza al celibato erano per i fascisti e Mussolini atteggiamenti non sani per la creazione della nazione forte e vigorosa. La svolta razzista era quanto più di sintonico si potesse avere tra Mussolini e Hitler. La credenza della presunta superiorità delle razze bianche già si era affermata come una costante a partire dalla seconda metà dell'ottocento, ma con l'avvento del nazismo in Germania si iniziò a partorire il razzismo e la discriminazione come costanti pianificate per legge e con meccanismi di controllo e accertamento burocratizzati. L'animale politico inedito del novecento, il totalitarismo, finiva col precludere alle minoranze le possibilità di accesso a determinati diritti nonché di poterne godere. Quel nazionalismo aggressivo, spregiudicato e guerriero che si era manifestato tra la fine dell'ottocento e gli inizi del novecento, adesso compiva nel fascismo e nel nazionalsocialismo la identificazione tra la razza e la nazione. Le leggi anti-ebraiche rappresentarono quindi il culmine di una cultura razzista e anti-semita che era nel grembo dell'occidente da un pezzo e che trovò il terreno di coltura e di compimento nei paesi, come la Germania e l'Italia, ove presero corpo dittature con una visione totalitaria della politica, della società, della storia. Molte volte si è insistito sulla svolta filotedesca di Mussolini per spiegare l'adesione dell'Italia ai proclami razziali anti-ebraici, mentre altri insistono sul fatto che già nel fascismo era insita una tendenza razzista. Una tendenza razzista sicuramente vi era nel fascismo ma non si pensava che questa tendenza si sarebbe direzionata contro gli ebrei, di cui molti ricoprivano posti di responsabilità nella pubblica amministrazione, nell'insegnamento, nella cultura, nell'economia e perfino avevano giurato fedeltà al Duce e al fascismo. In realtà, dopo la conquista dell'Etiopia e la proclamazione dell'Impero ci fu un'accelerazione sull'adesione piena del fascismo alla cultura razzista e con venature ufficiali che certo preludevano alle leggi anti-ebraiche del 1938. Si riporta quanto affermato dal Gran Consiglio nella dichiarazione ufficiale sulla razza:

Il Gran Consiglio del Fascismo, in seguito alla conquista dell'Impeto, dichiara l'attualità urgente dei problemi razziali e la necessità di una coscienza razziale. Ricorda che il Fascismo ha svolto da sedici anni e svolge un'attività positiva, diretta al miglioramento quantitativo e qualitativo della razza italiana, miglioramento che potrebbe essere gravemente compromesso, con conseguenze politiche incalcolabili, da incroci e imbastardamenti. Il problema ebraico non è che l'aspetto metropolitano di un problema di carattere generale(28).

Quindi, il problema ebraico era considerato come l'aspetto di un problema razziale di carattere generale, e per questa via l'azione anti-ebraica rientrava in un esteso indirizzo politico di tutela dell'integrità della razza. Tra i gerarchi fascisti fu Balbo insieme a pochi altri a cercare di dissentire rispetto alle leggi razziali. Bottai fu il primo ad adottare disposizioni anti-ebraiche impedendo agli ebrei di accedere alle scuole pubbliche. Nel settembre del 1938 fu stabilito che gli ebrei stranieri non avevano il permesso di risiedere sul territorio italiano e in questo disegno vennero inclusi gli ebrei che avevano ottenuto la cittadinanza dopo il 1919. Il criterio razziale fu alla base delle disposizioni legislative anti-ebraiche del novembre 1938. La cosa grave è che vennero colpiti anche i figli degli ebrei convertiti alla religione cattolica. Si stabilì che gli ebrei non potevano dirigere grandi imprese industriali, le banche e né ricoprire incarichi nelle stesse banche e nella pubblica amministrazione. Si stabilì anche l'espulsione degli ebrei dalle libere professioni e si arrivò a stabilire la proibizione di frequentare dei luoghi di villeggiatura agli stessi ebrei. Il divieto di matrimoni misti fu una delle cose più gravi perché attentava alle scelte esistenziali e sentimentali delle persone. L'esenzione da tali provvedimenti si ebbe per le famiglie dei caduti, dei mutilati e dei decorati di guerra; così come anche l'esenzione venne accordata a coloro che potevano dimostrare di avere adempiuto a determinati doveri civici di carattere eccezionale. Venne persino proibito ai bambini e ai ragazzi ebrei l'accesso alle scuole pubbliche. Un precedente di queste determinazioni razziali si era già avuto con le disposizioni proibitive di convivenza mista tra uomini italiani e donne etiopi, nonostante che la pratica del madamato fu molto diffusa fino a quel momento. Nel marzo 1937 Papa Pio XI condannò ufficialmente il razzismo nazionalsocialista con l'enciclica Mit Brennender Sorge. E già questo segnava una differenza tra il Vaticano e la politica filotedesca del fascismo. I sentimenti cattolici di ostilità al nazismo e alle leggi razziali e, quindi, alle tendenze totalitarie non furono però del tutto univoci. Erano tornate le ostilità fasciste verso l'Azione Cattolica, soprattutto per l'azione del laicato cattolico che era in concorrenza con le azioni al predominio sociale e culturale del fascismo. L'intolleranza, il pregiudizio e l'ostilità fascista verso l'Azione Cattolica vennero ad essere condannate da Papa Pio XI nel gennaio del 1938 che minacciò anche di comminare la scomunica se lo Stato fascista non avesse cambiato direzione. Mussolini da parte sua minacciò campagne anti-clericali, ma poi si ravvide impegnandosi a rispettare i patti del 1931. Non tutto il movimento cattolico seguì le prese di posizione di Papa Pio XI. Si pensi alle affermazioni di Padre Agostino Gemelli che il 10 gennaio del 1939 in un suo discorso affermò che gli ebrei erano un "popolo deicida" e a Luigi Gedda che si distinse nella sua presa di posizione rispetto al nazismo ma arrivò a dire che era contrario alla mescolanza fra le razze su basi "scientifiche"(29). Ma a parte tali posizioni in molti cattolici vi era la paura che il fascismo potesse operare dopo la campagna contro gli ebrei anche una opposizione e persecuzione contro i cattolici, come era avvenuto in Germania. E forse, data la natura totalitaria, che il fascismo ormai dichiaratamente manifestava nei suoi orientamenti legislativi, tali timori un certo fondamento ce l'avevano. Del resto, era stata creata addirittura una Direzione Generale per la Razza e visto che era stata anche creata una commissione per arianizzare gli ebrei si aprivano le porte alla corruzione e ad altre discriminazioni. A questo punto va detto che il mito della nazione diventava la mitologia della nazione e la nazione stessa, intesa come identità di popolo, acquisiva i caratteri della nazione mono-razziale sulla base di considerazioni pseudoscientifiche che erano aberranti rispetto alle reali evoluzioni del genere umano e al valore del rispetto della dignità umana. Cosicché, la mitologia della nazione mono-razziale era in tutti i sensi l'attacco alla civiltà umana della convivenza. Siamo ormai nel campo di un vero e proprio scontro tra due opposte visioni del mondo e del genere umano. La via italiana alla nazionalizzazione delle masse popolari dimostrava ormai un punto di non ritorno che ne designava l'andatura verso l'abisso della seconda guerra mondiale.

Note bibliografiche capitolo 5

1)	Proprio sul tema del nazionalismo e della degenerazione delle tendenze patriottiche e del radicarsi del nazionalismo nelle sue varie forme fare riferimento a Roberto Vivarelli, Fascismo e Storia d'Italia, Il Mulino, Bologna, 2008 pag. 33-96.

2)	A tal proposito si veda quanto sostenuto da Giovanni Sartori in Democrazia Cosa è, nuova edizione aggiornata, Rizzoli, Milano, 2007, pag.35-36: soprattutto sul punto della divisione tra realisti e democratici, anche se ciò vale a maggior ragione sulla distinzione tra ideale etico-politico della democrazia e realismo della prassi politica.

3)	Benito Mussolini in Gerarchia del marzo 1923 e riportato da Cristopher Duggan inThe Force of Destiny- A History of Italy since 1796, Allen Lane-Penguin Books Ltd, London 2007 e Tradotto in Italia col titolo La Forza del Destino. Storia d'Italia dal 1796 a oggi, con traduzione a cura di Giovanni Ferrara Degli Uberti, Editori Laterza, Roma-Bari, 2008, pag.495.

4)	Benito Mussolini, Opera Omnia, a cura di E. e D. Susmel, Firenze, 1951-62, vol.XX, pag. 72, discorso del 30 ottobre del 1922 e riportato in Idem, pag.498.

5)	Discorso di Alfredo Rocco, citato da S.Trentin in Dallo Statuto Albertino al Regime Fascista, a cura di A. Pizzorusso, Marsilio, Venezia, 1983, pag.285 e richiamato anche da Adrian Lyttelton, La Dittatura Fascista nella Storia d'Italia, Guerre e Fascismo. Dalla Grande Guerra al Regime Fascista, Vol.7 a cura di Giovanni Sabbatucci e Vittorio Vidotto, Laterza, Roma –Bari, 1997 e poi Il Sole24ore 2010,pag.169-170.

6)	Discorso di Gaetano Mosca del 19 dicembre del 1925 citato in A.Acquarone, L'Organizzazione dello Stato Totalitario, Einaudi, Torino, 1965, pag.77 e citato in Idem, pag.171.

7)	Adrian Lyttelton in Idem, pag.171.

8)	Idem, pag.174.

9)	Idem, pag. 175 e che fa riferimento a quanto citato in F. Perfetti, La Camera dei Fasci e delle Corporazioni, Bonacci, Roma, 1991,pag.94.

10)	Il carattere materialistico della rappresentanza delle categorie dei tecnici che era sostenuto all'interno del PNF da alcuni intellettuali e dirigenti è richiamato in Idem, pag.176.

11)   Idem, pag.181-182.

12)   Idem, pag.182-183.

13)   Idem, pag.184.

14)   Benito Mussolini, Opera Omnia, op.cit., 1951-62, vol. XXIV, pag.283-284, discorso del 27 ottobre del 1930 e riportato in Cristoper Duggan, La Forza del Destino. Storia d'Italia dal 1796 a oggi, op.cit., pag.515-516.

15)   Renzo De Felice, Mussolini il Fascista, II, L'Organizzazione dello Stato Fascista, 1925-1929, Einaudi, Torino, 1968, pag.427.

16)   P. Scoppola, La Chiesa e il Fascismo. Documenti e Interpretazioni, Laterza, Bari, 1971, pag.189. In materia dei rapporti tra dittatura fascista e Vaticano bisogna menzionare anche, Gaetano Salvemini, Stato e Chiesa in Italia, a cura di E.Conti, Feltrinelli, Milano, 1969; Arturo Carlo Jemolo, Chiesa e Stato in Italia negli ultimi Cento Anni, Einaudi, Torino, 1949; F. Margiotta Broglio, Italia e Santa Sede dalla Grande Guerra alla Conciliazione. Aspetti Politici e Giuridici, Laterza, Bari, 1966; F. Malgeri, Stato e Chiesa in Italia dal Fascismo alla Repubblica, La Goliardica, Roma, 1976; S. Rogari, Santa Sede e Fascismo. Dall'Aventino ai Patti Lateranensi, Forni, Bologna, 1977.

17)   Adrian Lyttelton, La Dittatura Fascista nella Storia d'Italia, Guerre e Fascismo. Dalla Grande Guerra al Regime Fascista, Vol.7 a cura di Giovanni Sabbatucci e Vittorio Vidotto, op.cit., pag.191.

18)   Cit. in Renzo De Felice, Mussolini il Duce, I, Gli anni del Consenso.1929-1936, Einaudi, Torino, 1974, pag.262-263 e richiamato in Idem pag.192.

19)   Adrian Lyttelton, La Conquista del Potere: il Fascismo dal 1919 al 1929, Laterza, Roma-Bari,, 1974, pag.674 e richiamato dallo stesso in Idem, pag.194.

20)   Benito Mussolini, Opera Omnia, Op.cit., vol. XXIII, pag.209-216 e richiamato da Cristopher Duggan, in La Forza del Destino. Storia d'Italia dal 1796 a oggi, Op.cit., pag.538-539.

21)   Vedasi Cristopher Duggan, in Idem, pag.541, che riporta quanto in Ipsen, Dictating Demography. The Problem of Population in Fascist Italy, Cambridge, 2002 con traduzione italiana di G.Cuberli, Demografia Totalitaria. Il Problema della Popolazione nell'Italia Fascista, Bologna, 1997, pag.165-169.

22)	Cristopher Duggan, in Idem, pag.542-543.

23)	Adrian Lyttelton, che nel suo saggio La Dittatura Fascista nella Storia d'Italia, Guerre e Fascismo. Dalla Grande Guerra al Regime Fascista, Vol.7 a cura di Giovanni Sabbatucci e Vittorio Vidotto, op.cit.,pag.215 riporta Scritti Politici di Benito Mussolini, a cura di E. Santarelli, Feltrinelli, Milano, 1979, pag.280.

24)	Giuseppe Condello, Storia di Un'Italia Incompiuta, CSA Editrice, Castellana Grotte(Ba), pag.85.

25)	G. Toniolo, L'Economia dell'Italia Fascista, Laterza, Roma-Bari, 1980, pag.249-250, riportato in Idem, pag.86.

26)	Si veda in particolare Adrian Lyttelton, La Dittatura Fascista nella Storia d'Italia, Guerre e Fascismo. Dalla Grande Guerra al Regime Fascista, Vol.7 a cura di Giovanni Sabbatucci e Vittorio Vidotto, pag.220-238.

27)	E.Sullis, (a cura di), Processo alla Borghesia, Edizioni Roma, Roma, 1940 e citato in Idem, pag.226.

28)	Citato in A.Del Boca, Le Leggi Razziali nell'Impero di Mussolini e riportato da Adrian Lyttelton, La Dittatura Fascista nella Storia d'Italia, Guerre e Fascismo. Dalla Grande Guerra al Regime Fascista, Vol.7 a cura di Giovanni Sabbatucci e Vittorio Vidotto,pa.228.

29)	R.A. Webster, La Croce e i Fasci. Cattolici e Fascismo in Italia, Feltrinelli, Milano, 1964, pag.217-218 e riportato in Idem, pag.230-231.

Capitolo VI La seconda guerra mondiale e la sconfitta del mito della nazione

Il fascismo guerriero

La svolta totalitaria del fascismo va di pari passo con il fascismo guerriero. E su questo punto gli storici si sono soffermati molto onde rilevarne due aspetti fondamentali: 1) il rapporto intensamente stretto tra politica di rafforzamento interno con la svolta totalitaria e l'aggressività nella politica estera; 2) il correlativo avvicinamento tra le due potenze totalitarie: il fascismo e il nazionalsocialismo. Sul primo punto ci sono evidenti conferme che non si possono disconoscere. Si pensi all'intimo collegamento tra mobilitazione interna delle masse popolari, e soprattutto l'educazione e l'addestramento dei giovani, e la politica di potenza militare perseguita dal fascismo. In quest'ottica, lo Stato nazionale assurge a formatore e ordinatore della vita sociale dei propri cittadini e, allo stesso tempo, si afferma come potenza minacciosa e aggressiva. Sul secondo punto la questione è molto dibattuta ed investe non solo il campo della scienza storica ma, anche, quello delle scienze sociali, specie della scienza politica e della sociologia. Pur affermando l'importanza delle questioni strutturali certamente il lato ideologico rimane determinante per spiegare le affinità tra l'Italia fascista e la Germania nazionalsocialista(1). Un terreno sul quale si andò esercitando l'azione di Mussolini fu quello del colonialismo. Il diritto dell'Italia ad essere risarcita, dopo quanto si era deciso con la pace di Versailles a seguito della fine della prima guerra mondiale, era indicato da Mussolini e dai fascisti come uno dei punti che legittimavano la guerra di aggressione dell'Italia all'Etiopia, che era uno Stato componente della Società delle Nazioni. Un altro aspetto era la rivendicazione rispetto agli episodi di Adua, di Custoza e Lissa. Le sconfitte passavano e non era valsa la vittoria nella prima guerra mondiale a farle dimenticare. Non era un caso che nei confronti dell'Etiopia si rivendicava una sorta di rivincita proprio ricordando la sconfitta di Adua. Ma vi erano altre motivazioni legate sia al quadro internazionale di riferimento che a considerazioni di politica interna. Quelle afferenti al quadro internazionale richiamavano le ben note rivalità tra Italia e Francia in merito al predominio nell'area del Mediterraneo e, anche, la posizione che l'Inghilterra avrebbe potuto avere rispetto alle mire espansionistiche italiane. Sul piano interno la questione contadina era ancora avvertita come potenzialmente esplosiva e, quindi, bisognava dare speranze e risposte sul versante della proprietà terriera. È indubbio che il fascismo aveva ormai assunto un patto politico forte e di stabilità nelle campagne con i grandi agrari. Quindi, qualsiasi possibilità di redistribuzione della terra a favore dei ceti contadini medi e poveri, specie nel Meridione d'Italia, era impossibile da realizzarsi. Allora si guardava allo sbocco coloniale per favorire l'espansione italiana e dei suoi ceti contadini. L'intervento in Etiopia rappresentava in sostanza l'avvento della politica estera aggressiva da parte dell'Italia fascista. Ciò rappresentava anche la continuità ideologica con l'ideale di forza ed espansionismo dei precedenti nazionalisti che posero come centrale la politica estera rispetto a quella interna. Il fascismo si mosse su due piani: 1) innanzitutto, rafforzò la sua posizione interna fascistizzando lo Stato e cercando di realizzare la fascistizzazione della società italiana, poi diede centralità e preminenza effettiva alla sua politica estera di potenza; 2) così che, cercò di dare propaganda interna molto forte alle azioni militari. La centralità e prevalenza della politica estera, specie negli anni trenta e fino all'entrata nel secondo conflitto mondiale, andò di pari passo col controllo del paese e con un'accentuata mobilitazione interna. Il successivo passo fu quello di trovare un punto di riferimento sicuro per portare avanti le proprie mire espansionistiche.

Il colonialismo e la guerra di Etiopia

Il colonialismo italiano non fu certo un colonialismo dolce nei confronti delle popolazioni sottomesse. Ad esempio in Somalia, Cesare Maria De Vecchi, quadrumviro del Partito Nazionale Fascista, operò, in qualità di Governatore, da vero e proprio repressore carnefice. Anche in Libia la mano usata fu pesante nei confronti dei ribelli. Specie la tribù dei Senussi subì una vasta azione di repressione tra il 1930 ed il 1933. Il Maresciallo Badoglio e Rodolfo Graziani non si fecero scrupoli di attuare una feroce persecuzione. Vennero creati appositi campi di concentramento per deportarvi le popolazioni nomadi della Cirenaica. Si riporta che furono "almeno 100.000 le persone"(2) deportate. Il campo di concentramento vicino a Bengasi divenne il punto di riferimento per l'internamento. I due campi di Soluch e Sisi Ahmed el Magrun contenevano almeno "33.000 internati". Alla fine vi furono "40.000" morti tra gli stessi internati(3). Venne costruita una barriera di circa 275 chilometri per impedire che rifornimenti provenissero ai ribelli dall'Egitto. Vennero condotti bombardamenti a tappeto contro i residui ribelli e le loro famiglie. L'uso di bombe e granate all'iprite sembra ormai acclarato e certo non si trattava di un uso legale della forza. Il capo della ribellione, Al Muktàr , venne catturato e giustiziato nel campo di Soluch davanti a 20.000 beduini. Come si vede si poteva anche ottenere il controllo intero del territorio ma al prezzo di sanguinose e spietate repressioni. Quindi gli antecedenti dell'espansionismo coloniale c'erano e l'Italia si sentiva giustificata ad agire per una sorta di diritto legittimo secondo un principio di parità di azione con le altre potenze coloniali. Ma era la situazione internazionale che pareva a Mussolini abbastanza favorevole per poter dare atto ai suoi propositi. Il 2 ottobre del 1935 venne dichiarata guerra all'Etiopia, uno Stato facente parte della Società delle Nazioni. Ecco cosa espresse Mussolini:

Camicie nere della rivoluzione! Uomini e donne di tutta Italia! Italiani sparsi nel mondo, oltre i monti e oltre i mari! Ascoltate! Un'ora solenne sta per scoccare nella storia della patria. Venti milioni di uomini occupano in questo momento le piazze di tutta Italia(....) Venti milioni di uomini: un cuore solo, una volontà sola, una decisione sola(...) Non è soltanto un esercito che tende verso i suoi obiettivi, ma è un popolo intero di quarantaquattro milioni di anime, contro il quale si tenta di consumare la più nera delle ingiustizie: quella di toglierci un po' di posto al sole(...) Abbiamo pazientato 13 anni, durante i quali si è ancora più stretto il cerchio degli egoismi che soffocano la nostra vitalità. Con l'Etiopia abbiamo pazientato 40 anni! Ora basta!(4).

Il concetto di mobilitazione popolare, la rivendicazione della giustizia che informa la richiesta italiana di "un posto al sole" sono elementi di un nazionalismo da guerra che trovavano echi di continuità nel fascismo aggressivo. La Società delle Nazioni condannò l'Italia per l'atto di aggressione verso l'Etiopia e tale condanna venne approvata da 52 Stati su 55 , che votarono anche per l'applicazione delle sanzioni. Ciò venne sfruttato in termini propagandistici dal regime fascista tanto che illustri personalità, tra cui Arturo Labriola e Benedetto Croce, si schierarono a favore della campagna mussoliniana. Si può dire che in questo frangente il fascismo ebbe un grande consenso. Da un lato, l'entusiasmo, l'eccitazione per le battaglie vinte in Africa e dall'altro, le speranze dei contadini di ottenere, sì loro, un posto al sole determinarono una spinta emotiva e patriottica di consenso al regime fascista e a Mussolini. Del resto, la componente emotiva veniva ben suscitata dalla propaganda, specie per le forti rivendicazioni anti-inglesi. Il nemico etiopico non era molto attrezzato come forze armate, essendo dotato di 300.000 soldati, forniti di fucili moderni, ma con poche mitragliatrici e del resto non aveva nessun aereo ed era sprovvisto di artiglieria. L' esercito dell'Etiopia difficilmente faceva capo al proprio sovrano in quanto era suddiviso in fazioni su cui avevano la meglio dei veri e propri capi feudali. Vennero mobilitate notevoli forze da parte italiana: infatti, furono impegnati 25 divisioni, 650.000 uomini e due milioni di tonnellate di rifornimenti(5).   Il comando inizialmente venne affidato al Generale De Bono, ma poi le operazioni militari furono condotte da Badoglio. Per ottenere la vittoria non si lesinò nell'uso di armi per lo sterminio del nemico. Sembra che 1000 bombe chimiche vennero lanciate contro il nemico e ciò non solo provocò ingenti vittime, di cui molti innocenti, ma comportò anche un notevole inquinamento ambientale(6). Iprite e arsina furono molto utilizzate e certamente questo sarebbe bastato a ritenere legittime le rimostranze inglesi. L'utilizzo di determinate sostanze venne taciuto da Mussolini e dai comandi militari e funzionò come al solito la propaganda sulla guerra legittima per il grande bene dell'Italia e per la funzione civilizzatrice a cui nel mondo era chiamata la popolazione italiana. Come riporta Duggan "soltanto nel 1996 il Ministero della Difesa si decise ad ammettere che in Africa erano state usate l'iprite e l'arsina"(7). Il 5 maggio del 1936 Pietro Badoglio entrava ad Addis Abbeba e in Italia milioni di persone accorsero nelle piazze per festeggiare. In realtà, nonostante la proclamazione dell'Impero l'Etiopia per notevoli porzioni del suo territorio non era completamente stata assoggettata agli italiani e nei successivi mesi si dovette ancora puntare su una forte mobilitazione militare per avere ragione dei capi locali, mentre Hailé Selassié era ormai lontano dal suo paese. Un episodio è eloquente della difficoltà che ebbero le autorità italiane nel riportare l'ordine. Nel febbraio del 1937 ad Addis Abbeba, nel corso di una cerimonia, due giovani di nazionalità eritrea fecero un attentato contro le autorità occupanti e rimasero uccise sette persone nonché vi furono una cinquantina di feriti. Tra i feriti vi fu lo stesso Rodolfo Graziani. La rappresaglia italiana fu durissima. Fra le 3000 e 6000 vittime si contarono e nelle successive settimane l'ondata repressiva non ebbe ad attenuarsi: il centro del cristianesimo copto di Debrà Libanòs fu obiettivo dell'azione repressiva di Graziani con la fucilazione di circa 400 monaci e oltre 2000 persone, considerando anche i simpatizzanti della ribellione(8). Fu così che lo Stato-nazione, che avrebbe dovuto portare la civiltà ai popoli barbari dell'Africa e che avrebbe dovuto esplicare la grande missione di potenza nel mondo, si rivelò per ciò che era realmente: niente altro che uno Stato-nazione fascista a vocazione totalitaria e repressiva incapace di un dialogo con le popolazioni locali. L'espansionismo autoritario e militare del nazionalismo si era compenetrato nella cultura politico-ideologica del fascismo. Il mito, o più precisamente la mitologia della nazione, legittimava la guerra e l'oppressione di altri popoli.

Politica estera fascista e l'entrata in guerra

Una domanda che ricorre spesso è la seguente: Perché l'Italia fascista si alleò con la Germania nazionalsocialista? Molti sono gli spunti di riflessione che ci vengono dati da una domanda del genere e diverse sono le congetture che di fatto sono state avanzate. Se si guarda alle affinità ideologiche certamente i due regimi presentavano molti punti in comune quali le tendenze revisionistiche riguardo ai trattati di pace di Versailles, l'affermazione della potenza nazionale tramite una forte politica espansionistica e di rafforzamento militare, la concezione totalitaria dello Stato con la creazione dell'uomo nuovo, obbediente e disciplinato, il principio del primato della nazione(che per i fascisti era la nazione italiana, per i tedeschi era la nazione della razza germanica) e infine il culto del dittatore, ossia di Mussolini e di Hitler. Studi attenti rimandano alle strutture di potere e di organizzazione statuale dei due regimi e in questo caso molto peso hanno avuto discipline quali la scienza politica o la sociologia; mentre su un altro versante vengono considerate le contingenze storiche degli anni trenta e le tendenze decisionali autoritarie impersonate dai dittatori e dettate sia dall'ideologia che dalle convenienze: l'approccio degli storici, quindi, nello specifico considera come fondamentale le questioni intrinseche al quadro internazionale del periodo intercorrente tra le due guerre mondiali. Sicuramente vanno considerate le due esigenze: 1) da un lato di capire quanto peso ebbe l'ideologia politica nelle scelte definitive riguardo alle alleanze che poi costituirono il quadro dello scontro internazionale durante la seconda guerra mondiale; 2) dall'altro di verificare come appunto la personalizzazione della politica estera da parte dei dittatori e l'utilizzo non solamente dottrinale, ma di piegamento alle logiche politiche e alle convenienze del momento dell'ideologia, abbiano influenzato i rapporti di confronto e scontro nella politica estera(9). In realtà, pur non tralasciando il fatto che i regimi totalitari avessero obiettivi di lungo periodo va considerato che essi non rinunciavano in politica estera, come appunto nel caso dell'Italia fascista, alla logica del doppio binario e ciò acquistava connotazione   strategica   proprio   in   relazione   alla personalizzazione della stessa politica estera: sempre più quello a cui puntò Mussolini fu la visibilità e d'altronde la possibilità di contare qualcosa nello scacchiere europeo. Se da un lato, egli non rinunciò alle mire espansionistiche e alla guerra come strumento per la affermazione della   grandezza nazionale(o possiamo dire: la guerra come fine) dall'altro,   cercò di perpetuare l'idea di essere moderato e affidabile nella politica estera ponendosi come ago della bilancia. Era la logica "del peso determinante" sostenuta da Dino Grandi(10) che tra l'altro fu Ministro degli Esteri dal 1929 al 1932 e che poi Mussolini inviò a Londra come ambasciatore. E allora bisogna capire come l'Italia fascista ci arriva alla guerra e certamente la guerra in Etiopia, per come già detto, rappresenta la svolta concreta del fascismo in chiave guerriera. In effetti, sin dagli anni venti il fascismo aveva la necessità, al di là dei propositi bellicosi manifestati in chiave propagandistica, di accreditarsi presso le cancellerie europee e per fare questo era chiaro che l'unica possibilità era quella, da un lato, di mantenere una continuità con la politica estera della classe dirigente liberale e dall'altro,di accreditarsi in veste di mediatore. Quindi, l'Italia fascista aveva bisogno di uno spazio di politica estera che permettesse anche di mediare in funzione di revisione dei trattati e nell'ottica, almeno in un primo momento, di mantenimento della pace e stabilità europea. Uno dei primi movimenti in politica estera dell'Italia fascista fu in direzione dell'URRS comunista. Le differenze ideologiche erano sostanziali e del resto i comunisti italiani costituivano un nemico interno acerrimo per i fascisti, ma ciò non toglie che i sovietici avevano bisogno di riconoscimenti e aperture a livello internazionale. Tali aperture in direzione dell'Europa Orientale avevano un significato molto forte, specie dopo gli eventi della prima guerra mondiale, la rivoluzione bolscevica del 1917, la guerra con la Polonia e la guerra interna tra i rossi e i bianchi. L'offerta di apertura dell'Italia fascista appariva gradita e opportuna all'Unione Sovietica. Del resto, per l'Italia agire in un ruolo di riferimento per i rapporti dell'URSS con l'Occidente, al fine di contrastare le tendenze egemoniche dei francesi, era di vitale importanza. Così Salvatore Contarini, Segretario Generale del Ministero degli Esteri, fu incaricato di portare avanti le trattative coi sovietici che si conclusero nel febbraio del 1924 con l'instaurazione di relazioni diplomatiche tra i due Stati e la firma di un trattato commerciale e della navigazione. Questo, in sostanza, fu un primo passo di accordo tra i due Stati che si rafforzerà poi, tra il 1929 e il 1933. Un'altra tappa importante fu il patto di Locarno del dicembre del 1925. In base alle clausole pattizie Francia, Belgio e Germania confermavano "la inviolabilità delle frontiere comuni"(11) così come erano state determinate dai trattati di pace dopo la prima guerra mondiale. Ma l'Italia fascista assieme alla Gran Bretagna si faceva garante del patto e questo determinava l'acquisizione di un ruolo e di un peso importante dell'Italia nello scacchiere europeo. Naturalmente, queste operazioni a livello di politica estera vanno viste in relazione al quadro internazionale della fine degli anni venti che sembrava caratterizzarsi in senso distensivo anche nel tentativo di superare gli effetti politici, economici e sociali avutisi a causa dei trattati di pace. Ad esempio per effetto del piano Dawes (dal nome del finanziere statunitense che se ne fece promotore) la Germania venne messa in condizione di poter gradualmente adempiere al pagamento delle riparazioni di guerra e ricevere gli aiuti degli Stati Uniti onde procedere alla propria ricostruzione. Il patto Briand- Kellog, rispettivamente Ministro degli Esteri della Francia e Segretario di Stato degli Stati Uniti d'America, venne sottoscritto nel 1928 e si puntava alla rinuncia della guerra come strumento di risoluzione delle controversie internazionali. Il patto venne firmato da quindici paesi che si riunirono a Parigi. Ed è quindi in questo clima internazionale che le scelte di una politica estera del peso determinante furono utili all'Italia fascista per accreditarsi come interlocutore credibile, specie nell'ottica di affiancamento alla Gran Bretagna. Si sapeva che la questione germanica era di vitale importanza per i destini dell'Europa , del resto, i trattati di pace di Versailles avevano profondamente irritato e ferito i tedeschi e su questo piano Mussolini sapeva di poter esercitare un ruolo di contrappeso rispetto a determinate esigenze revisioniste della Germania e alla necessità per la Gran Bretagna di mantenere la stabilità e la pace in Europa. Né la vicenda di Corfù aveva incrinato la credibilità dell'Italia fascista. Era accaduto che nell'agosto del 1923 una missione italiana, incaricata di identificare e delimitare il confine tra Grecia e Albania, venne massacrata da soggetti rimasti ignoti. Mussolini volle spiegazioni dai greci, indicati come responsabili. Ma allo stesso tempo venne anche fatto pervenire un ultimatum alle autorità greche con l'apposizione di alcune condizioni. Il governo greco rifiutò di procedere a soddisfare le richieste italiane e per tutta risposta Mussolini fece occupare l'isola di Corfù. La Grecia presentò le proprie doglianze alla Società delle Nazioni e con la mediazione di inglesi e francesi si pervenne alla risoluzione della crisi: l'Italia che accettò di sgomberare l'isola e in cambio i greci si dissero disposti ad una riparazione finanziaria. Ma appunto , come detto, tale episodio non inficiò affatto la credibilità dell'Italia fascista come interlocutore affidabile nel quadro internazionale. Né le vicende di politica interna, come ad esempio l'omicidio Matteotti e le leggi di abolizione delle libertà politiche, tra cui la libertà sindacale, di rappresentanza politica e di stampa, fecero venire meno l'importanza dei fascisti e di Mussolini come interlocutori nello scacchiere europeo. Tra il 1929 e gli anni trenta alcuni avvenimenti diedero un diverso corso alla storia del mondo e certamente quel clima internazionale, all'insegna di una ritrovata solidarietà tra le potenze a seguito del patto Briand-Kellog, fu solo un ricordo sbiadito. La crisi del 1929 con i suoi devastanti effetti economici e sociali metteva a nudo le incongruenze del sistema capitalistico e la tenuta dei sistemi industriali e finanziari di paesi forti e moderni, come ad esempio gli Stati Uniti. In Italia, la firma dei Patti Lateranensi e "la pacificazione interna" (12) permettevano al fascismo di acquisire quel consenso e quella stabilità che saranno una delle premesse alla svolta totalitaria del fascismo stesso negli anni seguenti e con ovvie ripercussioni sulla concezione della politica estera. Ma l'aspetto più rilevante fu l'ascesa al potere in Germania di Hitler e del nazionalsocialismo nel 1933. Infine vi è da dire che il Giappone mirava espansionisticamente verso la Cina. L'avvento al potere di Hitler e dei nazisti costituì un fatto che radicalizzò il quadro politico europeo, soprattutto perché nel programma della Germania nazista c'erano il riarmo, la messa in discussione dei trattati di pace di Versailles (anche in modi aggressivi), la concezione totalitaria dello Stato e della nazione-mono-razziale. Questo apriva un nuovo scenario nella politica estera fascista che poteva essere ad un tempo sia una opportunità che una minaccia. Del resto, in alcuni ambienti diplomatici italiani si guardava con preoccupazione alla Germania nazista e alle sue tendenze espansionistiche e lo stesso Mussolini voleva avere il primato come instauratore di una dittatura rivoluzionaria in Europa. Un affare che preoccupava Roma era la questione della frontiera Nord-Orientale e il destino dell'Austria. Le tendenze espansionistiche germaniche si sarebbero certamente esercitate sull'Austria per annetterla e, d'altra parte, questo avrebbe voluto dire la possibile revisione del confine del Brennero. La Germania con i suoi intenti contro la Società delle Nazioni rappresentava in effetti un problema non solo per l'Italia ma per tutta la comunità europea. Era a repentaglio ormai il sistema di sicurezza collettiva quale si era determinato dopo la fine della prima guerra mondiale coi trattati di pace e Mussolini non voleva perdere, ancora una volta, la possibilità di giocare un ruolo da protagonista nel panorama della politica estera europea. Il punto centrale, che lo stesso Mussolini voleva affrontare, era la revisione dei trattati di pace. Ciò poteva avvenire con un accordo delle grandi potenze, ossia Gran Bretagna, Italia, Francia e Germania. Si profilava quindi un patto a quattro. In questa via tracciata da Mussolini si prevedeva di far riconoscere alla Germania il diritto, a parità con le altre grandi potenze, di potersi armare e in cambio i tedeschi si sarebbero dovuti impegnare ad una proficua collaborazione. Una qualsiasi operazione revisionistica dei trattati però sarebbe dovuta passare comunque dalla Società delle Nazioni, concetto che venne più volte ribadito e di cui Mussolini era cosciente. In effetti, si trattava di concentrare le decisioni importanti, sulla rivisitazione dei trattati di pace e sulle sfere d'influenza, da parte delle quattro grandi potenze. La proposta trovò consenso da parte della Germania e della Gran Bretagna, ma i francesi ne furono strenui oppositori. Nel giugno del 1933 venne approvato il trattato ma soltanto Germania e Italia procedettero alla ratifica. In un giro di pochi mesi la Germania, dopo il fallimento del tentativo pattizio italiano, decise di uscire definitivamente dalla Società delle Nazioni e i francesi firmarono un accordo con l'URSS per contrappesare la decisione tedesca. Del resto, pure l'Italia fascista decise di rinnovare i rapporti di amicizia coi sovietici con il trattato del 1933: si trattava di un patto di non aggressione. Lo scacchiere europeo divenne in fermento dopo l'avvento di Hitler al potere in Germania e vi erano le convergenze franco-britanniche sulla necessità di una politica di "appeasement" (13), ossia di contenimento nei confronti delle rivendicazioni tedesche. Ma una tale politica richiedeva di considerare centrale la posizione dell'Italia fascista, di modo che essa non finisse con l'avvicinarsi alla Germania. Ecco perché Mussolini conservò una notevole possibilità di manovra in politica estera con l'attuazione della tattica del peso determinante. Del resto, gli ambienti conservatori britannici ammiravano l'autoritarismo e la propensione all'ordine dimostrata da Mussolini nel garantire stabilità interna all'Italia. E se pure vi potevano essere affinità di fondo tra le due dittature è chiaro che almeno fino al 1934-1935 gli interessi tedeschi, così come manifestato nelle intenzioni di Mussolini, cozzavano con quelli italiani. La questione dell'Austria e del rafforzamento del confine Nord-Orientale erano per il fascismo italiano un aspetto strategico che non si poteva minimamente mettere in discussione. Nel 1932 divenne Cancelliere austriaco Dollfuss che era un protetto dall'Italia. Questi dichiarò fuorilegge i nazionalsocialisti e nel 1934 Italia, Austria e Ungheria firmarono un trattato in funzione anti-germanica. Perfino Dino Grandi ebbe accenti ostili e di denuncia rispetto alle intenzioni tedesche di annessione dell'Austria e un suo articolo sulla questione venne pubblicato sulla rivista americana Foreign Affairs(14). Nel 1934 avvenne l'assassinio di Dollfuss al culmine di un tentativo di annessione dell'Austria da parte dei nazionalsocialisti tedeschi. A quel punto erano chiare le intenzioni tedesche in materia di espansione dello spazio vitale e Mussolini ordinò la mobilitazione delle truppe al confine del Brennero. Il tentativo del colpo di Stato rientrò per l'intervento del governo austriaco che fece terminare i disordini e gli scontri. Ma ciò era un colpo decisivo alle speranze dell'Italia di poter esercitare una qualche forma di influenza egemonica sull'area danubiana dell'Europa Centro-Orientale e infatti era palese che avrebbe dovuto fare i conti con la rivalità della Germania. Le tendenze espansionistiche dei tedeschi verso l'Austria indicavano la loro inattendibilità e apre ulteriori dubbi sulla successiva alleanza italo-tedesca. Come rilevato da più parti, nella prima metà degli anni trenta Mussolini aveva fortemente personalizzato la politica estera italiana potendo contare sull'effetto combinato sia della sua figura di capo politico indiscusso dell'Italia che dello spazio di manovra che si venne a determinare dopo l'avvento al potere di Hitler in Germania. La questione della revisione dei trattati di pace se poteva essere elemento comune di intesa con la Germania, allo stesso tempo però, poteva rappresentare anche un boomerang per l'Italia viste le tendenze alla grande Germania perseverate da Hitler. Ma Mussolini pensò di avere mano libera in politica estera vista la necessità per Francia e Gran Bretagna di controbilanciare la Germania nazista. Già si è parlato nel paragrafo precedente della guerra in Etiopia, ma un attento esame delle vicende internazionali del periodo chiariscono quanto Mussolini si sentiva ormai sicuro di poter prendere quota ancor di più, alzando la posta in gioco. Già nel gennaio del 1935 vi era stato un incontro tra Laval, Primo Ministro francese, e Mussolini per dirimere la questione degli interessi reciproci nel Mediterraneo: nella sostanza la Francia dava il via libera all'occupazione italiana dell'Etiopia purché l'Italia rinunciasse ad avanzare pretese sulla Tunisia. Il problema semmai erano gli inglesi che non si sapeva fino a quale punto avrebbero permesso un'azione italiana contro uno Stato membro della Società delle Nazioni. Ancora una volta, però, la Germania rompeva gli schemi pattizi del primo dopoguerra e impose al proprio interno la coscrizione obbligatoria che era severamente vietata dalle norme dei trattati di pace. Si trattava di un ulteriore passo verso il riarmo. Nell'aprile del 1935 si tenne la conferenza di Stresa per discutere della questione e si ribadì la validità degli accordi della conferenza di Locarno del 1925: Italia, Francia e Gran Bretagna indicarono l'esigenza di una politica pienamente condivisa, che non poteva che essere di rifiuto e opposizione al riarmo tedesco. Ma il problema della guerra in Etiopia non venne affrontato tra italiani e inglesi e Mussolini interpretò ciò come un silenzioso assenso secondo alcuni, ossia, come una possibilità di azione che gli si poteva concedere. Mussolini era sicuro che la Gran Bretagna e la Francia non volevano scontri armati in Europa e che per questo lui poteva avere mano libera per una espansione coloniale. Gli inglesi invece si mostrarono ostili alla invasione italiana dell'Etiopia, e non poteva certo il governo britannico avallare una scelta di tal genere contro le opinioni non certo favorevoli del proprio elettorato. Il sovrano etiope, Hailè Selassiè, ricorse alla Società delle Nazioni e fu allora che i francesi e gli inglesi iniziarono ad approntare una possibile mediazione. Nel giugno del 1935 il Ministro britannico per i Problemi presso la Società delle Nazioni, Eden, propose un proprio piano mediatorio. Mussolini rifiutò tale intervento e nell'ottobre del 1935 iniziarono le ostilità. L'opposizione dei laburisti e della pubblica opinione in Inghilterra costrinse il governo presieduto da Baldwin a chiedere le sanzioni contro l'Italia all'Assemblea della Società delle Nazioni e tali misure sanzionatorie furono approvate. Si trattò però di parziali sanzioni economiche in quanto ne rimasero fuori il ferro, il petrolio e il carbone che erano materie prime strategiche e poi vi è da dire anche che la Germania e l'URSS non vi diedero corso. Ma le sanzioni che vennero proclamate dalla Società delle Nazioni acuirono, secondo gli storici, due aspetti della politica fascista: 1) da un lato, un'accentuazione della propaganda interna con un consenso ampio al regime fascista e alla guerra contro l'Etiopia; in sostanza Mussolini ne uscì rafforzato; 2) dall'altro invece, si fece in modo di far avvicinare l'Italia fascista alla Germania che dimostrò di non dare seguito alle sanzioni contro l'Italia e ne condivideva evidentemente la linea politica di espansione coloniale. In effetti, fu scatenata nel paese una vera propaganda anti-inglese con risvolti non del tutto positivi nei rapporti tra Italia e Inghilterra. Dopo la vittoria alle elezione del novembre 1935 il Primo Ministro inglese Baldwin cercò di riprendere i contatti con l'Italia e sostenuto in ciò anche dai francesi. Fu presentato il piano Hoare-Laval (dai nomi del Ministro degli Esteri inglese e del Primo Ministro francese) che prevedeva la cessione a favore dell'Italia della zona del Tigrai, di ampie porzioni territoriali dell'Ogaden e della Dancalia. L'Italia si sarebbe dovuta impegnare a riconoscere l'indipendenza etiopica e i diritti dell'Imperatore Hailè Selassiè su un territorio fortemente ridimensionato. Furono fatte filtrare informazioni sulla stampa riguardo al piano Hoare-Laval e l'opinione pubblica inglese e francese fu molto contrariata da questa iniziativa. Ad Hoare subentrò Eden che era più intransigente nei confronti degli italiani. La guerra di Etiopia si concluse con la vittoria dell'Italia fascista e si può dire che, nonostante le sanzioni economiche, le potenze liberaldemocratiche accettarono alla fine il fatto compiuto e ciò per non spingere Mussolini nelle braccia della Germania hitleriana. Un mese dopo la proclamazione italiana dell'Impero il parlamento inglese stabiliva di porre fine alle sanzioni. Le ragioni del realismo politico imposero quindi la figura di Mussolini come figura centrale e leaderistica della politica estera italiana e nello scacchiere europeo. La sua irriducibilità rispetto alle pressioni britanniche e francesi, la sua capacità di destreggiarsi nel contesto internazionale nonostante le sanzioni economiche, nonché la sua abilità nel giocare la partita, conscio come era delle reali paure dei britannici e dei francesi, ossia che l'Italia non costituisse un asse con la Germania, consentì a Mussolini di accreditarsi come il leader di cui l'Italia aveva bisogno e ne rafforzò la credibilità presso la Corona e i comandi militari con gravi ripercussioni per le future sorti del paese. Nel luglio del 1936 le truppe del Generale Francisco Franco, di stanza in Marocco, insorsero e fu l'inizio della guerra civile spagnola. La Francia inizialmente appoggiò le forze del Fronte Popolare spagnolo contro le truppe franchiste, ma poi per ragioni di stabilità interna preferì proporre il non intervento. L'Unione Sovietica invece intervenne in maniera molto ridotta con l'invio di materiale bellico e di tecnici, ma la Spagna era lontana dall'URSS e i sovietici non potevano sostenere un appoggio diretto e immediato alle forze del Fronte Popolare. Ma tramite il Comintern vennero mobilitati diversi volontari comunisti dai vari paesi europei. Il carattere di una guerra ideologica, anticipazione del secondo conflitto mondiale, divenne sempre più chiaro e l'intervento della Germania nazista era un elemento ideologico di chiara avversione all'URSS, prima però del patto Molotov –Ribentropp dell'agosto del 1939. L'Italia partecipò attivamente all'appoggio delle truppe franchiste con l'esercito e la milizia che inviarono qualcosa come 73.000 uomini e i morti furono circa 3.800 e i feriti arrivarono ad essere tra gli 11.000 e i 12.000(15). Altrove ho riportato la stima delle perdite italiane nella guerra civile spagnola affermata dallo storico Denis Mack-Smith e tali perdite testimoniano quanto ciò ebbe ripercussioni sulla successiva impreparazione militare dell'Italia fascista nel momento dell'entrata nel secondo conflitto mondiale(16). Certo, che la condivisione della esperienza militare nella guerra di Spagna aveva ulteriormente avvicinato Italia e Germania. Era ormai chiaro a Mussolini che poteva alzare la posta in gioco, viste le timidezze mostrate dalla Gran Bretagna e dalla Francia rispetto alle tendenze di politica estera espansionistica e militare della Germania e della stessa Italia. Infatti, le due potenze liberaldemocratiche erano rimaste deboli nella loro azione diplomatica, nonostante le sanzioni economiche, rispetto all'invasione dell'Etiopia da parte italiana, così come si erano manifestate deboli di fronte alla rimilitarizzazione dell'area della Renania, nel 1936, da parte della Germania. In aggiunta, vi era stato pure l'appoggio manifestato dai nazifascisti a Franco e, anche, su questo punto non si era andati al di là di qualche rimostranza o tentennante azione di politica estera. Così emerge un dato importante su cui occorre una certa attenzione: le tendenze anglo-francesi della politica estera dell'appeasement contrastano con quanto hanno sostenuto determinati storici, ossia che sarebbe stata la politica delle sanzioni economiche, a seguito della guerra etiopica, a determinare un avvicinamento dell'Italia alla Germania(16). Ciò può essere anche accettato ma si deve pensare che in realtà Mussolini, conscio delle paure anglo-francesi per lo scoppio di una guerra in Europa e del fatto che i medesimi erano disponibili ad una politica dal pugno morbido, si ritenne in una posizione di forza tale da poter osare quello che non aveva potuto osare fino al 1934. Del resto, la presenza del pericolo germanico- nazista in Europa gli dava una grossa forza e un notevole potere di azione. Così, Mussolini si sentiva sempre più il capo indiscusso della politica estera italiana e sempre più nelle condizioni di poter influenzare la politica europea potendosi permettere di alzare la tensione e perseguire i propri disegni espansionistici.   Ma la tendenza espansionistica dell'Italia fascista, che si innestava in una determinata debolezza del quadro politico internazionale, andò di pari passo con la svolta totalitaria interna. In sostanza, prendevano corpo i disegni di mobilitazione interna e di espansione internazionale. In realtà, già nel 1935 era emersa la volontà di Mussolini di stabilire rapporti più stretti con la Germania, come afferma Mak-Smith:

Dapprincipio il suo suggerimento ai tedeschi nel maggio del 1935 che i due paesi dovevano render più stretti i loro rapporti era stato accolto piuttosto tiepidamente da Hitler, il quale, benché nutrisse simpatia per Mussolini, ed avesse impellente bisogno di un amico in Europa, parlava dell'Italia fascista con un certo disprezzo, ed ad un'alleanza italiana avrebbe preferito un'alleanza inglese. Più tardi nel corso dell'anno rappresentanti italiani presenziarono all'adunata nazista a Norimberga riportandone una forte impressione, ed in settembre ebbero luogo conversazioni tra i capi dei servizi d'informazione militari tedesco e italiano. Alla fine del 1935 Mussolini era sempre convinto che il ritorno della Germania ad una posizione di forza in Europa avrebbe giovato all'Italia. Restava d'altronde fiducioso di poter impedire che questo aggiustamento dei rapporti di forza si spingesse troppo oltre(17).

Quindi sembra che l'iniziativa per un accordo coi tedeschi partì da Mussolini conscio, a seguito della guerra in Etiopia e poi della condivisione della guerra civile spagnola, che Italia e Germania avessero ormai obiettivi comuni, nonostante la questione austriaca. Ma come detto, era la sicurezza che Mussolini nutriva riguardo alla politica dell'appeasement di Francia e Gran Bretagna che lo spingeva a considerare possibile e fruttuosa una comunanza di intenti con la Germania. Nell'ottobre del 1936, Galeazzo Ciano, Ministro degli Esteri italiano e genero di Mussolini, stipulò a Berlino il patto dell'Asse Roma-Berlino. Nel 1937 Mussolini si recò in Germania e rimase molto colpito dalle parate naziste e l'anno successivo fu la volta di Hitler in Italia. Del resto, nel novembre del 1937 l'Italia aderì al patto Anticomintern che comprendeva la Germania e il Giappone. Nel dicembre del 1937 l'Italia annunciò il suo ritiro dalla Società delle Nazioni. Come si vede, ormai la svolta germanica della politica estera italiana era sulla via di essere segnata e, ciò, nonostante le trattative avviate con la Gran Bretagna nel gennaio del 1937, che diedero origine all'accordo concluso nell'aprile del 1938. L'intenzione inglese era quella di mantenere i rapporti con Mussolini in funzione anti-germanica e per meglio avere un alleato capace di giocare un ruolo cuscinetto tra il Nord- Europa e il Mediterraneo. Mussolini così poteva avanzare sulla sua politica estera del doppio binario e mantenere una sua centralità. Ma come detto, ormai nelle considerazioni mussoliniane la funzione ideologica prendeva il largo determinando una vera e propria subordinazione alla Germania nazista. Nel marzo 1938 si arrivò da parte tedesca all'Anschluss dell'Austria e Schuschnigg, cancelliere contrario all'annessione, venne costretto alle dimissioni e sostituito con Seyss Inquart. Hitler avvertì Mussolini soltanto a fatto compiuto e con lettera fattagli pervenire tramite il Principe d'Assia l'11 marzo(18). L'Italia fascista doveva ora accettare il vincolo di avere una grande potenza ai suoi confini, è certo che una situazione del genere non tranquillizzava affatto l'opinione pubblica italiana e i vari ambienti diplomatici e militari. Ma la vera capitolazione dell'appeasement si ebbe con la conferenza di Monaco del 29 e 30 settembre del 1938. Hitler voleva risolvere la questione dei Sudeti, popolazione di origine tedesca residente in Cecoslovacchia, ed era disposto a mobilitare 3.200.000 uomini pur di raggiungere i suoi obiettivi. Mussolini colse l'occasione per proporre a Hitler una conferenza di pace con Chamberlain e Daladier, rispettivamente Primi Ministri di Gran Bretagna e Francia. Così alla fine durante la conferenza i capi dei governi britannico e francese decisero di dare via libera ad Hitler, in realtà egli mirava alla occupazione della Cecoslovacchia. Avvenne l'annessione dei Sudeti ad opera della Germania e la politica dell'appeasement conobbe la sua fase finale e Mussolini ebbe l'ultimo squarcio di gloria come protagonista mediatore sulla scena internazionale: dopo sarebbe stato dipendente dalle decisioni tedesche. Nel marzo del 1939 la Germania procedette alla occupazione della Cecoslovacchia con la dichiarazione di protettorato per la Boemia e la Moravia, mentre la Slovacchia divenne Stato indipendente con la benedizione germanica. Ormai, la politica estera italiana era in linea con quella tedesca e, anche, sul piano interno la promulgazione delle leggi anti-ebraiche era una manifestazione della forte ricerca di una assonanza ideologica con la Germania nazista. La fase totalitaria del fascismo andò quindi di pari passo con la tendenza all'incremento espansionistico. Ed ecco cosa disse Mussolini secondo un resoconto di Bottai:

Voglio dirvi quali sono le linee direttive del dinamismo fascista degli anni a venire non ci prefiggiamo delle date. Lo sviluppo della nostra azione sarà sempre più o meno rapido nel tempo, a seconda delle circostanze. Abbiamo vendicato Adua, con la conquista dell'Etiopia. Vendicheremo Valona, con l'annessione dell'Albania. L'Albania ci è necessaria per gravitare sulla regione balcanica. Contrapporremo alla linea di penetrazione tedesca, lungo il Danubio, la linea Durazzo-Istanbul. Vengo al Mediterraneo. La nostra posizione in questo mare chiuso è pessima. Bisogna migliorarla. Ci è necessaria la Tunisia; e la Corsica. Poi c'è un'altra questione con la Francia: Gibuti. Infine, terremo di mira la Svizzera. La Svizzera sta crollando(19).

Obiettivi possibili? In ciò si riconosce l' aperta rivalità con la Francia. Ma Mussolini per non essere da meno dei tedeschi ordinò l' annessione dell'Albania che avvenne nell'aprile del 1939. Il Re Zog scappò e si costituì un organismo costituente che offrì la corona al Re, Vittorio Emanuele III, che l'accettò con il meccanismo della Unione Personale e il Senato approvò il disegno di legge relativo all'annessione. Ma, ormai, la situazione era segnata e la guerra scoppiò l'1 settembre del 1939 dopo che la Germania aveva sottoscritto un patto con l'URSS comunista e con ciò venendo meno alla pregiudiziale anticomintern del patto sottoscritto nel 1937. L'Italia si sentì spiazzata dagli eventi. Era sicuramente importante per Mussolini salire sul treno della vittoria approfittando delle mire e delle vittorie tedesche. E così fu con la dichiarazione di guerra alla Francia il 10 giugno del 1940. Venivano in evidenza i sogni di grandezza dell'Italia; e la guerra, vista come esempio di purificazione collettiva e strumento necessario di espansione, acquisiva il sopravvento, rispetto alle altre opzioni, nelle decisioni politiche da prendere. Ciò significò il superamento della iniziale formula della non belligeranza. Ma la ideologia della nazione, la mitologia della nazione, arrivava adesso alla prova dello scontro finale. L'entrata in guerra dell'Italia era il culmine della concezione militarista, bellicista e guerriera dello Stato fascista. La grandezza nazionale poteva compiersi. Ma la tendenza alla politica estera aggressiva coincise certamente con la svolta totalitaria interna, fino alle leggi anti-ebraiche. E qui si entra nella fase finale del fascismo. Certamente gli scenari di politica estera, le contingenze del momento incisero notevolmente sulle scelte mussoliniane, ma la sfera delle affinità ideologiche tra il totalitarismo nazista e fascista giocò indubbiamente un ruolo importante. Altro punto centrale, fu l'esasperazione del decisionismo personalistico di Mussolini che in politica estera poté trovare applicazione e soddisfazione fino a che durò la politica dell'appeasement da parte di Gran Bretagna e Francia, poi via via che la Germania rivelava ormai il suo volto ostile la politica mussoliniana divenne dipendente e in un certo modo in soggezione rispetto a Hitler. Nonostante il tentativo di riprendere uno spazio autonomo di politica estera cercando una interlocuzione diretta con l'URSS comunista fino al 1941, l'Italia si legò indiscutibilmente alla Germania nazista. L'Italia fascista mise in pratica la mitologia della nazione guerriera ma si trovò sconfitta nella politica estera. Alla prova dei fatti le capacità militari, economiche, sociali e politiche del paese di sostenere la guerra erano al di sotto di quanto richiesto dallo sforzo bellico. In sostanza, si verificò ancora una volta un distacco tra le aspirazioni di grandezza e la realtà. E in questo vi era continuità piena con il precedente nazionalismo.

L'impreparazione iniziale alla guerra

L'esaltazione mitologica della nazione, o per essere più precisi, dello Stato-nazione, comportava inevitabilmente quell'andare oltre rispetto alla realtà che avrebbe avuto ripercussioni gravi per il paese. Molti in Europa si chiesero, alla fine dell'estate del 1939, se valesse la pena "morire per Danzica"(20). Se era stato dato il via libera ad Hitler per espandere il potere del dominio germanico sull'Austria e sulla Cecoslovacchia perché adesso bisognava sacrificarsi per la Polonia? E perché far morire tanti individui che fino ad allora avevano conosciuto la democrazia in Francia e Gran Bretagna e, che, si erano indirizzati per la maggior parte sul versante dei valori della pace? Ma se la guerra di Spagna aveva visto la partecipazione di molti intellettuali, operai, sindacalisti o semplici amanti della libertà e della rivoluzione a fianco delle forze del fronte popolare perché ora non si sarebbe dovuto partecipare alla difesa di determinati valori contro l'espansionismo arrogante, drammaticamente potente ed efficiente della Germania nazista? Il nazionalismo era stato l'antecedente preparatorio del totalitarismo nazista e fascista e di tutte le tendenze autoritarie di destra, ora il mito, o mitologia della nazione, era espansione concreta verso il mondo e, quindi, aggressione militare alle altre nazioni. La guerra era il banco di prova dei popoli educati al totalitarismo contro i popoli educati alla democrazia e ai valori della pace e della libertà. Questo è un dato che ancora oggi non si può disconoscere e rappresenta il confine, il discrimine tra le ragioni delle liberaldemocrazie e quelle degli Stati totalitari. E seppure si può discutere del patto Molotov -Ribentropp che intervenne nell'agosto del 1939 e che fece venire meno, secondo alcuni, l'assoluta pregiudiziale ideologica del secondo conflitto mondiale, in realtà non possiamo non rilevare quanto sia il linguaggio utilizzato che gli strumenti messi in campo dagli Stati totalitari, sia al loro interno che all'esterno, andavano in direzione opposta alle culture liberaldemocratica, cristiana e, anche, socialista libertaria e democratica. Lo scontro tra due visioni opposte non può essere messo in discussione: anche con l'attenuarsi in alcuni momenti delle pregiudiziali ideologiche in realtà tali pregiudiziali rimasero centrali per tutta la durata del conflitto e nel lungo periodo si imposero come fattori motivanti del conflitto stesso. "Morire per Danzica" a questo punto significava primariamente fermare l'espansionismo totalitario tedesco, e in un primo momento anche sovietico, e significava soprattutto salvare il tessuto di indipendenza degli Stati liberaldemocratici, quali la Francia e la Gran Bretagna. E l'Italia come si andò a situare in tutto questo discorso? Già si è visto come Mussolini e il regime fascista sempre più si avvicinarono alla Germania e di come la svolta totalitaria assunta andò di pari passo con le intenzioni bellicose, pur rimanendo una tendenza della politica estera italiana a muoversi sui due tavoli in modo da mantenere una sua centralità. Ma ormai, dopo l'accordo Molotov- Ribentropp che colse di sorpresa lo stesso Mussolini e con l'attacco sferrato contro la Polonia, tale centralità della politica estera italiana veniva meno, anche a seguìto delle conseguenze che scaturirono dalla conferenza di Monaco del settembre del 1938. Per l'Italia partecipare alla guerra non era certo un dato scontato . Due aspetti vanno rilevati: 1) innanzitutto era importante per l'Italia in quel momento avere contezza dei propri mezzi e delle proprie capacità di programmazione bellica; 2) determinare un'osservazione degli eventi di modo che l'entrata in guerra fosse non solo popolare ma vantaggiosa per l'Italia. Sul secondo punto giusta l'osservazione di Minniti quando afferma: "Se ad agosto del 1939 egli non volle combatterla perché gli apparve allora politicamente oltre che militarmente inopportuna, decise però di dichiararla nel momento in cui gli si offrì l'opportunità di affrontare un solo nemico, la Gran Bretagna"(21). Una decisione, quella di Mussolini di entrare in guerra, per così dire opportunistica e valutabile alla luce delle possibilità di sostenerla sullo scenario europeo. Il crollo prossimo della Francia e la possibilità di combattere contro un solo nemico in campo europeo, vale a dire la Gran Bretagna, significavano per Mussolini due cose fondamentali in chiave politica e militare: 1) la possibilità di potersi sedere al tavolo dei vincitori contro i francesi e avanzare rivendicazioni territoriali; 2) la ulteriore possibilità di sostenere al meglio il conflitto contro la sola Gran Bretagna, anche perché a quel punto tutto ciò faceva apparire scontato l'esito vittorioso a favore della Germania di Hitler. In effetti, dalla data del 22 giugno del 1940, giorno dell'armistizio tra la Francia e la Germania, e fino al giugno del 1941, quando i tedeschi misero in opera l'operazione Barbarossa, i britannici si trovarono da soli a sostenere il peso delle operazioni belliche contro l'aggressore nazista. Basti pensare alla ritirata dei britannici da Dunkerque e alla possibile invasione della Gran Bretagna da parte dei tedeschi. E certamente la scelta mussoliniana di entrare in guerra, in quel momento del 10 giugno 1940, sembrava cogliere nel segno. Il processo decisionale mussoliniano quindi si volse sulle ragioni opportunistiche e di vantaggio, di quella che a dovuta ragione è stata definita "una guerra dimostrativa"(22). Pur di fronte al cosiddetto Patto d'Acciaio non fu subito automatico l'impegno italiano nel conflitto. In effetti, il venir meno del carbone tedesco all'Italia a seguito del blocco della Gran Bretagna divenne per Mussolini motivazione a notificare al Re, Vittorio Emanuele III e ai capi militari il piano delle operazioni di guerra. Quindi, già ci si muoveva in direzione della guerra, viste anche le sollecitazioni di Hitler. Il terzo elemento motivante fu chiaramente il momento cruciale, ossia opportuno, per dichiarare la guerra alla Gran Bretagna e alla Francia. Così che, già il 28 maggio maturò la decisione e il 29 dello stesso mese vennero messi al corrente gli Stati Maggiori delle forze armate per prepararsi entro una settimana alle operazioni belliche. Il 10 giugno del 1940 l'Italia entrava ufficialmente in guerra. Per quanto riguarda l'aspetto dei mezzi e della programmazione bellica certamente è utile avanzare delle perplessità su come ci si mosse. Come ha rilevato Minniti: "Una guerra annunciata non poteva dunque essere che dimostrativa ed i piani esistenti erano da più di un anno quanto di più dimostrativo il lavoro degli stati maggiori italiani avesse mai prodotto. La conformità dei piani strategici agli intenti politici giustificava l'uso dello strumento militare a fini politico-diplomatici e non bellici"(23). In effetti, l'approntamento dei piani operativi teneva conto forse più della necessità di un'azione dimostrativa che non di una reale capacità di introdursi troppo in un conflitto. Ma allora andrebbero meglio valutate le reali intenzioni di Mussolini e dei comandi militari riguardo, prima ancora che alla condotta da tenere, alla entrata in guerra con tutte e due le gambe. Il momento opportuno di dichiarare guerra alla Francia e alla Gran Bretagna sembra più situarsi in una logica di breve periodo, ossia di ottenere vantaggi territoriali sul momento, ma non di condurre una guerra a lunga scadenza. Ma poi ciò viene smentito dal fatto che nei mesi successivi la guerra fu soprattutto in funzione antibritannica e questo comportò un continuo protrarsi del conflitto. Sicuramente, per come già detto, la opportunità di entrare nel conflitto dipese soprattutto dalla posizione di isolamento dei britannici, per cui si può ritenere che la valutazione più plausibile sia quella che Mussolini e i capi militari abbiano pensato ad una guerra breve, che date le condizioni contingenti non sembrava una conclusione infondata: le armate tedesche erano efficienti, svelte, molto aggressive nel condurre a termine l'occupazione di interi paesi, e ciò avvenne nel giugno del 1940 in maniera eclatante con la Francia. Se risulta ormai palesato che già nel 1939, in riferimento alle disposizioni operative, si previde di rinunciare ad una offensiva contro le postazioni britanniche in Egitto ciò depone a favore della tesi che tali disposizioni sui possibili teatri di guerra seguivano una linea difensiva. Così come ad esempio il dato offensivo era riferito maggiormente alle forze aeree, che avrebbero dovuto bloccare gli aerei e le navi del nemico per tutelare nell'area del Mediterraneo Centrale e Orientale le vie di transito e di comunicazione per i rifornimenti. Del resto, pure la marina si muoveva secondo piani operativi di una certa prudenza. Cosi che, sembra rilevarsi, che seppure Mussolini tendeva ad enunciare politicamente l'intenzione di ottenere la Corsica e la Tunisia e di aprire all'Italia la direttrice oceanica ciò per il 1939 non trova riscontro nei piani approntati dalla marina militare. Semmai, le auspicate intenzioni di Mussolini sembravano collocarsi per quel momento in una prospettiva almeno "di medio o lungo periodo"(24). Ma certamente l'incalzare degli eventi e l'accelerazione della crisi europea portarono Mussolini a concepire le possibilità espansive e nel maggio-giugno del 1940 si aprirono prospettive diverse. In realtà, le uniche opportunità di una certa offensività espansiva venivano rilevate con riguardo alla Grecia e alla Jugoslavia per impadronirsi di Salonicco e della Croazia. Allora diviene chiara una cosa: Mussolini fece combaciare le sue direttive strategiche con i piani operativi delle forze armate, e salvo che per l'espansione nei Balcani, soltanto fino a quando non si entrò nel vivo della decisione di entrare in guerra e quando divenne chiaro che la guerra italiana avrebbe richiesto ulteriori mezzi, soprattutto per le azioni iniziali in Grecia e in nord-Africa. La guerra semplicemente dimostrativa, ovvero pensata nei termini di intervento opportunistico, lasciò ben presto il posto a direttive diverse, di natura offensiva e, quindi, si manifestò la reale impreparazione dell'Italia alla guerra effettiva, sia che fosse "guerra autonoma o guerra di coalizione"(25). Se ancora nei primi mesi del 1940 furono confermati i piani militari dell'anno precedente vuol dire che evidentemente si sottovalutarono i possibili sviluppi di una entrata nel conflitto. Ciò che può essere rilevato, ai fini della contezza dei mezzi a disposizione per il sostegno bellico, sta nel fatto che la programmazione dello sforzo produttivo avrebbe richiesto tempi maggiori rispetto al momento dell'entrata in guerra dell'Italia. Ciò non può che essere definito come un errore strategico madornale da parte di Mussolini e dei comandi militari. In effetti, per quanto concerne la produzione di artiglierie, carri armati, aerei, navi e munizioni i tempi di produzione risultarono molto lunghi rispetto a come maturarono gli eventi nel biennio 1939-1940. Si pensava anche ai programmi di potenziamento della disponibilità di aerei, ma tali programmi non permettevano la piena operatività delle macchine volanti entro il 1940. E seppure ci fu un incremento delle spese per le forze armate e una loro maggiore incidenza sul Pil vi è anche da affermare che lo sforzo non sembra essere stato all'altezza per la promozione e il potenziamento della industria bellica. Del resto, l'ampliamento degli impianti industriali, con l'assegnazione delle commesse, non era certo idoneo alla tempestività della produzione. Come sostenuto da alcuni, l'impostazione di una cconomia per la guerra da parte dell'Italia fascista si rifaceva a quanto già precedentemente effettuato nel biennio 1937-1938. La strategia puntava a non sacrificare le risorse economiche del paese in funzione degli equilibri futuri, in modo da essere in condizioni di efficienza economica in scenari post-guerra(26). Ma al momento della entrata in guerra l'Italia aveva a disposizione 1.300.000 uomini richiamati per l'esercito e 250.000 per la marina e l'aeronautica. Ciò che emerge però chiaramente da questa sommaria analisi è che la decisione di entrare in guerra, seppure pensata da tempo, in realtà fu una decisione dettata dalla logica del momento opportuno e questo ebbe evidenti ripercussioni sulla reale capacità dell'Italia di essere preparata ad uno sforzo bellico effettivo e, in conseguenza, di poterlo sostenere. Mussolini e i comandi militari si mossero nella logica della tempestiva opportunità non considerando quelli che furono invece gli sviluppi successivi del conflitto. In effetti, pensare, da parte di Mussolini, di sedersi al tavolo del vincitore contro i francesi per rivendicare a pieno titolo all'Italia il ruolo di potenza nel Mediterraneo, di poter sostenere il minimo sforzo bellico rispetto al confronto con un solo avversario sul fronte europeo, cioè la Gran Bretagna, nonché la possibilità di una guerra breve e senza costi economici, sociali e umani ampi e intensi per la popolazione si dimostrò esiziale per le sorti del paese e del popolo italiano e, infine ,anche per il regime fascista.

La guerra reale e le sconfitte

La guerra dichiarata alla Gran Bretagna e alla Francia può essere considerato come un atto, non solo opportunistico, ma vile. In effetti, pensare di colpire un paese come la Francia che ormai era sull'orlo della sconfitta, al fine di potergli imporre delle condizioni da vincitore nel nome del predominio sul Mediterraneo e, allo stesso tempo, di poter contare sul vantaggio di confrontarsi a un certo punto con un unico solo nemico, la Gran Bretagna, non era altro che cinismo e viltà. Del resto, si interveniva nei confronti della Francia a fatto compiuto. Un vero colpo alla schiena. Come rilevato, di fatto, l'offensiva italiana contro la Francia fu l'effetto della entrata dei tedeschi a Parigi il 14 giugno così come ebbe influenza sulla decisione dell'attacco la richiesta di armistizio dei francesi alla Germania(27). Ciò era la dimostrazione di quanto Mussolini volesse cogliere il momento propizio data la ormai debolezza dell'avversario(un vero e proprio opportunismo cinico). In realtà, da lì a poco sarebbero iniziate le trattative di pace e certamente l'Italia doveva pur vantare dei meriti militari per poter rivendicare dei territori. Il 20 giugno del 1940 venne sferrata una offensiva in direzione del Piccolo San Bernardo. Era la IV armata comandata dal Generale Guzzoni a condurre la su menzionata offensiva. Ciò avrebbe dovuto contribuire all'arretramento dei soldati francesi in modo che poi sarebbero stati presi alle spalle dall'avvolgimento delle formazioni tedesche che procedevano in direzione di Grenoble e Chambéry. In realtà, si era pianificato che l'offensiva procedesse sino al Rodano. Ma già da questa prima offensiva si dimostrò la impreparazione delle forze militari italiane. L'offensiva durò almeno quattro giorni, fino al 24 giugno, e fu difficile espugnare le ben fortificate difese francesi, ma vennero anche sottovalutate le capacità di resistenza dei nemici e le condizioni ambientali per l'effettuazione delle operazioni, vi furono infatti 2.000 soldati italiani congelati. L'Italia già il 18 giugno definiva le condizioni che voleva imporre alla Francia e che comprendevano l'occupazione del territorio francese sino al Rodano nonché la Corsica, la Tunisia, Gibuti e le città di Algeri, Orano e Casablanca e di Beirut. E si richiedeva anche da parte dell'Italia la consegna delle flotte navale e aerea. In realtà, si trattava di richieste eccessive, e ciò sia per l'entità ma, anche, perché l'Italia avanzò tali pretese solo per il fatto di aver dichiarato guerra alla Francia. In sostanza, Mussolini voleva accreditarsi come cooperativo nel conflitto contro la Francia a fianco della Germania, ma le posizioni espresse da Hitler furono diverse. Da parte tedesca si fece rilevare che si trattava di due guerre separate e ciò era comprovato dal fatto che la dichiarazione di guerra dell'Italia alla Francia avvenne a conflitto già iniziato e in ragione di propri interessi autonomi. L'Italia così rinunciò, su pressioni di Hitler, alla richiesta di consegna della flotta navale francese, e in conseguenza delle stesse pressioni hitleriane vi fu anche la rinuncia a rivendicazioni territoriali che non corrispondessero ai territori effettivamente conquistati. In realtà, Mussolini e l'Italia dipendevano in una certa qual misura dal peso militare delle forze armate tedesche che sul campo si dimostravano più efficienti. Del resto, forse lo stesso Mussolini pensava, che superato l'armistizio, col trattato di pace si sarebbero meglio definite le condizioni poste dagli italiani. Ma, ormai, l'Italia si muoveva a pieno nello scacchiere da battaglia e una guerra autonoma era ciò che si auspicava Mussolini per acquisire poi peso politico specifico nei confronti della Germania e preservarsi un ruolo importante sulle due direttrici del Mediterraneo e dei Balcani. Il 27 settembre del 1940 venne firmato il Patto Tripartito tra Germania, Italia e Giappone. Con questo patto, detto anche "la carta dell'ordine nuovo"(28), il Giappone riconosceva la supremazia di Italia e Germania in Europa e tedeschi e italiani a loro volta riconoscevano il primato giapponese nell'Asia Orientale. Ciò significava sia la individuazione delle rispettive zone di conquista e di influenza che un vero e proprio progetto di supremazia nazionale e razziale, etnico e politico-militare. In sostanza, si trattava di una visione del mondo che cozzava con il concetto tradizionalmente liberale della parità tra le nazioni e della logica transattiva. L'Italia si inseriva pienamente in questo contesto: così che, la guerra alla Grecia rientrava nel progetto del dominio italiano sulla direttrice greco-iugoslava. Un'azione che era di controbilanciamento anticipatorio rispetto alle eventuali pretese tedesche. Ma questa impresa si rivelò a dire il vero di grande difficoltà per le truppe italiane. Il 28 ottobre del 1940, muovendo dal territorio albanese, l'esercito italiano si direzionò verso la Grecia e nonostante lo Stato greco non fosse apertamente nemico dell'Italia. Visto il territorio montagnoso e la maggiore conoscenza che i greci avevano di tale territorio, nonché l'incombenza dell'inverno, gli italiani ebbero molte difficoltà a penetrare in profondità. I tedeschi, già entro il 1941, erano penetrati in Ungheria, Romania, Bulgaria e le mire andavano ormai verso la Jugoslavia. In due settimane, nell'aprile del 1941, due armate tedesche spezzarono le difese jugoslave e greche e così si poté conquistare i due paesi. Ecco allora che si imponeva ormai il determinante apporto delle forze tedesche per il buon esito delle operazioni delle forze armate italiane. Sul fronte Nord-africano ci fu la riuscita offensiva italo-tedesca che arrivò fino ad El-Alamein, ma il 23 ottobre del 1942 gli inglesi lanciarono la loro controffensiva determinando l'arretramento delle stesse truppe italo-tedesche. L'8 novembre del 1942 l'esercito alleato comandato dal Generale americano Heisenhower sbarcò in Marocco e in Algeria e mosse contro le truppe italo-tedesche che vennero così strette in una morsa da Est e da Sud dall'VIII armata comandata dal Generale Montgomery e a Ovest dalle forze di Eisenhower; la resistenza delle truppe italo-tedesche durò fino al maggio del 1943. Ma la parte dell'Impero italiano compresa tra Etiopia, Eritrea e Somalia fu persa già nel 1941. Infatti, il 6 aprile cadeva Addis Abbeba, capitale dell'Etiopia e tornava al potere il sovrano legittimo Hailè Selassiè .Dopo la perdita dell'Etiopia la resistenza italiana continuò sul confine eritreo, ma il 17 maggio le truppe comandate da Amedeo d'Aosta capitolavano. Un disastro dopo l'altro che testimoniava di fatto sia l'impreparazione ma, anche, le difficoltà poste da situazioni non calcolate, come ad esempio l'entrata in guerra degli Stati Uniti e conseguentemente dell'impegno degli americani sul fronte europeo. Un altro punto importante fu anche l'attacco che Hitler mosse all' URSS con l'operazione Barbarossa nel giugno del 1941. A proposito della campagna di Russia vi è da dire che il Corpo di spedizione italiano noto come Csir era all'inizio dotato di 227.000 uomini, 16.700 automezzi, 588 pezzi di artiglieria, alla fine di gennaio del 1942 la famosa Armir(Armata italiana di Russia) era ridotta a 90.000 uomini, di cui 40.000 erano momentaneamente destinati a rimanere in Russia e ad essere inquadrati nel II Corpo d'armata(29). Ma l'ultima battaglia dell'11 dicembre del 1942 determinò la fine dell'esperienza italiana in Russia. Ciò che va sottolineato sono tre punti importanti: 1) se consideriamo la situazione dei fronti sui quali si impegnò l'Italia possiamo affermare che la guerra autonoma fallì nel tentativo di conquista della Grecia, ciò permise la ulteriore penetrazione dei tedeschi nei Balcani con un rafforzamento della cosiddetta guerra di coalizione; 2) la sconfitta sul fronte russo non fu determinante ai fini della disfatta finale, ma ebbe ripercussioni importanti sulla percezione reale del conflitto da parte dei cittadini italiani, viste le perdite e il fatto che molti non videro tornare a casa i loro congiunti, del resto, i soldati che tornarono da quell'esperienza ebbero in molti casi una sfiducia nella guerra e riportarono in effetti resoconti non proprio esaltanti della loro esperienza; 3) maggiormente determinante per le sorti italiane fu il fronte Nord-africano, ove la difesa ad oltranza del territorio libico si rivelò a un certo punto l'unica opzione possibile per preservare l'Italia da una eventuale invasione delle forze alleate. In più vi è da aggiungere che l'allargamento del conflitto con l'impegno anti-nazifascista della Unione Sovietica e degli Stati Uniti fece sì che la guerra non poteva essere come lo era stata pensata prima, ossia in funzione anti-britannica. Venivano ad essere spazzate via le ragioni prime che avevano portato Mussolini alla dichiarazione di guerra nel giugno del 1940. Con la necessità di un impegno costante nel Mediterraneo, sul fronte Nord-africano in particolare, e con l'ulteriore costoso impegno sul fronte russo si determinò sì l'ampliamento del conflitto ma, addirittura, si passò dall'idea della guerra di breve durata a quella di lunga durata. Proprio sulla consistenza di una guerra di lunga durata l'Italia non era preparata e né la popolazione era disposta ad accettare un conflitto temporalmente lungo, specie se ciò comportava(come di fatto avvenne) un aumento dei sacrifici e una notevole serie di sconfitte, di perdite di vite umane, di umiliazioni fino all'invasione del proprio territorio. La guerra era stata scelta da Mussolini in quanto egli era convinto di stare col più forte e questa ipotesi si rivelò forse fortunata nel primo momento ma suicida nel lungo periodo. Concluse le operazioni militari nel Nord-Africa ormai ci si approssimava a combattere sul suolo italico. Il 12 giugno del 1943 gli alleati occuparono l'isola di Pantelleria e il 10 luglio sbarcarono in Sicilia. La situazione militare era ormai compromessa. Si preparava la fase che avrebbe portato all'8 settembre e alla disfatta del mito della nazione.

La disfatta dell'Italia fascista

Verso la fine del 1942 le forze alleate presero a bombardare le città del Nord-Italia e tutto ad un tratto si scoprì che quella parte del paese che sembrava più sicura in realtà tanto sicura non era. L'incursione aerea su Genova produsse il 23 ottobre del 1942 una caduta di bombe paragonabili per numero e intensità a quelle che caddero su Napoli per tutto il 1941. Il giorno successivo 73 Lancaster riversarono su Milano un tale quantitativo di bombe da colpire direttamente i cittadini, e trattavasi soprattutto di bombe incendiarie. Un numero di otto incursioni si ebbero nel mese di novembre fra Torino e Genova e il 20 novembre si ebbe l'incursione aerea più devastante. Le vittime, alla fine dell'anno 1942, per incursioni aeree furono 1866, che come ricorda Minniti si trattò di "un numero di poco superiore a quello che si contò nell'isola di Malta"(30). Tutto ciò indicava ormai che il territorio nazionale era vulnerabile agli attacchi delle forze alleate e, che, il prezzo della guerra iniziava ad essere pagato duramente dalla popolazione civile. La percezione immediata da parte degli italiani non fu più solamente quella della miseria, dei sacrifici che iniziavano a imporsi col regime dell'economia di guerra, ma del pericolo di perdere la vita in qualsiasi momento per effetto degli attacchi degli angloamericani. Una percezione che faceva aumentare la paura ma, anche, la rabbia verso chi la guerra l'aveva voluta. Più che l'accusa verso le ragioni della guerra ciò che si manifestò nella popolazione fu invece la critica verso le conseguenze del disastro ormai imminente. Si stava creando sempre più la sfilacciatura tra la leadership di Mussolini e la popolazione civile. I sentimenti di scoramento, frustrazione e paura iniziavano ad essere condivisi anche tra le forze militari per quanto ci si sforzasse di combattere. La stessa disfatta in Russia, che ben presto divenne nota in Italia, creò ancor di più un senso di sfiducia e di rabbia: sfiducia e rabbia da parte di chi era stato impegnato in quella campagna militare così disastrosa, impegnativa nonché dolorosa, sfiducia e rabbia da parte anche di chi aveva perso i propri cari. Tali sentimenti si direzionavano contro Mussolini e il regime, ma si direzionavano disperatamente anche contro gli eventi ritenuti avversi . Molti soldati e, anche, molti tra la popolazione civile, più che alla causa della patria guardavano con ansia ai propri affetti e alle proprie vicende private. La sfiducia e la rabbia provocavano ormai, inesorabilmente, nella maggior parte della popolazione civile il rifiuto netto della guerra. Gli stessi bombardamenti angloamericani determinarono ciò che in realtà gli alleati si prefiggevano: lo sfiancamento della popolazione e l'avversione di questa alla guerra e al regime fascista. Il nemico non era tanto più riconosciuto nelle forze alleate ma in chi quella guerra aveva voluto. Ecco quali erano, tra la fine del 1942 e gli inizi del 1943, gli umori della maggior parte della popolazione e quelli serpeggianti anche tra le forze militari. Queste ultime anzi erano sempre più convinte della inevitabilità di una sconfitta se non si fosse agito diversamente. In realtà, sembra che Mussolini e il Generale Ambrosio nonché il Re, Vittorio Emanuele III, fossero dell'avviso che si poteva guadagnare tempo continuando la guerra e procedendo ad un rafforzamento del potenziale bellico delle forze armate. Ciò voleva dire modificare la organizzazione della fabbricazione dell'armamento necessario e determinare una diversa politica economica interna della guerra. La strategia, che sembrava condivisa da Mussolini, il Re e lo Stato Maggiore, era quella di determinare la convinzione presso l'alleato tedesco della necessità di concentrare gli sforzi sul fronte Nord-africano e, conseguentemente, di chiudere quello russo. Ciò significava riprendere la guerra anti-britannica, ma in direzione politico-militare di soddisfacimento dell'interesse italiano a preservarsi ancora un margine nelle trattative future per il nord-Africa e il Mediterraneo e proteggendo così le sue coste. Del resto, vista la piega che stava prendendo il conflitto in Europa l'interesse tedesco poteva essere quello di concentrare gli sforzi sul fronte occidentale e di poter avere anche condizioni di vantaggio nelle eventuali trattative di pace che si sarebbero avviate con gli angloamericani. Insomma, l'idea italiana era dettata dalla necessità di evitare un indebolimento della resistenza delle truppe italo-tedesche sul fronte Nord-africano al fine di preservare l'integrità del suolo italico da una eventuale invasione delle forze angloamericane. Si trattava di un ragionamento che sarebbe dovuto sboccare in una ipotesi positiva: l'opportunità del momento, delle condizioni e dei modi per poter giungere alla pace. In questo modo si sarebbe evitato da parte delle autorità italiane il dilemma di dover scegliere tra una resa senza condizioni oppure la continuazione ad oltranza della guerra(31) e ciò in conseguenza di un possibile potere negoziale dovuto appunto alla capacità di resistenza sul fronte Nord-africano. Del resto, appariva chiaro ormai ai vertici dello Stato che la maggior parte degli italiani erano stanchi della guerra; i tentativi per prendere tempo sul piano delle strategie militari e i contatti possibili con gli angloamericani se si ponevano la finalità del raggiungimento dell'uscita dell'Italia dalla guerra non potevano che essere ritenuti giusti in un momento di grave difficoltà e di grave rischio per l'integrità nazionale. E intanto alcuni uomini delle istituzioni si mossero in direzione di contatto con i nemici. Basti pensare al Generale Pirzio Biroli che in Montenegro cercò di approntare contatti con gli inglesi, la stessa cosa si riservò di adempiere il Ministro degli Esteri, Ciano che sondò le intenzioni inglesi tramite propri uomini in Portogallo ma senza che se ne ebbero risultati. Anche la Regina Maria Josè di Savoia cercò di stabilire dei contatti con gli inglesi, sia tramite il Vaticano che mediante l'ambasciatore portoghese presso la Santa Sede. Ci pensò pure il Duca d'Aosta, Aimone a prendere contatto con gli inglesi tramite ambienti svizzeri così come pure da parte di militanti del Partito d'Azione in Svizzera e Portogallo. Il Generale Badoglio invece manteneva dei propri contatti, tramite propri uomini di fiducia, con i britannici. Come riportato da

Minniti: "Questa iniziativa si fuse con quella dei politici ottenendo un risultato, peraltro non sfruttato, e cioè l'assenso del governo britannico alla proposta di costituire un esercito di liberazione reclutato fra i prigionieri dal Generale Pesenti, da tempo, forse, per proprio conto in contatto con gli inglesi(32). Quindi, vi fu la convinzione seria in ambienti militari, politici e della Casa Reale che sarebbe stato difficile poter continuare la guerra e che occorresse prendere tempo per dei contatti o velocizzare la ricerca di una soluzione negoziata coi britannici. Del resto, la proposta inglese di costituire un esercito di liberazione forse avrebbe dovuto avere un significato anti-mussoliniano e avrebbe dovuto portare l'Italia nell'ambito dell'alleanza angloamericana. Ma certo è che la storia è molto disseminata di ipotesi. La scelta, fortemente voluta da Churchill, Primo Ministro britannico, di invadere l'Italia anche contro le perplessità statunitensi si rivelò esatta nella misura in cui ciò volle dire un maggiore impegno di truppe tedesche in Italia con uno sfiancamento militare della Germania su più fronti. Del resto, ciò avrebbe comportato di fatto che l'Italia non sarebbe stato più un paese totalmente a fianco della Germania e, quindi, indebolendosi così l'alleanza dell'Asse. L'azione di sbarco in Sicilia degli angloamericani dimostrò la breve capacità di resistenza delle truppe stanziate lungo la costa. Infatti, tali truppe avrebbero dovuto fare da argine e permettere in un secondo momento, in circostanze però possibili, l'intervento da dietro delle sei divisioni italo-tedesche. Ma così non fu. In realtà, l'azione militare di sbarco degli alleati lungo la costa tra Licata e Siracusa ebbe successo per il forte appoggio aereo, se si pensa che gli stessi alleati potevano contare alla data del 9 luglio su 2.500 aerei di supporto per l'azione di invasione contro i 95 aerei in piena efficienza a disposizione delle truppe italiane: una vera e propria imparità di forze. E l'azione di bombardamento preparatoria e di supporto per lo sbarco tese a distruggere le vie di comunicazione tra le linee militari costiere e quelle interne indebolendo, per come si è visto, la possibile reazione italo-tedesca. Il Generale Guzzoni, comandante delle forze italo-tedesche in Sicilia, impostò allora un'azione di contenimento dell'avanzata angloamericana lungo la direttrice che andava dalla zona a Sud dell'Etna fino alla parte tirrenica dell'isola, ossia fino a Termini Imerese. Ma il 22 luglio gli angloamericani entrarono nella città di Palermo che era stata nel frattempo sottoposta ad un ordine di evacuazione da parte delle autorità civili e militari e la piazza di Augusta-Siracusa venne anche abbandonata. Ciò era ormai l'eloquente immagine non solo della superiorità militare delle forze alleate ma, addirittura, dello sbandamento del paese e della necessità per molti individui di non dover più combattere per una guerra che non sentivano come propria. In Sicilia gli angloamericani venivano accolti come liberatori e non certo come nemici da parte della popolazione civile. Lo squagliamento militare di alcuni reparti era nei fatti un segnale dello sfaldamento e si cercò da parte dei comandi di salvare il salvabile. Infatti, fra il 3 e il 17 agosto 1943 fu realizzato lo sgombero di diverse linee di resistenza in Sicilia. Così 40.000 soldati tedeschi e 62.000 italiani poterono essere riportati sul continente lasciandosi alle spalle circa 9.000 caduti (una cifra superiore rispetto alle perdite inflitte agli avversari) e 122.000 tra prigionieri e dispersi di cui almeno 40.000 di nazionalità tedesca(33).Ciò fu un vero e proprio salvataggio di uomini utili poi ad essere reimpiegati successivamente, ma come si vedrà l'Italia in realtà trattava con gli alleati l'armistizio. Il bombardamento delle forze alleate su Roma il 19 luglio del 1943 dimostrò la estrema vulnerabilità dell'Italia rispetto all'invasione alleata e alle incursioni aeree. Il territorio italiano si trovava esposto ad una invasione e, in conseguenza di ciò, le autorità rischiavano una possibile e traumatica capitolazione. Nello stesso giorno del bombardamento su Roma Mussolini incontrò Hitler a Feltre, vicino Belluno. Ma durante l'incontro Mussolini non riuscì affatto nell'intento chiarificatore verso l'alleato tedesco per convincerlo della impossibilità per l'Italia di condurre la guerra. Hitler, invece, si fece forte delle argomentazioni che gli ponevano i fatti accusando l'Italia della incapacità militare dimostrata nelle varie campagne e della necessità dell' aiuto militare tedesco. Cosi che lo stesso Hitler promise a Mussolini degli aiuti in cambio però della sostituzione dei capi militari, ritenuti responsabili della scarsa efficienza dimostrata dall'Italia.. I comandi tedeschi ritenevano vitale il mantenimento di un presidio militare di guerra in Italia per potersi opporre all'avanzata angloamericana e perciò diventava strategico per i germanici difendere a questo punto il fronte meridionale. Quindi, la Germania confidava nel sostegno a Mussolini per continuare la guerra contro gli alleati,   nel contempo ci si manteneva in allerta rispetto a quelle che sarebbero state le evoluzioni del quadro politico italiano. Ma si stava preparando l'azione che avrebbe portato alle scelte del breve periodo e, che, ormai sappiamo. Il 22 luglio il Segretario del Partito Nazionale Fascista, Scorza, convoca l'adunata del Gran Consiglio del Fascismo e Dino Grandi, uomo del fascismo moderato, presenta a Mussolini quello che sarà l'ordine del giorno che egli intende far discutere nello stesso organismo ed esorta Mussolini a dimettersi prima che possa essere sfiduciato. Evidentemente Mussolini non si rendeva conto della sua grave situazione personale a livello politico. L'immagine del grande leader condottiero era ormai sfocata, il mito di Mussolini cadeva in disgrazia con l'Italia invasa. Il 24 luglio del 1943, alle ore 17.00, si riuniva il Gran Consiglio del Fascismo. Sia Farinacci che Scorza miravano, seppure con mozioni distinte, a far fuori Mussolini per favorire la centralità del Partito Nazionale Fascista e continuare la guerra a fianco dell'alleato tedesco. Dino Grandi, invece, richiese a Mussolini di rimettere i poteri nelle mani del Re sulla base dell'articolo 5 dello Statuto Albertino. Mussolini ebbe solo la forza di dire che la proposta di Dino Grandi avrebbe contribuito alla fine del regime fascista. Alle 2 del 25 luglio l'ordine del giorno di Dino Grandi venne posto ai voti con 19 favorevoli sui 28 componenti del Gran Consiglio. In mattinata il Maresciallo Pietro Badoglio accettava formalmente la nomina a Primo Ministro. Nel pomeriggio Mussolini, ormai esautorato, si recava dal Re per perorare la sua causa e sulla base dell'esito del voto nel Gran Consiglio conferire le dimissioni. Ma, in realtà, tutto era stato già preparato e deciso da Vittorio Emanuele III, che comunicava a Mussolini il nuovo capo del governo. Mussolini non ebbe forse neanche il tempo di indicare le sue intenzioni, ma uscito dai colloqui venne arrestato. Colui che gli aveva conferito il potere un ventennio prima ora glielo toglieva. La monarchia si riappropriava del suo ruolo decisionale , cosa che però dopo gli venne rimproverata: ossia di non averlo fatto prima quando già erano comparsi i segni della degenerazione totalitaria del fascismo. In realtà, il Re, Vittorio Emanuele III, già il 15 maggio scrisse a Mussolini esortandolo ad abbandonare l'alleanza con la Germania e nelle settimane seguenti si consultò con Ivanoe Bonomi e Dino Grandi. La destituzione di Mussolini era già stata preparata quindi se è vero che il 15 luglio lo stesso Vittorio Emanuele III aveva compiuto dei sondaggi presso il Maresciallo Badoglio per avere un parere sulla formazione di un futuro governo di tecnocrati e militari, e lo stesso Badoglio, che sembrava propenso pure ad includere esponenti dell'anti-fascismo, si disse comunque disponibile ad una eventuale guida di un governo voluto dal Re. Si andava quindi verso un ripristino dello Statuto e per questo gli estremisti fascisti capeggiati da Farinacci cercarono di giocare d'anticipo con la loro proposta di risoluzione della crisi, sperando così di non essere estromessi dal governo e, quindi, dalla vita politica del paese. Infatti, uno dei dati salienti della seduta del Gran Consiglio fu sicuramente la comparsa di un conflitto all'interno del Partito Nazionale Fascista: da un lato, l'ala estremista favorevole alla continuazione della guerra a fianco dei tedeschi e dall'altro lato, l'ala moderata che invece puntava ad un allontanamento dall'ormai scomodo alleato. Tutte e due le componenti del fascismo tesero a cercare di salvarsi scaricando Mussolini, ma fu la mozione Grandi quella che ebbe successo, visto l'appoggio dato dal Re, Vittorio Emanuele III, all' indirizzo di quest'ultima. Tali divisioni tra un fascismo estremista ed uno moderato si sarebbero risolte nelle fucilazioni dei traditori, e in particolare di Galeazzo Ciano, genero dello stesso Mussolini. Non mancarono critiche rispetto ai modi e ai tempi con cui avvenne la destituzione di Mussolini: il Vaticano, tramite la Segreteria di Stato, pensava che la destituzione del capo del fascismo andava trattata con gli alleati al fine di legarla ad una uscita dell'Italia dall'alleanza con la Germania. A dire il vero, la precedente proposta di Grandi era quella di un rovesciamento immediato del fronte a danno dei tedeschi in modo da sorprendere gli angloamericani e accreditarsi in modo netto e chiaro in funzione anti-tedesca: ciò avrebbe determinato, innanzitutto , un più chiaro indirizzo politico-militare di carattere strategico sul proseguimento della guerra, avrebbe fatto guadagnare all'Italia la qualifica di alleato presso gli angloamericani in quanto era lo stesso Stato italiano ad offrirvisi dichiarando guerra alla Germania. Se ciò fosse stato seguìto come indirizzo strategico da parte delle autorità statuali avrebbe preservato l'Italia dalle incertezze, dal vuoto temporale e dalle ambiguità che diedero il là alla reazione tedesca. Anzi, proprio il vuoto temporale, determinato prima dalla necessità di prendere i contatti con gli angloamericani e poi di firmare l'armistizio, permise ai tedeschi di adottare un piano di intervento(che prevedeva l'occupazione di Roma e del Vaticano, l'arresto di tutta la famiglia reale, dei capi militari, di Badoglio e di tutto il governo) e, conseguentemente, di rafforzare il dispositivo di forze sul territorio italiano. Badoglio si affrettò a diramare con un comunicato le intenzioni del nuovo governo italiano di volere continuare la guerra a fianco della Germania. Ma, intanto, si puntava alla defascistizzazione dello Stato con la decretazione da parte del governo il 28 luglio 1943 dello scioglimento del Partito Nazionale Fascista, del Gran Consiglio del Fascismo, del Tribunale Speciale per la Sicurezza dello Stato, della Camera dei Fasci e delle Corporazioni. Con ciò venne dato un colpo di spugna all'architettura istituzionale dello Stato fascista. E, allo stesso tempo, venne anche decretato lo stato d'assedio.   Intanto gli alleati avevano frenato le operazioni terrestri(lo sbarco in Calabria avvenne solo il giorno in cui fu firmato l'armistizio), ma continuarono le operazioni di bombardamento per colpire le città, gli impianti industriali e le vie di comunicazione. Bombardamenti distruttivi vi furono sulle città di Milano, Torino e Genova e poi il 13 agosto toccò anche alla capitale. Il 14 agosto il governo dichiarò Roma, città aperta(ovvero libera dai comandi, dalla presenza di reparti e di installazioni di carattere militare).   Altre incursioni aeree degli alleati su Napoli e il resto del Meridione indebolirono la fiducia delle persone con riguardo alla prosecuzione della guerra e verso le istituzioni, che sembravano incapaci realisticamente di prendere decisioni per difendere la popolazione civile e far cessare le ostilità. Il 10 agosto il Presidente del Consiglio, Badoglio, autorizzò il Comando Supremo a identificare un contatto a Lisbona per opera del Generale Castellano. In realtà, non sembra che dagli angloamericani arrivassero notizie rispetto alle precedenti sollecitazioni italiane, visto il tentativo del Ministro degli Esteri, Guariglia. Per il timore che il contatto di Castellano non arrivasse a centrare la finalità prevista si predisposero altre due missioni: una del Generale Zanussi dello Stato Maggiore dell'esercito e un'altra di Dino Grandi. Alla fine la missione di

Grandi venne fermata e rimasero in piedi le altre due missioni. La proposta italiana non era certo quella della resa incondizionata, ma di operare una collaborazione di cobelligeranza con gli alleati e, quindi, di arrivare ad un cambiamento del fronte. In realtà, tra gli italiani e gli alleati emersero sia degli equivoci che diversi propositi. Ma tra gli stessi diplomatici e militari italiani si verificarono dei fraintendimenti per l'operare sovrapposto delle due missioni diplomatiche di Castellano e Zanussi. Gli inglesi non furono disponibili ad accordare all'Italia lo status di alleato o cobelligerante, poiché non si approvava il fatto che la stessa Italia fosse entrata in guerra inferendo un colpo alla schiena alla Francia e, quindi, in funzione anti-britannica. Il comportamento dell'Italia veniva ritenuto non affidabile e di fronte all'intransigenza inglese evidentemente i responsabili diplomatici e militari italiani non potevano ottenere di più. Così il 31 agosto Castellano si recava in Sicilia, esattamente presso Cassibile, vicino Siracusa, per trattare l'armistizio. Castellano chiarì quella che era la proposta del governo Badoglio, ossia di far precedere l'annuncio della firma dell'armistizio da uno sbarco alleato vicino Roma per poter difendere l'integrità della capitale e degli apparati dello Stato dalla reazione tedesca. La proposta non ebbe accettazione, ma si propose da parte degli alleati di impiegare su Roma una divisione trasportata per via aerea. In previsione della firma dell'armistizio lo Stato Maggiore già il 2 settembre diede le generiche disposizioni in caso di offensiva dei tedeschi. Si trattava di disposizioni vacue che lasciavano adito a molti equivoci e ad un vero e proprio vuoto normativo rispetto all'esecutività di ordini e comportamenti da adottarsi successivamente. Ma ciò che colpisce ancora oggi è il ritardo con cui si procedette di fatto a dare tali disposizioni, il che non consentì neanche i necessari tempi di preparazione per una difesa adeguata del territorio nazionale nonché degli uomini e mezzi che si trovavano lontano dalla madrepatria. Il 4 settembre proprio a Cassibile venne firmato l'armistizio con valenza provvisoria in virtù dell'accordo definitivo che, invece, venne firmato a fine mese. Tale armistizio del 4 settembre fu articolato in dodici punti che contemplarono per l'Italia la resa senza condizioni con la cessazione della collaborazione con la Germania, nonché la messa a disposizione dell'intero territorio nazionale per le operazioni delle forze

militari alleate e la consegna della flotta e dell'aviazione.
Venivano imposte quindi condizioni durissime che erano la
conseguenza del disastro politico e militare dell'Italia e dei suoi
vertici che avevano voluto e combattuto la guerra, dichiarata nel
giugno del 1940. Ormai, la guerra era perduta sia ufficialmente
che per gli annali della storia. Un'altra condizione posta fu quella
con riguardo alla data e all'ora dell'annuncio per la vigenza
dell'armistizio: sarebbero stati gli angloamericani, sei ore prima
di una operazione anfibia sulla costa italiana, vale a dire a
Salerno, a comunicare alle autorità italiane il momento della
validità dell'armistizio e queste, quindi, avrebbero poi dovuto
comunicarlo a tutti gli italiani. Nella mattinata dell'8 settembre il
Maresciallo Badoglio comunicò direttamente al comando alleato
che non si poteva procedere all'annuncio dell'armistizio in quanto
Roma risultava esposta alla reazione dei reparti tedeschi che erano
schierati attorno alla città. Eisenhower fu particolarmente
durissimo : venne annullato il lancio per via aerea della divisione
americana su Roma e lo stesso comandante delle forze alleate
minacciò di dare direttamente l'annuncio dell'armistizio. Alle ore
16.30 Radio New York diede la notizia dell'avvenuto armistizio
tra gli alleati e l'Italia, cosicché il Re, Badoglio e il suo governo si
trovarono di fronte al fatto compiuto e dovettero dare solo la
conferma dell'avvenuto armistizio alle 19.45. Dopo l'annuncio
americano i tedeschi iniziarono l'operazione di invasione
dell'Italia Settentrionale e si direzionarono, come da piano
precostituito, su Roma. Nella notte tra l'8 e il 9 settembre la
famiglia reale, Badoglio, i capi militari e i ministri abbandonarono
la capitale con direzione la costa abruzzese e da lì si posero sotto
la protezione delle forze alleate. È difficile stabilire quanto in ciò
furono agevolati da connivenze dei soldati tedeschi che non li
fermarono, ma certamente molti interrogativi ancora oggi
rimangono su tale fuga. La città rimaneva spoglia dei vertici dello
Stato e, in particolare, di quei soggetti, il Re e Badoglio che
avevano di fatto condiviso con Mussolini le tendenze
espansionistiche e le guerre sin dalla repressione dei moti in Libia
per arrivare al conflitto etiopico e alla seconda guerra mondiale.
La città di Roma venne difesa dall'esercito, essendo che nella
capitale vi erano due Corpi d'armata che furono appoggiati dalla
popolazione. In realtà, si svolsero dei negoziati per arrivare ad

una cessazione delle ostilità e il 10 settembre si raggiunse un accordo. Ciò di fatto frenò una possibilità di reazione manovrata delle forze italiane contro le truppe tedesche a Sud di Roma, in modo da poter rompere l'accerchiamento. Ma le clausole negoziali non vennero rispettate dai tedeschi che procedettero al loro piano per occupare materialmente tutta la città. Il 12 settembre Mussolini venne liberato da un gruppo di paracadutisti tedeschi sul Gran Sasso e da qui venne portato al quartier generale hitleriano. Il 18 settembre Mussolini annunciò da Monaco di Baviera che continuava la guerra a fianco dell'alleato tedesco e che veniva ricostituito il Partito Nazionale Fascista. Nacque nella parte del paese occupata dai tedeschi la Repubblica Sociale Italiana di Salò. Mussolini tornava ad essere il capo di una Repubblica fascista, ma piccola e satellite della Germania. Colui che era il principale responsabile dei danni morali, materiali e umani inflitti al paese fino a quel momento scendeva di nuovo in campo per produrre altri lutti e altre tragedie. Altri 145.000 italiani sarebbero morti a causa dei bombardamenti, degli internamenti, per l'ostilità nella guerra partigiana, i rastrellamenti e le rappresaglie. Sino alla data dell'8 settembre le vittime italiane furono 205.000 tra i soldati, 25.000 tra i civili, di cui 10.000 donne(34). La mancanza di disposizioni concrete e immediatamente operative lasciò le forze armate, all'indomani dell'8 settembre, senza reali direttrici guida. Del milione circa di soldati si può ad oggi dire che 650.000 furono fatti prigionieri e vennero mandati in internamento nei campi di concentramento. Essi furono disarmati dai tedeschi o perché vi acconsentirono o, anche, dopo avere combattuto. Invece, altri 200.000 soldati che riuscirono a sfuggire alla cattura o continuarono la guerra, ma dalla parte dei partigiani, oppure scelsero di starsene in internamento in Svizzera, e si trattò almeno di 15.000 uomini . Circa 180.000 soldati si misero a disposizione della Repubblica Sociale di Salò e dei tedeschi. Per quanto riguardò la marina furono i sommergibilisti di stanza a Bordeaux(si trattava di 2.000 uomini) e gli incursori della X Mas a mettersi dalla parte dei tedeschi. La flotta italiana, però, si autoconsegnò agli alleati presso l'isola di Malta e così fu salvato il nucleo di battaglia della marina militare. Sembra che soltanto un terzo dei bombardieri e dei caccia in stato di efficienza e degli equipaggi si mossero per dovere o volontà verso la parte d'Italia sotto comando alleato. I gruppi di soldati italiani che cercarono di resistere ai tedeschi ebbero un costo pesantissimo in termini di vite umane, pari a 20.000, di cui 7.800 si ebbero nelle tragiche vicende di Cefalonia(35). Ecco cosa scrisse il filosofo Giovanni Gentile, uno degli ideologi del regime fascista:

Improvvisamente l'Italia, quella in cui si credeva, l'Italia degli Italiani con cui si viveva e si voleva vivere d'un solo sentire e pensare, sembrò che fosse scomparsa. Per quale Italia ora vivere, pensare, poetare, insegnare, scrivere? Giacché se non impossibile, molto difficile sarà sempre aprir l'animo alla espansione sia pure dell'astratto pensiero, senza appoggiarsi alla patria, ossia a quel patrimonio spirituale di cui ognuno vive, senza partecipare a quell'eterno dialogo dei vivi coi morti in cui l'Italiano può sentirsi Italiano. E quando la patria sparisce, manca l'aria e il respiro. Perché la sciagura infinita d'oggi non è l'invasione straniera e la devastazione delle nostre città. È nell'animo nostro, nella discordia che dilania, nello struggimento che ci assale, innanzi allo sfacelo di quello che era la nostra fede comune, per cui si guardava cogli stessi occhi al nostro passato e con la stessa passione al nostro avvenire: questo non riconoscerci, non comprenderci; e perciò non ritrovarci più(36).

Per Giovanni Gentile si era verificato "un non riconoscersi più in una patria comune" e l'8 settembre del 1943 assurge "alla morte della patria"(37). Quindi sembrava avverarsi la perdita di un patrimonio spirituale comune a cui aggrapparsi, ma un patrimonio spirituale antecedente era stato offuscato dallo stesso fascismo. Gli italiani si divisero in quei giorni e ci fu chi continuò la lotta per la Repubblica Sociale di Salò e chi invece, si schierò con gli alleati e i partigiani, e nel mezzo una sterminata popolazione di sfollati, di sbandati, di gente che chiedeva l'uscita dalla guerra e che non voleva affatto essere vittima di un conflitto fratricida. Le idealità, che vennero espresse dapprima dal nazionalismo e poi dal fascismo, del segno educatore della guerra e del valore della potenza, specie in politica estera, venivano sconfitte. L'8 settembre del 1943 si può anche ricordare come la data in cui avvenne la morte della patria, ma in realtà vi fu "la disfatta del mito della nazione". La guerra continuò fino all'aprile del 1945 e la liberazione ottenuta fu da allora la nuova alba per un paese distrutto. Mussolini, la sua compagna Claretta Petacci e altri gerarchi fascisti vennero appesi, ormai uccisi, ai tralicci di una pompa di benzina in Piazzale Loreto a Milano. La guerra si concludeva con la fine del fascismo, ma in realtà con la seconda guerra mondiale si concluse "il mito della nazione" iniziato nell'ottocento e che originò una concezione dello Stato-nazione totalitario e aggressivo. Come ebbe a dire De Gasperi alla conferenza di pace di Parigi:

Ho il dovere innanzi alla coscienza del mio paese e per difendere la vitalità del mio popolo di parlare come italiano; ma sento la responsabilità e il diritto di parlare anche come democratico antifascista, come rappresentante della nuova Repubblica che, armonizzando in sé le aspirazioni umanitarie di Giuseppe Mazzini, le concezioni universaliste del cristianesimo e le speranze internazionaliste dei lavoratori, è tutta rivolta verso quella pace duratura e ricostruttiva che voi cercate(38).

Nelle parole di De Gasperi rieccheggia ancora oggi che un altro tipo di nazione è possibile. Ed in effetti un altro tipo di nazione era possibile nel solco di una nuova esperienza democratico-costituzionale. Dalla disfatta del mito della nazione si passò all'esperienza etico-politica della nazione democratica. Un'altra storia iniziò per il popolo italiano.

Note bibliografiche al capitolo 6

1)   Sul discorso del totalitarismo nel ventesimo secolo vedasi quanto trattato da Giovanni Sartori in Democrazia Cosa è? Nuova Edizione Aggiornata 2007 della RCS Libri, Milano 2007, pag.125-131. Del resto Sartori non comprende il fascismo nell'ambito dei regimi totalitari, ma ne definisce la caratteristica di autoritarismo. Di diverso avviso Adrian Lyttelton, La Dittatura Fascista, in Storia d'Italia, vol.7, Guerre e Fascismo. Dalla Grande Guerra al Regime Fascista, a cura di Giovanni Sabbatucci e Vittorio Vidotto, Editori Laterza, Roma-Bari, 1996 e poi Il Sole 24 Ore, 2010, pag.220-238. Dello stesso autore, Lo Stato Fascista e il Totalitarismo nella Storiografia Recente, in P.Pezzino, G. Ranzato (a cura di), Laboratorio di Storia: Studi in Onore di Claudio Pavone, Angeli, Milano, 1994, pag.223-232.
2)   Cristopher Duggan, The Force of Destiny. A History of Italy Since 1796, Allen Lane, Penguin Books, London 2007 e tradotto in Italia col titolo La Forza del Destino. Storia d'Italia dal 1796 a Oggi, traduzione di Giovanni Ferrara Degli Uberti, Editori Laterza, pag.569.
3)   Idem, pag.569. Da segnalare in proposito anche Angelo Del Boca, Gli Italiani in Libia. Dal Fascismo a Gheddafi, Editori Laterza, Roma-Bari,1996, Mondadori, Milano 1994, pag.179-180. Dello stesso autore da segnalare anche Italiani, Brava Gente? Un Mito Duro a Morire, Neri Pozza, Vicenza, 2005.
4)   Benito Mussolini, Opera Omnia, a cura di E. e D. Susmel, La Fenice Firenze, 1951-1962, Vol.XXII, pag.158-159(discorso del 2 ottobre del 1935) e riportato in Cristopher Duggan, La Forza del Destino, op.cit., pag.575.
5)   In Idem, pag.576 e che richiama, Giorgio Rochat, Le Guerre. Dall'Impero d'Etiopia alla Disfatta, Torino, 2005, pag.32-38, oggi nell'edizione aggiornata Einaudi, Torino 2008.
6)   Cristopher Duggan in Idem, pag.576.
7)   Idem, pag.577 e che richiama, Angelo Del Boca, Italiani Brava Gente? Un Mito Duro a Morire, Neri Pozza, Vicenza, pag.198.
8)   Idem, pag.579 e Angelo Del Boca, Italiani Brava Gente? Un Mito Duro a Morire, op.cit., pag.217-221.

9)   Vedasi Elena Aga Rossi, La Politica Estera e l'Impero, in Storia D'Italia, Vol.7, Guerre e Fascismo. Dalla Grande Guerra al Regime Fascista, a cura di Giovanni Sabbatucci, Vittorio Vidotto, op.cit., pag.246.

10)   Idem, pag.250 e che richiama quanto espresso da Dino Grandi in una relazione al Gran Consiglio del Fascismo del 2 ottobre del 1930 e in merito all'esposizione concettuale del termine Renzo De Felice Mussolini il Duce, I, Gli Anni del Consenso. 1929-1936, Einaudi, Torino, 1974, pag.373 e seguenti.

11)   Elena Aga Rossi, Idem, pag.254.

12)   Idem, pag.252.

13)   Idem, pag.271 con particolare riferimento da parte di Elena Aga Rossi al periodo 1935-1939 ma già prima sembrava avverarsi la politica del bilanciamento con la Germania nazista.

14)   Dino Grandi, The Foreign Policy of the Duce, in Foreign Affairs, luglio 1934, pag.563 e richiamato in idem, pag.258.

15)   J.F. Coverdale, I Fascisti Italiani alla Guerra di Spagna, Laterza, Roma-Bari, 1977, pag.370, richiamato in Idem, pag. 270.

16)   Denis Mack Smith, Mussolini, che ha avuto diverse edizioni quali: nel 1981, nel 1983, nel 1990 dalla RCS Libri S.p.a., Milano; nel 1994 dalla RCS Libri S.p.a. per la collana Grandi Opere, Milano; nel 1997 dalla RCS Libri S.p.a., Milano; e nel 2000 sempre per la RCS nell'ambito della collana Grandi Biografie e nel 2002 dalla RCS Libri per i collezionabili; la edizione a cui si fa riferimento è quella della Fabbri Editore-Le Grandi Biografie-Età Contemporanea, pag.370.

17)   Idem, pag.332.

18)   Elena Aga Rossi, La Politica Estera e l'Impero, in Storia d'Italia, vol.7, Guerre e Fascismo. Dalla Grande Guerra al Regime Fascista a cura di Giovanni Sabbatucci e Vittorio Vidotto, op.cit., pag.273.

19)   G.Bottai, Vent'anni e un Giorno (24 luglio 1943), Garzanti, Milano, 1949, pag.622, e richiamato in Idem, pag.277.

20)   L'espressione "morire per Danzica" è ripresa da Paolo Viola, Storia Moderna e Contemporanea-Volume 4,Il Novecento, Giulio Einaudi Editore, Torino, 2000, pag.183, ove è riportata come titolo di un paragrafo ma in forma interrogativa.

21)	Fortunato Minniti, L'Ultima Guerra: Obiettivi e Strategie, in Storia d'Italia, vol.8, Guerre e Fascismo. Dalla Grande Guerra al Regime Fascista a cura di Giovanni Sabbatucci e Vittorio Vidotto, op.cit., pag.565.

22)	Idem, pag.571.

23)	Idem, pag.568.

24)	Idem, pag. 567.

25)	Vedasi in tal caso Idem, pag.564.

26)	Idem, pag.569, così come anche Fortunato Minniti, Le Materie Prime nella Preparazione Bellica dell'Italia(1935-1943) in Storia Contemporanea, 1986, pag.275-276. In merito sono da citare anche gli studi di R.Covino, G. Gallo, E. Mantovani, L'Industria dalla Economia di Guerra alla Ricostruzione, in P.Ciocca, V.Toniolo, L'Economia Italiana nel Periodo Fascista, Il Mulino, Bologna, 1976 ed in particolare pag.171-270; Fortunato Minniti, Industria e Artigianato, in Annali dell'Economia Italiana, Vol. VI-IX, Ipsoa, Milano 1982-1983; N.Zamagni (a cura di), Come Perdere la Guerra e Vincere la Pace, Il Mulino, Bologna, 1997; M. Legnani, Guerra e Governo delle Risorse: Strategie Economiche e Soggetti Sociali nell'Italia 1940-1943, in Micheletti, Poggio (a cura di), L'Italia in Guerra 1940-1943 e in particolare pag.333-366.

27)	Fortunato Minniti in L'Ultima Guerra: Obiettivi e Strategie, in Storia d'Italia, vol.8, in op.cit., pag.571-573.

28)	Paolo Viola, Storia Moderna e Contemporanea-Volume 4, Il Novecento, op.cit. pag.206-210.

29)	Fortunato Minniti in L'Ultima Guerra: Obiettivi e Strategie, in Storia d'Italia, vol.8, in op.cit.,pag.613.

30)	Idem, pag.615.

31)	Idem, pag.617.

32)	Idem, pag.618 e si richiama pure Elena Aga Rossi, L'Inganno Reciproco. L'Armistizio tra l'Italia e gli angloamericani del settembre 1943, Ministero per i Beni Culturali e Ambientali-Ufficio Centrale per i Beni Archivistici, Roma, 1993, pag.105-112.

33)	Idem, pag.632.

34)	Idem, 641-642.

35)	Idem, 640-641.

36)	Brano di Giovanni Gentile riportato in Cristopher Duggan, La Forza del Destino, op.cit., pag.602-603.

37)	Ernesto Galli Della Loggia, La Morte della Patria. La Crisi dell'Idea di Nazione tra Resistenza, Antifascismo e Repubblica, Laterza, Roma-Bari, 1996.

38)	Discorso di Alcide De Gasperi alla Conferenza di Pace di Parigi del 10 agosto 1946 e riportato da Cristopher Duggan, La Forza del Destino, op.cit., pag.607.

Alcune considerazioni su mitologia della nazione, la nazione liberaldemocratica e la mondializzazione

Nel periodo post-moderno della globalizzazione sembra che la nazione, quale categoria socio-politica, socio-culturale, socio-economica e di carattere storico, sia ormai un'eredità che, per quanto ci perviene e continua ad esistere, mostra segni di evidente debolezza, e addirittura per alcuni di estinzione. Si può considerare quanto lo sviluppo delle entità nazionali nel corso dell'epoca contemporanea si sia accompagnato ad un correlativo sviluppo della tecnica, dei traffici commerciali e di un notevole livello di aggregazione degli interessi che ha di molto soverchiato la scala locale di rappresentanza degli stessi. Ad esempio la rivoluzione industriale, nelle sue diverse fasi, seppure ha consentito un processo di sviluppo di carattere diffusivo, soprattutto sulla parte occidentale del pianeta, d'altra parte ha favorito l'aggregazione degli interessi economici e politici ad un livello più alto di governo e di rappresentanza, ossia la nazione. Se la nazione poteva essere concepita dapprima come entità di appartenenza culturale e come attaccamento sentimentale, successivamente diventa qualcosa di più esteso e si designa necessariamente con l'avvento dello Stato-nazione. Ma nell'ambito della organizzazione dello Stato-nazione si affermano diverse tendenze, di cui due sono importanti da ricordare: una è quella di tendenza liberaldemocratica con una accentuazione, talvolta graduale e talaltra sostenuta, alla inclusione sociale ed economica di diversi gruppi sociali con un conseguente allargamento dei diritti, del benessere e della possibilità di essere titolari ed esercenti il potere politico; l'altra invece, che possiamo considerare autoritaria e si delinea coi caratteri di un esercizio forte del militarismo, la coercizione e il potere esercitato in via ristretta e quasi esclusiva da parte di alcune categorie sociali nonché la volontà di potenza all'egemonia interna ed esterna con una forte venatura imperialista. Ora c'è da dire che in fin dei conti nell'ambito degli Stati-nazione moderni queste tendenze si sono fronteggiate e a volte sono state mediate, altre volte invece si è arrivati ad un chiaro scontro. Quando non è stato il fattore politico a poter mediare e unificare ci hanno pensato le ragioni economiche e, anche, precise dinamiche culturali, come ad esempio la creazione, sviluppo e affermazione di una cultura nazionale. Ma oggi possiamo affermare con certezza che a partire dalla rivoluzione francese del 1789 e fino almeno alla fine del novecento, ad esempio fino al 1989 con la caduta del muro di Berlino e alle guerre di disgregazione nella ex Jugoslavia, l'entità socio-culturale, socio-economica e socio-politica prevalente nell'ambito occidentale entro il quale e per il quale vi sono state dispute ideologiche e politiche è stata la nazione. Ciò non solo è testimoniato dai conflitti interni che si sono avuti entro queste entità ma, anche, dagli scontri esterni ad esse e che hanno mobilitato milioni e milioni di esseri umani. Nel lavoro che si è svolto si è inteso richiamare la problematica della nazione, non tanto sotto il profilo del suo affermarsi, quanto sotto il profilo del suo essere esaltata: il mito cede ben presto il passo alla mitologia e i caratteri dell'essere nazione non sono altro che quelli impressi dalla pretesa di una egemonia culturale, economica e politica. Quando scoppiano le rivoluzioni del 1848 è evidente che la rivendicazione dell'indipendenza nazionale sia ormai arrivata a piena maturazione, mentre proprio nello stesso anno inizia a prendere corpo il pensiero marxista. Ma anche qui va fatta una precisazione: il fenomeno della lotta ideologica di liberazione del proletariato e degli sfruttati avviene su base intra-nazionale, cioè all'interno degli Stati-nazione, anche se vi è una precisa direzione internazionalista del movimento marxista con riguardo alla lotta di classe. Quello che qui si vuole affermare sta nel fatto che all'interno degli Stati-nazione le pretese ideologiche hanno avuto una ben precisa collocazione, pensiamo appunto alle lotte operaie e marxiste, per cui anche la più imponente vocazione internazionalista ha dovuto fare i conti con le condizioni nazionali di riferimento dei vari partiti e movimenti marxisti e, soprattutto, la prima guerra mondiale dimostra quanto proprio l'internazionale socialista entrò in crisi e questo per il semplice fatto che alla fin fine la storia degli interessi nazionali, l'attaccamento culturale, sentimentale e di preminenza politica alla nazione hanno finito col prendere il sopravvento rispetto alla vocazione internazionalista della lotta proletaria contro il capitalismo. In sostanza si può citare l'esempio dei socialdemocratici tedeschi, anche se la rivoluzione bolscevica in Russia apriva nuovi scenari nel fronte dell'internazionalismo di sinistra. Questo indica che il concetto di nazione è stato molto imponente nel farsi valere nelle diatribe politiche e ideologiche, soprattutto per la forte presa emotiva e il forte attaccamento valoriale intrinseci nel senso dell'essere nazione. In effetti, anche le forze politiche accreditate come internazionaliste, ad esempio le forze marxiste e socialiste, o quelle moderate, come le forze politiche di estrazione liberale, democratica o centrista, storicamente hanno fatto appello ai sentimenti nazionali e di attaccamento alla nazione non nascondendo tendenze e trame espansionistiche. Ma certamente ad un punto centrale di questo lavoro si è inteso situare il divenire del nazionalismo, che sulla scia di precise funzioni assunte dallo sviluppo del pensiero filosofico e politico e in conseguenza di precise teorizzazioni scientifiche e pseudo-scientifiche nonché con un'esaltazione esagerata e ottimistica della scienza e della tecnologia, ha comportato l'affermazione, retorica e nei fatti, della nazione come entità epicentrica della storia, così determinandosi la categorizzazione della nazione come valore assoluto. La esaltazione del mito della nazione, ossia l'assolutizzazione del mito, appunto la mitologia della nazione, comporta allora tre aspetti importanti dal punto di vista etico-politico: 1) la nazione è da intendersi come un corpo unico di popolo e di forze e, anche, dal punto di vista politico la nazione acquista il valore di primato assoluto e indiscutibile; 2) questo comporta che non sono ammissibili diritti individuali e di classe sociale superiori, pari o contrastanti con la nazione, per cui si punta sull'obbedienza di individui e classi sociali alla nazione e all'interesse nazionale e né sono accettabili conflittualità interne; 3) la nazione, intesa come entità socio-culturale monolitica, in quanto entità politica prevalente e per il fatto di essere militarmente organizzata per i suoi interessi, assurge a primato nello scontro con le altre nazioni. Non poteva non darsi allora come uno dei fattori causali della prima guerra mondiale il senso mitologico della nazione e, altresì, si constata quanto i totalitarismi e le dittature autoritarie che hanno dominato la scena tra le due guerre mondiali, vale a dire nello specifico il nazionalsocialismo e il fascismo, siano l'esito di precise linee di tendenza di lungo periodo che iniziano il loro generarsi, svilupparsi e consolidarsi tra l'ultimo trentennio dell'ottocento e gli anni trenta e quaranta del novecento. Possiamo affermare con esattezza che le ideologie totalitarie e autoritarie fasciste e naziste erano compenetrate dai precisi dogmi dell'assolutismo nazionalista, seppure con diverse venature. Ad esempio la Germania nazionalsocialista inseguì e tese ad attuare la nazione di tipo razziale, con il primato della razza ariana. Un assurdo perseguito con evidente strategia politica e scienza militare e poliziesca. La pratica dello sterminio di massa degli ebrei e di tutte le razze considerate inferiori rappresenta un carattere inedito e apocalittico nella storia umana ed è dimostrazione di una scienza dell'organizzazione militare e poliziesca di repressione e eliminazione su larga scala. L'Italia fascista arrivò ad adottare delle leggi razziali anti-ebraiche sull'esempio della Germania nazista, ma in realtà il fascismo rappresenta più l'aspirazione ad una nazione guerriera e capace di esprimere nei rapporti esteri una certa supremazia. Non che il fascismo non abbia poi perseguito il disegno di epurazione manifestato proprio con le leggi anti-ebraiche, ma il carattere principale del regime era più una tendenza ad una nazione nazionalista in senso puro. Se guardiamo la Germania nazista possiamo riscontrare che oltre all'anti-semitismo è chiara la matrice nazionalista sia sul versante della rivendicazione di un diritto militare al riarmo e, quindi, di un diritto primario alla supremazia sulla base della forza nei rapporti internazionali, con ciò mettendo in discussione i trattati del dopo prima guerra mondiale, e sia con riferimento all'esaltazione del popolo più forte e della grandezza e della potenza della nazione. La mitologia della nazione tedesca nazionalsocialista è fondata sul diritto della forza e del dominio e, d'altra parte, sulla base di idee pseudo-scientifiche che divennero ideologia, la nazione è nazione di popolo, ossia della razza superiore. L'Italia fascista adottò le leggi razziali senza essere originariamente aspirante nel suo carattere principale ad un primato della razza, ma il carattere originario preponderante del nazionalismo fascista è il punto centrale della mitologia della nazione su un piano politico, ossia l'imperialismo. Semmai, per come già detto, un forte senso dell'essere nazione anche in senso razziale si afferma dopo, come nel caso della vicenda etiopica. Non è un caso che con la conquista dell'Etiopia si proclami l'Impero. Anche la Germania nazionalsocialista è imperialista, ma come detto il primato è quello della nazione razziale. In tutti e due i casi siamo di fronte all'identificazione della volontà della nazione con la volontà del capo e la nazione non è plurale, ma mono-culturale. Ed è sul terreno della sfida alla civiltà liberaldemocratica che si può riscontrare il diverso concepimento di nazione. Se una tendenza autoritaria alla nazione implica la costruzione della stessa, soprattutto in termini statuali, secondo un disegno di potenza egemonica interna e di forza esterna, la tendenza liberaldemocratica individua la formazione della nazione sul piano di un preciso organizzarsi dello Stato che in linea teorica e poi pratica riconosce forme plurali di potere e l'indipendenza della società dallo Stato. Del resto, emerge come una concezione liberaldemocratica della nazione è imperniata (e trova il suo baluardo importante di affermazione) nella determinazione costituzionale dei caratteri dello Stato apparato. Per cui una concezione nazionale liberaldemocratica è esattamente fondata non sul capo, sulla volontà legislativa dell'uomo forte, ma sulla volontà legislativa dei rappresentanti del popolo e con ciò affermando l'idea etico-politica e socio-politica della nazione come comunità plurale di gruppi sociali, economici e di pensiero. Laddove storicamente non vi è stata una mitologia della nazione si è affermata una concezione del potere come limiti interni all'organizzazione politica ed esterni rispetto al cittadino, con l'importante centralità assunta sia dalle micro-organizzazioni sociali che dagli individui. Ora se una nazione liberaldemocratica si afferma storicamente sul terreno di un'evoluzione (che non sempre a dire il vero parte dalla formazione di uno Stato nazionale) dei diritti di libertà e delle lotte sociali per l'eguaglianza allora ne viene fuori come risultato che laddove vi sono state mediazioni tra libertà ed eguaglianza su un piano di decisione politica e nella costruzione costituzionale si è avuto un preciso, quanto efficace processo di nazionalizzazione delle masse popolari. Se prendiamo il caso dell'Italia questo sembra confermato. Non avere mediato tra l'affermazione formale nello Statuto Albertino dei diritti di libertà e le esigenze di uguaglianza materiale dei ceti sociali subalterni ha comportato quella mancata nazionalizzazione delle classi popolari che poi ha determinato conseguenze devastanti per la coesione sociale, per la stessa idea di nazione e per il rapporto di rappresentatività e di identificazione politica positiva tra ceti di governo e il complesso appunto dei ceti popolari. Come poteva avere consenso tra i cittadini dei ceti contadini e bracciantili uno Stato che nei suoi organi di governo e nella sua cultura ufficiale era lontano dalle questioni e dalle esigenze di questi ceti? Come poteva avere consenso tra gli operai delle realtà urbane uno Stato che guardava in molti casi alla centralità della questione industriale ma solo per quanto atteneva al progresso della ricchezza nazionale ma senza porsi il problema delle condizioni di lavoro degli stessi operai? Non fu un caso che proprio nel primo conflitto mondiale emersero queste contraddizioni per il pesante tributo di impegno chiesto ai contadini, braccianti e operai. E tanto il tributo di sangue pagato al fronte, quanto l'impegno richiesto ad esempio agli operai con la mobilitazione industriale di guerra ancor di più fomenteranno la rabbia dei ceti subalterni nei confronti dello Stato dei notabili liberali. Ma un'altra considerazione preme su quel ceto dei piccolo borghesi impiegatizi e delle campagne che considerandosi la cerniera sociale e aspirando ad un'entrata diretta nella vita politica fornirà il materiale umano d'urto alla spinta fascista. Questo ceto, che in un contesto di democrazia compiuta o in compimento, diventa un elemento di stabilizzazione della nazione dotato di un forte senso d'identificazione e cultura nazionali, invece rivelò essere il ceto del cambiamento d'urto. Mai veramente concepito come un disegno illuministico e laico il processo della nazionalizzazione inclusiva delle masse popolari si preferì seguire la lezione dei vati nazionali, Carducci prima e D'Annunzio poi, rispetto a quella saggia di Francesco De Sanctis, richiamata nel presente lavoro. La prima guerra mondiale dimostrò l'onda d'urto della mitologia della nazione nel mondo euro-centrico. E, anche, se si affermò il principio all'autodeterminazione dei popoli sulla scorta di quanto professato dal Presidente statunitense Woodrow Wilson, in realtà col primo conflitto mondiale viene ad essere sconfitta la mitologia nazionalista della nazione. Wilson portava con sé il valore liberale della libertà delle nazioni rispetto ad un nazionalismo di marca europea che invece sosteneva il diritto militare e politico della preminenza nazionale del più forte. I trattati di pace di Versailles risentirono di questa concezione prevalente, viste le condizioni dure che vennero imposte alla Germania. Segno che il corso ideologico della prevalenza degli interessi nazionali venne ad interessare in parte anche le nazioni liberaldemocratiche. Ma con riguardo alla loro evoluzione gli Stati liberaldemocratici nel corso del novecento matureranno un altro spirito, specie nel secondo dopoguerra, in rapporto al ripristino delle relazioni internazionali, seppure tali relazioni saranno influenzate dalle ragioni della guerra fredda. Lo svolgersi delle ideologie totalitarie e autoritarie e lo sbocco nella seconda guerra mondiale esprimono in effetti una diversa concezione nell'essere della nazione, in quanto aggregazione umana di interessi sociali, culturali, economici e politici. La mitologia della nazione imperialista, autoritaria e forte e disciplinata sarà sconfitta dal concetto di nazione libera e democratica. Almeno sul versante occidentale. Ed in fondo l'acquisizione al patrimonio costituzionale degli Stati liberaldemocratici di determinati valori di riferimento e dei limiti al potere statuale non è altro che il frutto di un preciso travaglio storico segnato in gran parte nel novecento dallo scontro con le ideologie totalitarie e autoritarie. La stessa costruzione di determinate organizzazioni internazionali risponderà alla logica di affermare, nell'avvio e compimento della mondializzazione, il valore e il metodo del multilateralismo con riguardo ai rapporti e alle controversie tra Stati. Con ciò non si vuole dire affatto che poi non si siano avuti ulteriori conflitti, specie a carattere regionale, provocati da divergenze ideologiche e da precisi interessi nazionali, specie delle grandi potenze, ma almeno si è potuto evitare uno scontro politico e militare ad ampia scala, cioè un nuovo conflitto mondiale. La stessa realizzazione delle Comunità Europee, poi sfociate nella Unione Europea, rappresenta l'acquisizione di un principio importante, inteso come valore politico fondante delle moderne democrazie europee, ossia quello della cooperazione e della transazione mediante trattati fondativi e istituzioni comuni, e ciò in precisi settori di riferimento con ovvie cessioni di sovranità nazionale. Quello che qui si vuole dire è che la mondializzazione, già alla fine del primo conflitto mondiale e poi con ancor più vigore dopo la seconda guerra mondiale, mette in crisi il senso ideologico del nazionalismo, ossia la mitologia della nazione tesa ad affermare una sovranità illimitata della nazione al suo interno territoriale e una sovranità d'imperio e di forza al suo esterno. In sostanza la mondializzazione richiede un principio di transazione nelle relazioni tra Stati. E nel processo di mondializzazione si è sempre più avvertito da parte di molti Stati, attori politici, economici e sociali la catastrofe che sarebbe potuta derivare da un conflitto su scala mondiale . Questo anche in un periodo di guerra fredda. Da notare quanto nel secondo dopoguerra la de-colonizzazione, come processo di liberazione di determinati popoli dai paesi colonizzatori occidentali, sia stata l'attacco più forte ed evidente del terzo mondo rispetto a ciò che rimaneva della mitologia nazionalista, appunto il dominio coloniale e l'espansione dello spazio vitale. Del resto la mondializzazione ha richiesto sempre più nuovi strumenti di governo delle relazioni internazionali che hanno comportato, entro alcuni limiti, cessioni di sovranità da parte degli Stati. Ciò è stato più eloquente per la costruzione di forme di cooperazione e condivisione politica e istituzionale a livello regionale e continentale, come nel caso citato delle Comunità Europee poi diventate Unione Europea. E una visione internazionalista e multilaterale ha informato anche il pensiero politico italiano del secondo dopoguerra che ha portato a tre punti centrali: 1) il manifesto di Ventotene per un'Europa libera e unita che dà il là al pensiero federalista europeo rappresentato da Altiero Spinelli; 2) la scrittura dell'articolo 11 della costituzione repubblicana che riconosce " le limitazioni di sovranità necessarie ad un ordinamento che assicuri la pace e la giustizia fra le nazioni" e ciò rappresenta un dato di fatto storico molto sottovalutato dagli storici, ove si consideri appunto che proprio in tale articolo è racchiusa la più alta discontinuità con la nazione imperialista fascista e l'affermazione dell'internazionalismo come principio fondamentale dell'ordinamento costituzionale; 3) l'europeismo manifestato da De Gasperi e la scelta di collocazione nel Patto Atlantico nonché di adesione alle Comunità Europee dell'Italia che rappresentano una compiuta attuazione di un internazionalismo teso a superare anche l'isolamento che l'Italia aveva subito a seguito della seconda guerra mondiale e con ciò aprendosi ad una diversa prospettiva. Per ciò che ha riguardato l'Italia, la nazione che si è poi compiuta è stata quella racchiusa nel nucleo dei princìpi fondamentali della costituzione e nelle tre grandi culture politiche che avevano animato la lotta di resistenza partigiana e che rappresentavano le ideologie meglio riassumibili in un pensiero di affermazione democratica. Per cui la nazione si recuperava sul terreno del costituzionalismo, afferendo perciò alla tradizione liberaldemocratica di stampo occidentale e sul piano esterno si affermava la nazione cooperativa, non unilaterale, ma multilaterale. Ed è in questo che l'Italia ha superato nonostante tutto la mitologia della nazione e nel computo della mondializzazione del post-seconda guerra mondiale c'è da considerare proprio il sempre più insistente meccanismo di interdipendenza tra Stati e popoli che ha limitato necessariamente il principio di sovranità delle nazioni. La globalizzazione ha ormai accentuato la tendenza al forte limite esterno alla sovranità delle nazioni accentuando anche le interdipendenze e l'escalation tecnologica e consumistica su scala più ampia. Ma anche con la globalizzazione si aprono nuovi processi, si manifestano nuove spinte tra progresso e reazione e si manifestano pure nuovi conflitti, per cui occorrono nuove forme di governo e nuove forme di aggregazione e di transazioni tra gli Stati, senza rinunciare al valore della nazione liberaldemocratica associata alle altre nazioni in un consesso civile di pace e benessere.

INDICE

Finito di stampare nel mese di Giugno 2015
per conto di Youcanprint *Self-Publishing*